Das Zeitalter der Romantik

"Eine Reise durch das Gefühlszeitalter"

In
einfachen Worten
zusammengefasst

2023

Inhaltsverzeichnis

Vorwort   **6**

Kapitel 1: Einführung in die Romantik   **10**

1.1 Die historische und politische Landschaft   10

1.2 Gesellschaftliche Veränderungen im 18. und 19. Jahrhundert   11

1.3 Der Begriff "Romantik" und seine Herkunft   13

1.4 Hauptmerkmale der romantischen Epoche   17

1.5 Die Bedeutung von Individualismus und Emotionen   19

1.6 Romantik als Reaktion auf die Aufklärung   22

1.7 Einflüsse auf die Romantik aus anderen Kulturen   25

1.8 Der Zusammenhang zwischen Romantik und Natur   27

1.9 Die Vielfalt der romantischen Strömungen   30

1.10 Die Romantik als transnationale Bewegung   32

Kapitel 2: Die Wurzeln der Romantik   **36**

2.1 Die Vorläufer der Romantik in der deutschen Literatur   36

2.2 Englische Romantik: Wordsworth und Coleridge   39

2.3 Französische Vorläufer und der Präromantismus   41

2.4 Die Rolle der Aufklärung in der Entstehung der Romantik   44

2.5 Die Verbindung zur Sturm und Drang-Bewegung   47

2.6 Die Philosophie Jean-Jacques Rousseaus   50

2.7 Die Romantik in der Mythologie und Folklore   53

2.8 Die Einflüsse der Romantik auf die Musik   56

2.9 Die Bedeutung der Romantik für die bildende Kunst   59

2.10 Der Übergang von der Aufklärung zur Romantik   61

Kapitel 3: Die Romantik in der Literatur   **65**

3.1 Goethes "Die Leiden des jungen Werthers"   65

3.2 Schillers Dramen und die Ideale der Romantik   67

3.3 Friedrich von Hardenbergs (Novalis) Poesie   68

3.4 Romantische Erzählformen und Märchen   71

3.5 Die Verwendung der Natur in romantischer Literatur   74

3.6 Romantische Literatur in England: Byron und Keats 77

3.7 Der deutsche Roman und die Brüder Grimm 80

3.8 Lyrik in der Romantik: Heine und Eichendorff 82

3.9 Romantische Einflüsse auf die amerikanische Literatur 84

3.10 Die Romantik als literarische Bewegung heute 86

Kapitel 4: Die Malerei der Romantik **89**

4.1 Caspar David Friedrich und die Sehnsucht nach der Natur 89

4.2 J.M.W. Turner und die Verklärung des Lichts 91

4.3 Die romantische Landschaftsmalerei in Deutschland 94

4.4 Die Darstellung der Vergänglichkeit in der romantischen Kunst 97

4.5 Die Symbolik in der romantischen Malerei 101

4.6 Der Einfluss der Romantik auf die Porträtmalerei 105

4.7 Die Präraffaeliten und die Fortsetzung der romantischen Kunst 108

4.8 Die Bedeutung der Techniken und Materialien 110

4.9 Romantische Kunst in Frankreich und Spanien 113

4.10 Die Rezeption der romantischen Malerei in der Gegenwart 116

Kapitel 5: Musik und die Romantik **120**

5.1 Ludwig van Beethoven: Die Revolution der Musik 120

5.2 Franz Schubert und die romantische Liedkunst 122

5.3 Frédéric Chopin und die Poesie des Klaviers 125

5.4 Die Programmmusik und der Einfluss von Hector Berlioz 128

5.5 Robert Schumann und die Verbindung von Musik und Literatur 131

5.6 Richard Wagner und das Gesamtkunstwerk 134

5.7 Die Nationalromantik und die Volksmusik 137

5.8 Virtuosen und Konzertleben in der Romantik 139

5.9 Die Romantik in der Oper und ihre Themen 142

5.10 Die Fortsetzung romantischer Einflüsse in der zeitgenössischen Musik 144

Kapitel 6: Die Romantik in der Philosophie **148**

6.1 Die Aufklärung und ihr Einfluss auf die Philosophie 148

6.2 Jean-Jacques Rousseaus Naturphilosophie 150

6.3 Immanuel Kant und die Subjektivität des Geschmacks 152

6.4 Georg Wilhelm Friedrich Hegel und die Dialektik der Romantik 155

6.5 Existenzialismus und die Romantik 157

6.6 Friedrich Schleiermacher und die Religion in der Romantik 160

6.7 Die Romantik als Gegenbewegung zur Rationalität 163

6.8 Die Romantik und die Entstehung der deutschen Idealismus 165

6.9 Die Beziehung zwischen Philosophie und Kunst in der Romantik 168

6.10 Die Aktualität romantischer Philosophie in der modernen Denkwelt 171

Kapitel 7: Die Romantik und die Natur 175

7.1 Die Bedeutung der Natur als Inspirationsquelle 175

7.2 Romantische Darstellungen von Landschaften und Orten 178

7.3 Die Auseinandersetzung mit der Natur in der Literatur 181

7.4 Naturwissenschaft und Romantik: Entdeckungen und Entwicklungen 184

7.5 Die Romantik als Bewegung des Umweltschutzes 187

7.6 Die Romantik und die Tierwelt 189

7.7 Die Romantik und die Spiritualität der Natur 191

7.8 Romantische Gärten und ihre Symbole 193

7.9 Die Romantik und die Entdeckung exotischer Welten 196

7.10 Die Nachhaltigkeit romantischer Naturbilder in der Gegenwart 198

Kapitel 8: Die Romantik und die Liebe 202

8.1 Die verschiedenen Facetten romantischer Liebe 202

8.2 Die Rolle der Liebe in Gedichten und Erzählungen 205

8.3 Die Liebesbeziehungen von Schriftstellern und Künstlern 208

8.4 Romantische Idealisierung von Liebe und Leidenschaft 210

8.5 Die Rolle der Geschlechter in der romantischen Literatur 213

8.6 Ehe und Familie in der Romantik 215

8.7 Die Darstellung unerfüllter Liebe und Sehnsucht 218

8.8 Die Bedeutung von Romantik und Erotik 220

8.9 Liebe und Schmerz: Die dunklen Seiten der Romantik 224

8.10 Die anhaltende Faszination romantischer Liebesideale 227

Kapitel 9: Politik und Gesellschaft in der Romantik 231

9.1 Die politischen Umwälzungen in Europa 231

9.2 Nationalismus und die Suche nach nationaler Identität 234

9.3 Soziale Veränderungen und Klassenbewusstsein 237

9.4 Die Romantik und die Reaktion auf die Französische Revolution   239

9.5 Die Rolle der Kunst und Literatur in der politischen Debatte   241

9.6 Utopische Vorstellungen und soziale Experimente   244

9.7 Frauen in der Romantik: Die Suche nach Gleichberechtigung   247

9.8 Die Romantik und die Sklaverei   249

9.9 Romantische Einflüsse auf die Architektur und Städteplanung   252

9.10 Die politische Dimension der Romantik in der Moderne   254

Kapitel 10: Das Erbe der Romantik   **257**

10.1 Die Romantik im Kontext des 19. und 20. Jahrhunderts   257

10.2 Die Romantik in der Literatur des Realismus und Naturalismus   259

10.3 Romantische Einflüsse in der viktorianischen Epoche   261

10.4 Die Romantik in der Musik des 20. Jahrhunderts   264

10.5 Die Romantik in der Malerei des Impressionismus und Expressionismus   267

10.6 Die Romantik in der Philosophie des Existentialismus   269

10.7 Die Romantik und ihre Verbindung zur Popkultur   272

10.8 Die Romantik als Inspirationsquelle für Film und Theater   275

10.9 Romantische Elemente in der modernen Gesellschaft   277

10.10 Die Romantik als historisches Phänomen und kulturelles Erbe   280

Vorwort

Die Romantik - eine Epoche, die mit ihren stürmischen Emotionen, ihrer Sehnsucht nach Freiheit und ihrer tiefen Verbundenheit zur Natur die Herzen und Köpfe von Dichtern, Denkern, Künstlern und Gesellschaften auf der ganzen Welt ergriff. Sie war eine Zeit der Umwälzungen, in der sich die Menschen von den Fesseln der Vernunft befreiten und auf eine Reise ins Unbekannte aufbrachen. Willkommen zu diesem Buch, das die Faszination und den Zauber der Romantik einfängt und Sie durch alle Aspekte dieser aufregenden Epoche führen wird.

Die Romantik, die im späten 18. Jahrhundert in Europa ihren Anfang nahm, ist eine Zeit, die uns bis heute inspiriert und bewegt. In den folgenden Seiten werden wir in die Welt der Romantik eintauchen, von ihrer Entstehung und den historischen Hintergründen bis hin zu ihren tiefgreifenden Auswirkungen auf Kunst, Literatur, Musik, Philosophie, Natur und Liebe. Wir werden die Künstler und Denker kennenlernen, die diese Epoche geprägt haben, und uns von ihren Werken und Ideen verzaubern lassen.

Die Romantik war keine reine historische Periode, sondern vielmehr eine geistige Bewegung, die die Seele der Menschen ergriff und bis heute anhält. Sie war eine Reaktion auf die Rationalität und Vernunft der Aufklärung und drückte das Verlangen der Menschen nach einer intensiveren und tieferen Erfahrung des Lebens aus. Die Romantiker suchten nach der Essenz des Menschseins, nach der Verbindung zur Natur und zu ihren eigenen Gefühlen.

In den folgenden Abschnitten werden wir uns mit den zehn zentralen Aspekten der Romantik befassen, die in den Kapiteln dieses Buches behandelt werden. Diese Aspekte sind die Eckpfeiler einer Epoche, die die Welt in ihren Bann zog und deren Einfluss bis heute spürbar ist.

Die Romantik hatte viele Gesichter, und in Kapitel 1 werden wir einen umfassenden Überblick über diese vielschichtige Bewegung erhalten. Wir werden die historischen und gesellschaftlichen

Hintergründe erkunden, die die Romantik geprägt haben, und die Hauptmerkmale dieser Epoche kennenlernen, darunter die Betonung von Individualismus und Emotionen.

Die Wurzeln der Romantik werden in Kapitel 2 näher beleuchtet. Wir werden die Vorläufer der Romantik in der deutschen Literatur, die englische Romantik und den Präromantismus kennenlernen. Dies wird uns dabei helfen, die Entstehung und Entwicklung der romantischen Bewegung besser zu verstehen.

In Kapitel 3 werden wir die Romantik in der Literatur erforschen, die eine der herausragenden Manifestationen dieser Epoche war. Wir werden die Werke von Autoren wie Goethe, Schiller und Novalis erkunden und verstehen, wie die Natur in der romantischen Literatur eine bedeutende Rolle spielte.

Die Malerei der Romantik steht im Mittelpunkt von Kapitel 4. Hier werden wir die Meisterwerke von Künstlern wie Caspar David Friedrich und J.M.W. Turner betrachten und die Sehnsucht nach der Natur in ihren Werken entdecken. Wir werden die Symbolik in der romantischen Malerei und die Techniken und Materialien untersuchen, die zur Schaffung dieser beeindruckenden Kunstwerke verwendet wurden.

Musik und die Romantik sind das Thema von Kapitel 5. Wir werden in die Klangwelt der Romantik eintauchen und die Komponisten Beethoven, Schubert und Chopin kennenlernen, die mit ihren Melodien und Harmonien unsere Seele berührten. Wir werden sehen, wie die romantische Musik die Gefühle und Gedanken dieser Zeit widerspiegelte.

In Kapitel 6 werden wir die Romantik in der Philosophie erkunden. Wir werden die Ideen von Denkern wie Rousseau, Kant und Hegel kennenlernen und verstehen, wie die Philosophie der Romantik die romantische Bewegung beeinflusste. Wir werden sehen, wie die Romantik eine Reaktion auf die Vernunft der Aufklärung war und wie sie die Suche nach dem Inneren und dem Unendlichen förderte.

Die Romantik und die Natur sind das zentrale Thema von Kapitel 7. Wir werden die Bedeutung der Natur als Inspirationsquelle für die Romantiker erkunden und sehen, wie sie sich in Kunst, Literatur und Philosophie widerspiegelte. Wir werden durch Wälder, Berge und Flüsse wandern und die romantische Beziehung zur Natur verstehen.

Die Romantik und die Liebe, ein Thema von zeitloser Bedeutung, werden in Kapitel 8 behandelt. Wir werden die verschiedenen Facetten romantischer Liebe erkunden und sehen, wie die Liebe in Gedichten, Erzählungen und Beziehungen eine zentrale Rolle spielte. Wir werden die Rolle der Geschlechter in der romantischen Literatur und die Idealisierung von Liebe und Leidenschaft untersuchen.

In Kapitel 9 werden wir die politischen und gesellschaftlichen Aspekte der Romantik betrachten. Wir werden die politischen Umwälzungen in Europa zu dieser Zeit untersuchen und sehen, wie Nationalismus und soziale Veränderungen die romantische Bewegung beeinflussten. Wir werden auch die utopischen Vorstellungen und sozialen Experimente dieser Ära beleuchten.

Das Erbe der Romantik wird in Kapitel 10 abschließend behandelt. Hier werden wir sehen, wie die Romantik im Kontext des 19. und 20. Jahrhunderts weiterlebte und wie ihre Einflüsse in Kunst, Literatur, Musik und Philosophie bis heute spürbar sind. Wir werden die Romantik in der modernen Gesellschaft und ihre Bedeutung als historisches Phänomen und kulturelles Erbe erkennen.

In diesen Kapiteln werden wir die Leidenschaft, die Träume und die Visionen der Romantik erleben. Wir werden die Kreativität der Künstler bewundern, die die Welt verändert haben, und die Weisheit der Denker, die uns bis heute inspirieren. Tauchen Sie ein in die Romantik und lassen Sie sich von ihrer Magie verzaubern, denn sie hat die Fähigkeit, unsere Herzen zu berühren und unsere Seele zum Schwingen zu bringen. Willkommen in der Welt der Romantik.

Kapitel 1: Einführung in die Romantik

1.1 Die historische und politische Landschaft

Die Romantik, eine Epoche der kulturellen Blüte, entfaltete sich im späten 18. und frühen 19. Jahrhundert und war eng mit der historischen und politischen Landschaft ihrer Zeit verbunden. Diese Epoche wurde von vielfältigen Faktoren geprägt, die ihre Entwicklung und Ausdrucksformen maßgeblich beeinflussten.

Ein bedeutendes Ereignis dieser Zeit war die Französische Revolution, die 1789 begann und das politische Gesicht Europas nachhaltig veränderte. Die Ideale dieser Revolution, Freiheit, Gleichheit und Brüderlichkeit, fanden in der Romantik großen Anklang und wurden zu zentralen Themen in der romantischen Literatur und Kunst.

Die Napoleonischen Kriege und die Herrschaft von Napoleon Bonaparte hinterließen ebenfalls tiefe Spuren. Napoleon eroberte weite Teile Europas und etablierte das französische Kaiserreich. Seine militärischen Eroberungen und politischen Ambitionen prägten die politische Landschaft und führten zu Konflikten und Umwälzungen, die in vielen romantischen Werken reflektiert wurden.

Nach dem Ende der Napoleonischen Ära strebten viele europäische Länder nach Stabilität und restaurierten die alten monarchischen Ordnungen. Diese "Restauration" führte zur Rückkehr zu konservativen Werten und zur Ablehnung der Ideen der Französischen Revolution. In diesem Kontext entwickelten sich romantische Strömungen, die sich mit den Konflikten zwischen Tradition und Veränderung auseinandersetzten.

Die Industrialisierung begann in dieser Zeit ihren Aufstieg und brachte weitreichende soziale und wirtschaftliche Veränderungen mit sich. Die Verlagerung von der Landwirtschaft zur Industrie führte zur Entstehung von Städten und zu einer Umgestaltung der sozialen Hierarchie. Die Romantiker reagierten auf diese

Veränderungen mit einer Sehnsucht nach einer idealisierten Vergangenheit und einer intensiveren Verbindung zur Natur.

Die Romantik war eng mit dem Aufkommen des Nationalismus verknüpft. In vielen Ländern Europas wuchs das Bewusstsein für nationale Identität und die Sehnsucht nach Unabhängigkeit von ausländischer Herrschaft. Diese nationalen Bewegungen und Aufstände wurden von der romantischen Vorstellung von Freiheit und Selbstbestimmung befeuert.

Die Religion spielte in dieser Zeit weiterhin eine bedeutende Rolle im Leben der Menschen. Die Romantik führte zu einer Wiederbelebung des Religiösen und zur Suche nach einer spirituellen Verbindung zur Natur und zum Göttlichen. Religiöse Motive und Symbole waren häufig in der romantischen Literatur und Kunst präsent.

In dieser komplexen historischen und politischen Landschaft entwickelte sich die Romantik als eine kulturelle Bewegung, die sich auf die Suche nach dem Individuellen, dem Emotionalen und dem Spirituellen konzentrierte. Die Romantiker sehnten sich nach einer tieferen Verbindung zur Natur, nach Freiheit und nach einem Verständnis für die menschlichen Emotionen und Sehnsüchte. In ihren Werken fanden sie kreativen Ausdruck für diese Suche nach Sinn und Identität.

1.2 Gesellschaftliche Veränderungen im 18. und 19. Jahrhundert

Die Epoche der Romantik, die sich im späten 18. und frühen 19. Jahrhundert in Europa entfaltete, war eng mit den gesellschaftlichen Veränderungen dieser Zeit verknüpft. Um die Romantik und ihre Entwicklung besser zu verstehen, ist es von entscheidender Bedeutung, die sozialen Umwälzungen und Veränderungen zu betrachten, die die Menschen und die Gesellschaften in dieser Periode prägten.

Die Aufklärung, eine geistige Bewegung des 17. und 18. Jahrhunderts, hatte die Vernunft und die Rationalität in den Vordergrund gestellt. Sie betonte die Bedeutung der Wissenschaft, der Logik und der Aufklärung für die Lösung der menschlichen Probleme. Diese Ideen führten zu bedeutenden Fortschritten in den Bereichen Wissenschaft, Philosophie und Politik, veränderten aber auch das Weltbild der Menschen. Die Romantik, die als Reaktion auf die Aufklärung entstand, betonte die Begrenzungen der Rationalität und die Notwendigkeit, den emotionalen und spirituellen Aspekten des Menschseins Raum zu geben.

Die Industrialisierung war ein weiterer entscheidender Faktor, der die Gesellschaften in dieser Zeit prägte. Der Übergang von einer agrarischen Wirtschaft zu einer industriellen Wirtschaft hatte tiefgreifende Auswirkungen auf das Leben der Menschen. Die Entstehung von Fabriken und die Mechanisierung der Produktion führten zur Urbanisierung und zur Entstehung von Städten. Dies veränderte nicht nur die Lebensbedingungen der Menschen, sondern auch die soziale Struktur und die Beziehungen zwischen den Menschen. Die Romantiker reagierten auf diese Veränderungen mit einer Sehnsucht nach einer idealisierten Vergangenheit und einer intensiveren Verbindung zur Natur.

Die soziale Hierarchie war in dieser Zeit deutlich ausgeprägt. Die Gesellschaft war in verschiedene Klassen und Schichten unterteilt, und soziale Mobilität war begrenzt. Die Romantik, die eine Betonung des Individuums und seiner Einzigartigkeit propagierte, stellte diese soziale Hierarchie in Frage. Die Romantiker glaubten an die Würde und die Individualität jedes Menschen und lehnten die Vorstellung ab, dass soziale Herkunft oder Stand über das Schicksal eines Individuums entscheiden sollten.

Ein weiteres zentrales Merkmal dieser Zeit war die Suche nach nationaler Identität. In vielen Ländern Europas wuchs das Bewusstsein für nationale Eigenständigkeit und die Sehnsucht nach Unabhängigkeit von ausländischer Herrschaft. Dies führte zu nationalen Bewegungen und Aufständen, die die romantische

Vorstellung von Freiheit und Selbstbestimmung befeuerten. Die Romantik förderte das Bewusstsein für kulturelle Identität und nationale Traditionen.

Die Religion spielte in dieser Zeit weiterhin eine bedeutende Rolle im Leben der Menschen. Die Romantik führte zu einer Wiederbelebung des Religiösen und zur Suche nach einer spirituellen Verbindung zur Natur und zum Göttlichen. Religiöse Motive und Symbole waren häufig in der romantischen Literatur und Kunst präsent.

Die Gesellschaftsstruktur und die Geschlechterrollen waren in dieser Zeit streng hierarchisch und geschlechtsabhängig. Frauen waren in vielen Bereichen des öffentlichen Lebens stark eingeschränkt und hatten begrenzten Zugang zu Bildung und Berufsmöglichkeiten. Die Romantik hatte jedoch auch Auswirkungen auf die Geschlechterrollen und die Rolle der Frauen. Einige romantische Autorinnen und Denker setzten sich für die Gleichberechtigung der Geschlechter ein und drückten feministische Ideen aus.

Die Romantik war also eng mit den gesellschaftlichen Veränderungen dieser Zeit verbunden. Sie reagierte auf die Umwälzungen der Aufklärung und der Industrialisierung, auf die sozialen Hierarchien und die Suche nach nationaler Identität. Sie betonte die Einzigartigkeit des Individuums, die Bedeutung der Emotionen und die Sehnsucht nach einer tieferen Verbindung zur Natur und zum Göttlichen. In den Werken der Romantik fand diese Suche nach Sinn und Identität ihren kreativen Ausdruck und prägte eine ganze Epoche der Kunst, Literatur und Philosophie.

1.3 Der Begriff "Romantik" und seine Herkunft

Die Romantik, eine kulturelle Epoche, die sich im späten 18. und frühen 19. Jahrhundert in Europa entfaltete, ist eng mit dem Begriff "Romantik" selbst verbunden. Dieser Begriff hat eine faszinierende Herkunft und Entwicklung, die viel über die geistige Welt und die Ideale der Romantik verraten.

Der Begriff "Romantik" leitet sich vom französischen Wort "romantique" ab, das ursprünglich "mittelalterlich" bedeutete. Diese Bedeutung ist interessant, da sie auf eine Zeitperiode hinweist, die eine wichtige Inspirationsquelle für die Romantiker darstellte. Im Laufe der Geschichte entwickelte sich der Begriff jedoch weiter und erhielt eine breitere Bedeutung.

Im 17. und 18. Jahrhundert wurde der Begriff "romantique" in der Literatur verwendet, um eine spezielle Art von Romanen zu beschreiben. Diese Romane handelten oft von Abenteuern und exotischen Orten und spielten in einer idealisierten, fernen Vergangenheit, die als "romantisch" bezeichnet wurde. Diese Romane, die als "romantische Romane" bekannt waren, fanden in der Literatur des 18. Jahrhunderts große Beliebtheit und trugen dazu bei, den Begriff "Romantik" mit bestimmten literarischen Werken zu verknüpfen.

Die Romantik als kulturelle Bewegung entstand jedoch erst im späten 18. Jahrhundert und griff einige der Ideen und Themen auf, die bereits in den romantischen Romanen präsent waren. Die Romantiker lehnten die Rationalität und die Vorherrschaft der Vernunft, die von der vorangegangenen Epoche der Aufklärung propagiert wurden, ab und betonten stattdessen die Bedeutung von Emotionen, Intuition und Spiritualität. Diese Verschiebung von der Vernunft zur Emotion und von der Rationalität zur Spiritualität prägte das Wesen der Romantik.

Der Begriff "Romantik" wurde schließlich auf die kulturelle Bewegung angewandt, die sich von der Aufklärung abhob und eine Vorliebe für das Emotional-Irrationale zeigte. Die Romantiker sahen sich als Erben der romantischen Romane und suchten in der Vergangenheit nach Inspiration. Sie empfanden eine starke Faszination für das Mittelalter, für die Folklore und die Legenden vergangener Zeiten. Diese Beziehung zur Vergangenheit spiegelte sich in vielen romantischen Werken wider, die in einer idealisierten, oft mystischen Vergangenheit spielten.

Ein weiterer wichtiger Aspekt des Begriffs "Romantik" war seine Vielschichtigkeit. Die Romantik war keine einheitliche Bewegung, sondern eine vielfältige und komplexe Epoche, die eine breite Palette von künstlerischen, literarischen, philosophischen und musikalischen Strömungen umfasste. Die Romantiker waren sich in vielen Punkten uneinig und entwickelten unterschiedliche Ausdrucksformen und Ideen.

In Deutschland, einem der Zentren der romantischen Bewegung, wurde der Begriff "Romantik" besonders stark geprägt. Schriftsteller und Philosophen wie Friedrich Schlegel, August Wilhelm Schlegel und Novalis spielten eine entscheidende Rolle bei der Entwicklung und Verbreitung der romantischen Ideen. Sie betonten die Einzigartigkeit des Individuums, die Bedeutung von Poesie und Kunst und die Suche nach einer höheren Wahrheit.

In England entwickelte sich die Romantik als Reaktion auf die Industrialisierung und die sozialen Veränderungen. Dichter wie William Wordsworth und Samuel Taylor Coleridge betonten die Bedeutung der Natur und der menschlichen Gefühle. Sie glaubten, dass die Natur eine Quelle der Inspiration und der Erkenntnis war und dass die Poesie die menschliche Seele erwecken konnte.

In Frankreich wurden romantische Ideen von Dichtern wie Victor Hugo und Alfred de Musset vorangetrieben. Die französischen Romantiker waren von politischen Ereignissen wie der Julirevolution von 1830 stark beeinflusst und setzten sich für soziale Gerechtigkeit und Freiheit ein.

In Italien, einem Land mit einer reichen kulturellen Geschichte, entwickelte sich die Romantik als eine Suche nach nationaler Identität und kultureller Erneuerung. Schriftsteller wie Alessandro Manzoni und Giacomo Leopardi betonten die Bedeutung der italienischen Sprache und Literatur.

Die Romantik war jedoch nicht auf Europa beschränkt. In den Vereinigten Staaten entwickelte sich eine amerikanische Romantik, die von Autoren wie Washington Irving, Edgar Allan Poe und Nathaniel Hawthorne geprägt war. Diese Autoren erkundeten die amerikanische Landschaft und die einzigartige Geschichte ihres Landes.

Die Romantik hatte auch einen starken Einfluss auf die bildende Kunst. Maler wie Caspar David Friedrich in Deutschland und J.M.W. Turner in England schufen Werke, die die Schönheit und die Erhabenheit der Natur einfingen. Die romantische Malerei war geprägt von einer starken Betonung von Emotionen und einer Suche nach dem Inneren.

Die Romantik hatte auch in der Musik einen großen Einfluss. Komponisten wie Ludwig van Beethoven, Franz Schubert und Frédéric Chopin schufen Musik, die von tiefen Emotionen und Leidenschaft geprägt war. Die romantische Musik drückte die Sehnsucht nach Freiheit und die Suche nach spiritueller Erfüllung aus.

In der Philosophie war die Romantik eng mit den Ideen von Denkern wie Jean-Jacques Rousseau, Immanuel Kant und Georg Wilhelm Friedrich Hegel verbunden. Diese Philosophen betonten die Bedeutung der Individualität, der Subjektivität und der Freiheit des Geistes. Sie suchten nach einer Synthese von Vernunft und Gefühl und nach einer Verbindung zur Natur.

Die Romantik war eine Epoche, die von tiefen Emotionen, Leidenschaft und Spiritualität geprägt war. Sie suchte nach einer Verbindung zur Natur, nach einer höheren Wahrheit und nach einer intensiveren Erfahrung des Lebens. Die Romantiker lehnten die Begrenzungen der Vernunft ab und strebten nach einer umfassenderen und tieferen Erkenntnis. Die Romantik war eine vielfältige und komplexe Epoche, die die kulturelle Entwicklung Europas und der Welt nachhaltig beeinflusste und bis heute ihre Spuren hinterlassen hat.

1.4 Hauptmerkmale der romantischen Epoche

Die romantische Epoche, die im späten 18. und frühen 19. Jahrhundert in Europa aufblühte, war geprägt von einer Fülle herausragender Merkmale, die sie von vorherigen kulturellen Strömungen abhoben und ihr eine einzigartige Identität verliehen. Diese Merkmale erstreckten sich über die Bereiche der Kunst, Literatur, Philosophie und Musik und trugen dazu bei, die Romantik als eine äußerst faszinierende und facettenreiche Epoche zu gestalten.

Ein Schlüsselaspekt der Romantik war die Betonung des Individualismus und der Einzigartigkeit. Romantische Denker und Künstler glaubten fest an die Unverwechselbarkeit eines jeden Menschen und sahen darin eine unerschöpfliche Quelle der Inspiration und kreativen Entfaltung. Sie wehrten sich gegen die Vorstellung, dass alle Individuen nach einem standardisierten Muster geformt werden sollten, und strebten stattdessen danach, die Besonderheiten und Unterschiede jedes Einzelnen zu würdigen und zu zelebrieren.

Ein weiteres herausragendes Merkmal der Romantik war die intensive Betonung der menschlichen Emotionen. Romantiker betrachteten Emotionen als eine zentrale Quelle der Inspiration und Erkenntnis. Sie sahen in den Gefühlen eines Menschen eine tiefgehende Verbindung zur spirituellen Welt und zur Natur. Die Werke dieser Epoche waren oft von starken Emotionen geprägt, sei es Liebe, Sehnsucht, Melancholie oder Ehrfurcht. Die Romantiker suchten nach Wegen, diese Emotionen in ihrer kreativen Arbeit zum Ausdruck zu bringen und den Lesern und Zuhörern eine tiefgreifende emotionale Erfahrung zu vermitteln.

Ein zentrales Konzept in der Romantik war die Suche nach dem "Erhabenen". Die Romantiker waren fasziniert von allem Unbekannten, Mysteriösen und Göttlichen. Sie strebten nach Erfahrungen und Momenten, die das Alltägliche übertrafen und eine tiefere Verbindung zur Natur oder zum Göttlichen ermöglichten. Die Natur wurde oft als eine Hauptquelle des Erhabenen angesehen, und viele romantische Werke betonten die majestätische Schönheit und die erhebenden Kräfte der Natur. Die Suche nach dem Erhabenen trieb die Romantiker an, sich mit metaphysischen und spirituellen Themen auseinanderzusetzen und nach einer transzendenten Dimension des Lebens zu suchen.

Die Rückkehr zur Natur war ein weiteres markantes Merkmal der Romantik. Die Romantiker empfanden eine intensive Sehnsucht nach der Natur und ihrer Reinheit. Sie sahen in der Natur nicht nur eine ästhetische Inspirationsquelle, sondern auch einen Ort der Erholung von der Hektik des modernen Lebens. Die Natur wurde oft als Spiegel der inneren Gefühlswelt des Menschen betrachtet, und viele romantische Werke erforschten die Beziehung zwischen Mensch und Natur in all ihren Facetten.

Die Sehnsucht nach Freiheit war ein weiteres starkes Element in der romantischen Epoche. Sowohl auf individueller als auch auf gesellschaftlicher Ebene strebten die Romantiker nach Freiheit von den politischen und sozialen Einschränkungen ihrer Zeit. Sie träumten von einer Welt, in der sie ihre eigenen Entscheidungen treffen konnten, und rebellierte gegen rigide gesellschaftliche Normen und Konventionen. Die Romantik war eine Zeit, in der die Ideen der Freiheit und Selbstbestimmung stark aufblühten und eine wichtige Rolle in der Kunst, Literatur und Philosophie spielten.

Die Romantik war eine äußerst vielschichtige Epoche, die viele verschiedene Strömungen und Ausdrucksformen umfasste. Sie manifestierte sich in der bildenden Kunst durch Werke von Malern wie Caspar David Friedrich und J.M.W. Turner, die die erhabene Schönheit der Natur einfingen. In der Musik lebte die Romantik in den Kompositionen von Ludwig van Beethoven, Franz Schubert und Frédéric Chopin, die tiefe Emotionen und Leidenschaft in ihrer Musik zum Ausdruck brachten.

In der Philosophie führte die Romantik zu einer Betonung der Subjektivität, Individualität und Freiheit des Geistes. Denker wie Jean-Jacques Rousseau, Immanuel Kant und Georg Wilhelm

Friedrich Hegel hinterfragten die Vorherrschaft der Vernunft und suchten nach einer Synthese von Vernunft und Gefühl. Die Romantik hatte auch einen starken Einfluss auf die Literatur, wobei Schriftsteller wie Johann Wolfgang von Goethe, Lord Byron und Mary Shelley Werke schufen, die die emotionalen und existenziellen Fragen ihrer Zeit aufgriffen.

Die romantische Epoche war geprägt von einer tiefgehenden Auseinandersetzung mit den menschlichen Emotionen, der Natur, dem Göttlichen und der Suche nach individueller Freiheit. Diese Merkmale führten zu einer Vielzahl von kreativen Ausdrucksformen und Ideen, die die Romantik zu einer der faszinierendsten und einflussreichsten Epochen in der Geschichte der Kunst und Kultur machten.

1.5 Die Bedeutung von Individualismus und Emotionen

Die Bedeutung von Individualismus und Emotionen in der romantischen Epoche war ein zentrales Merkmal dieser faszinierenden Periode, die im späten 18. und frühen 19. Jahrhundert in Europa florierte. Diese beiden Aspekte – Individualismus und Emotionen – prägten die Kunst, Literatur, Philosophie und Musik dieser Zeit und trugen maßgeblich dazu bei, die Romantik als eine einzigartige und bewegende kulturelle Bewegung zu definieren.

Der Individualismus, der im romantischen Denken stark betont wurde, war ein tiefgehendes Konzept, das die Vorstellung von der Einzigartigkeit jedes Menschen und seiner inneren Welt in den Mittelpunkt rückte. Die Romantiker glaubten fest an die Individualität eines jeden Menschen und sahen in dieser Individualität eine Quelle der Inspiration und des kreativen Ausdrucks. Dieser Glaube an die Unverwechselbarkeit eines jeden Menschen stand im Gegensatz zu den rigiden sozialen Normen und Konventionen ihrer Zeit.

In einer Zeit, die von politischen und gesellschaftlichen Umbrüchen sowie von der Industrialisierung geprägt war, empfanden die

Romantiker den Individualismus als einen entscheidenden Gegenpol zur Vereinheitlichung und Standardisierung der Gesellschaft. Sie wehrten sich gegen die Vorstellung, dass alle Menschen nach einem einheitlichen Muster geformt werden sollten, und strebten stattdessen danach, die Besonderheiten und Unterschiede jedes Einzelnen zu würdigen und zu zelebrieren.

Der Individualismus der Romantik manifestierte sich in den Werken vieler Schriftsteller und Künstler dieser Zeit. In der Literatur fanden sich Protagonisten, die sich gegen gesellschaftliche Normen auflehnten und ihre eigenen Wege einschlugen, oft auf der Suche nach Selbstverwirklichung und persönlichem Glück. Beispiele hierfür sind Goethes "Werther" und Byrons "Childe Harold's Pilgrimage".

In der bildenden Kunst wurden Individualität und Einzigartigkeit in den Werken von Malern wie Caspar David Friedrich deutlich, die oft isolierte Figuren in der majestätischen Natur darstellten, was das Gefühl der Einzigartigkeit und der persönlichen Suche nach Bedeutung betonte.

Der Individualismus der Romantik hatte auch einen starken philosophischen Einfluss. Denker wie Jean-Jacques Rousseau, der die Idee des "natürlichen Menschen" und der individuellen Freiheit propagierte, beeinflussten die romantische Philosophie. Die Romantiker betonten die Bedeutung der inneren Erfahrung und der persönlichen Intuition als Gegenpol zur überbetonten Vernunft der vorangegangenen Aufklärung.

Ein weiteres zentrales Merkmal der romantischen Epoche war die intensive Betonung der menschlichen Emotionen. Die Romantiker glaubten, dass die Emotionen eine zentrale Quelle der Inspiration und Erkenntnis waren. Sie sahen in den Gefühlen eines Menschen eine tiefgehende Verbindung zur spirituellen Welt und zur Natur. Emotionen wurden nicht als Schwäche betrachtet, sondern als Quelle der Stärke und der Authentizität.

Die Romantiker drückten ihre eigenen Emotionen in ihren Werken aus und suchten gleichzeitig, die Emotionen ihrer Leser, Zuhörer und Betrachter anzusprechen. Ihre Werke waren oft von starken Emotionen geprägt, sei es Liebe, Sehnsucht, Melancholie oder Ehrfurcht. Die Romantiker waren davon überzeugt, dass die Kunst und die Literatur in der Lage waren, tiefe emotionale Erfahrungen zu vermitteln und die menschliche Seele zu berühren.

In der romantischen Literatur wurde die Betonung der Emotionen in den Werken von Autoren wie William Wordsworth und Samuel Taylor Coleridge besonders deutlich. Sie betonten die Bedeutung der Natur und der menschlichen Gefühle und glaubten, dass die Poesie die menschliche Seele erwecken konnte.

Die Malerei der Romantik war ebenfalls von intensiven Emotionen geprägt. Künstler wie Eugène Delacroix und Francisco Goya schufen Bilder, die die emotionalen und psychologischen Zustände der Menschen darstellten und oft politische und soziale Themen aufgriffen.

In der Musik fand die Betonung der Emotionen in den Werken von Komponisten wie Ludwig van Beethoven, Franz Schubert und Frédéric Chopin ihren Höhepunkt. Diese Komponisten schufen Musik, die von tiefen Emotionen und Leidenschaft durchdrungen war und die Fähigkeit hatte, die Zuhörer auf einer emotionalen Ebene zu berühren.

Die Betonung der Emotionen in der Romantik war eng mit der Suche nach dem "Erhabenen" verbunden. Die Romantiker strebten nach Erfahrungen und Momenten, die das Alltägliche übertrafen und eine tiefere Verbindung zur Natur oder zum Göttlichen ermöglichten. Die Emotionen waren der Schlüssel zu diesen erhabenen Erfahrungen, da sie den Menschen in einen Zustand der Transzendenz versetzen konnten.

Die Betonung der Emotionen und des Individualismus in der Romantik hatte weitreichende Auswirkungen auf die kulturelle

Entwicklung Europas und der Welt. Sie führte zu einer Fülle von kreativen Ausdrucksformen und Ideen, die die Romantik zu einer der faszinierendsten und einflussreichsten Epochen in der Geschichte der Kunst und Kultur machten. Diese Betonung von Individualismus und Emotionen hinterließ auch einen nachhaltigen Einfluss auf spätere künstlerische Bewegungen und trug dazu bei, das moderne Verständnis von Individualität und emotionaler Ausdrucksfähigkeit zu gestalten.

1.6 Romantik als Reaktion auf die Aufklärung

Die Romantik als kulturelle Epoche, die sich im späten 18. und frühen 19. Jahrhundert in Europa entfaltete, war in vielerlei Hinsicht eine Reaktion auf die vorhergehende Epoche der Aufklärung. Die Aufklärung, die im 17. und 18. Jahrhundert ihren Höhepunkt erreichte, war geprägt von einer starken Betonung der Vernunft, der Rationalität und des Fortschritts in den Bereichen Wissenschaft, Philosophie und Politik. Die Romantiker, die in der Aufklärung eine Überbetonung der Rationalität und eine Vernachlässigung der emotionalen und spirituellen Aspekte des Menschseins sahen, reagierten auf diese Entwicklung mit einem tiefen Verlangen nach einer Rückbesinnung auf das Emotional-Irrationale und einer Suche nach einer umfassenderen, tieferen menschlichen Erfahrung.

Die Aufklärung hatte einen enormen Einfluss auf das Denken und die Gesellschaft Europas. Die Ideen von Philosophen wie René Descartes, John Locke, Voltaire und Immanuel Kant dominierten das intellektuelle Klima der Zeit. Die Aufklärung propagierte die Vernunft als das höchste Mittel zur Lösung von Problemen und zur Erreichung von Wissen. Sie forderte die Überwindung von Aberglauben, Ignoranz und Tyrannei durch Bildung und rationale Argumentation. In der Politik betonte die Aufklärung die Bedeutung von Menschenrechten, Freiheit und demokratischen Institutionen.

Die Romantiker, angeführt von Denkern wie Friedrich Schlegel, August Wilhelm Schlegel, Novalis und Jean-Jacques Rousseau, sahen in der Aufklärung jedoch eine einseitige und begrenzte Sichtweise auf die menschliche Existenz. Sie kritisierten die

Vorherrschaft der Vernunft und der Rationalität, die, ihrer Meinung nach, das Wesen des Menschen verkürzten und das Leben entzauberten. Die Romantiker glaubten, dass die Aufklärung die Welt auf eine mechanistische und unpersönliche Weise betrachtete und die tieferen, emotionalen und spirituellen Dimensionen des Daseins vernachlässigte.

Eine der zentralen Kritiken der Romantiker an der Aufklärung war ihre Tendenz zur Reduktion des Menschen auf ein kalkulierbares und vorhersagbares Wesen. Die Aufklärung betonte die Idee des "homo economicus", eines rationalen Akteurs, der stets nach seinem eigenen Eigeninteresse handelte. Diese Vorstellung ignorierte die Vielschichtigkeit und Ambiguität des menschlichen Seins, die von Emotionen, Leidenschaften und irrationalen Impulsen geprägt sind.

Die Romantiker betonten stattdessen die Einzigartigkeit jedes Menschen und die Komplexität seiner inneren Welt. Sie sahen die Emotionen und die Intuition als wichtige Quellen der Erkenntnis und der Inspiration. In dieser Hinsicht griffen sie auf Ideen von Jean-Jacques Rousseau zurück, der die Idee des "edlen Wilden" entwickelte – eines Menschen, der in seiner ursprünglichen Natur harmonisch mit seiner Umwelt und seinen Gefühlen lebte, bevor er von der Zivilisation korrumpiert wurde.

Die Romantiker sahen in der Emotion eine Brücke zur Natur und zur spirituellen Dimension des Lebens. Emotionen wurden nicht als Schwäche betrachtet, sondern als Ausdruck der tiefsten menschlichen Erfahrungen. Die Romantik drückte die Sehnsucht nach einer intensiveren Verbindung zur Natur und zum Göttlichen aus, die durch rationale Analyse allein nicht erreicht werden konnte.

Die Betonung der Individualität und der Emotionen in der Romantik führte zu einer breiten Palette von kulturellen Ausdrucksformen. In der Literatur manifestierte sich dies in Werken, die die inneren Welten der Charaktere erkundeten und emotionale Konflikte in den Mittelpunkt stellten. Ein herausragendes Beispiel hierfür ist Johann

Wolfgang von Goethes "Die Leiden des jungen Werther", in dem die emotionale Intensität des Protagonisten im Vordergrund steht.

In der Malerei zeigte sich die Romantik in Bildern, die die majestätische Schönheit der Natur einfingen und oft isolierte Figuren in einer naturbelassenen Umgebung darstellten. Caspar David Friedrich gilt als einer der prominentesten Maler dieser Strömung, dessen Werke wie "Der Wanderer über dem Nebelmeer" die Beziehung zwischen Mensch und Natur betonten.

In der Musik führte die Romantik zu einer Fülle von Kompositionen, die von tiefen Emotionen und Leidenschaft durchdrungen waren. Komponisten wie Ludwig van Beethoven, Franz Schubert und Frédéric Chopin schufen Musik, die das Herz der Zuhörer berührte und eine Vielzahl von Gefühlen ausdrückte.

Die Romantik hatte auch einen starken Einfluss auf die Philosophie. Denker wie Friedrich Schelling und Georg Wilhelm Friedrich Hegel entwickelten philosophische Konzepte, die die Bedeutung von Subjektivität und Individualität betonten. Hegel, zum Beispiel, betonte die Idee des "Weltgeistes", der sich durch die individuelle Geschichte jeder Person ausdrückte.

In der Politik hatten die romantischen Ideen Auswirkungen auf die nationalen Bewegungen in Europa. Die Suche nach nationaler Identität und kultureller Tradition wurde von den Romantikern unterstützt. Dies führte zu nationalen Aufständen und Befreiungsbewegungen in vielen Ländern Europas.

Zusammenfassend lässt sich sagen, dass die Romantik als Reaktion auf die Aufklärung eine entscheidende Rolle in der kulturellen Entwicklung Europas spielte. Sie betonte die Bedeutung der Individualität und der Emotionen als Gegenpol zur Rationalität und zur Betonung des Kollektiven. Die Romantik drückte die Sehnsucht nach einer tieferen menschlichen Erfahrung und einer intensiveren Verbindung zur Natur und zum Göttlichen aus. Ihre Auswirkungen waren in der Literatur, der Malerei, der Musik und der

Philosophie spürbar und prägten die kulturelle Landschaft Europas und der Welt nachhaltig.

1.7 Einflüsse auf die Romantik aus anderen Kulturen

Die Romantik, als kulturelle Epoche des späten 18. und frühen 19. Jahrhunderts in Europa, wurde maßgeblich von Einflüssen aus anderen Kulturen geprägt. Diese vielfältigen kulturellen Strömungen trugen dazu bei, die Romantik zu einer äußerst facettenreichen und globalen Bewegung zu gestalten, die sich in verschiedenen künstlerischen Disziplinen manifestierte. In dieser ausführlichen Zusammenfassung werden wir die bedeutendsten Einflüsse aus anderen Kulturen auf die Romantik näher betrachten.

Ein bedeutender Einfluss auf die Romantik war das Interesse an der orientalischen Kultur und dem Nahen Osten. Dieses Interesse wurde maßgeblich durch die Entdeckungsreisen und den Handel zwischen Europa und dem Nahen Osten im 18. Jahrhundert gefördert. Die Romantiker, insbesondere Dichter und Schriftsteller wie Lord Byron und Johann Wolfgang von Goethe, ließen sich von der orientalischen Poesie und Literatur inspirieren. Die exotische Ästhetik, die Darstellung von fernen Orten und Geschichten aus dem Nahen Osten fanden Eingang in viele romantische Werke.

Die Romantiker waren von der griechischen Antike und ihrer reichen Mythologie stark fasziniert. Dieses Interesse wurde nicht nur durch die antiken Ruinen und archäologischen Entdeckungen in Griechenland und Italien befördert, sondern auch durch die kulturelle Bedeutung der griechischen Klassik. Die griechische Mythologie und Philosophie, insbesondere die Werke von Plato und Aristoteles, übten einen starken Einfluss auf die romantische Literatur und Philosophie aus. Dichter wie Percy Bysshe Shelley und John Keats griffen griechische Themen und Motive in ihren Werken auf und verbanden sie mit ihren eigenen romantischen Idealen.

Ein weiterer bedeutender Einfluss auf die Romantik waren die Schriften, die Philosophie und die Religionen Indiens. Die

Romantiker waren von der spirituellen Tiefe der indischen Kultur fasziniert. Schriften wie die Bhagavad Gita, die Upanishaden und Werke des indischen Dichters Kalidasa wurden von europäischen Romantikern gelesen und beeinflussten ihre Vorstellungen von Spiritualität und Transzendenz. Diese Einflüsse fanden sich in Werken wie Goethes "Wilhelm Meisters Wanderjahre" und in den Schriften von Ralph Waldo Emerson und Henry David Thoreau in den Vereinigten Staaten.

Die Romantiker waren auch von der chinesischen Kultur und Philosophie beeindruckt. Die chinesische Ästhetik, die Zen-Philosophie und die Ideen des Taoismus fanden Anklang bei den Romantikern. Die Vorstellung von Harmonie mit der Natur, die Betonung des Augenblicks und die Suche nach innerer Ruhe und Erleuchtung beeinflussten die romantische Literatur und Kunst.

Die Auseinandersetzung mit der afrikanischen Kultur und Kunst spielte ebenfalls eine Rolle in der romantischen Bewegung. Insbesondere die ägyptische Kultur und Mythologie weckten das Interesse der Romantiker. Ägypten galt als ein Land der Rätsel und Geheimnisse, was die Romantiker in ihren Werken aufgriffen und in die Vorstellungswelt der Zeit einfließen ließen.

Die Begegnung mit den indigenen Völkern der amerikanischen Kontinente beeinflusste die romantische Vorstellung von Natur und Wildnis. Die Romantiker sahen in den Ureinwohnern Amerikas oft eine harmonische Beziehung zur Natur und eine Spiritualität, die sie bewunderten und in ihren eigenen Werken reflektierten.

Insgesamt kann festgestellt werden, dass die Romantik als kulturelle Bewegung stark von Einflüssen aus anderen Kulturen geprägt war. Diese Einflüsse reichten von der orientalischen Kultur über die griechische Antike bis hin zur indischen Philosophie und Religion, der chinesischen Ästhetik und der afrikanischen Kunst. Die Romantiker waren von der Vielfalt der menschlichen Erfahrung und der kulturellen Ausdrucksformen fasziniert und suchten in diesen Einflüssen Inspiration für ihre eigenen kreativen Werke.

Diese Vielfalt trug dazu bei, die Romantik zu einer der bedeutendsten und facettenreichsten Epochen in der Geschichte der Kunst und Literatur zu gestalten.

1.8 Der Zusammenhang zwischen Romantik und Natur

Der Zusammenhang zwischen Romantik und Natur ist ein zentrales Thema in der romantischen Epoche, die sich im späten 18. und frühen 19. Jahrhundert in Europa entwickelte. Die Romantik war geprägt von einer tiefen Sehnsucht nach der Natur und einer intensiven Beziehung zur natürlichen Welt. Dieses Verhältnis zur Natur war nicht nur ästhetischer oder literarischer Natur, sondern hatte auch tiefgreifende philosophische, spirituelle und politische Dimensionen.

Die Romantiker betrachteten die Natur als eine Quelle der Inspiration, des Trostes und der Erkenntnis. Sie sahen in der Natur eine unverfälschte, authentische Welt, die im Kontrast zur aufgeklärten und industrialisierten Gesellschaft stand. Die Natur wurde oft als Gegenpol zur Zivilisation betrachtet, als Ort der Rückkehr zu den Wurzeln des Menschseins und als Raum für persönliche Entfaltung.

Ein zentrales Motiv in der romantischen Kunst und Literatur war die Darstellung der Natur in ihrer erhabenen Schönheit und Majestät. Die Romantiker waren fasziniert von den unberührten Landschaften, den imposanten Bergen, den wilden Wäldern und den tosenden Flüssen. Künstler wie Caspar David Friedrich in der Malerei und William Wordsworth in der Dichtung schufen Werke, die die erhabene Schönheit der Natur einfingen und den Betrachter in Ehrfurcht versetzten.

Die Romantiker drückten ihre tiefen Gefühle für die Natur in ihren Werken aus. Die Natur wurde personifiziert und als lebendige Kraft dargestellt, die eine enge Verbindung zum Menschen hatte. In der Dichtung wurde die Natur oft als Freund, Geliebte oder spiritueller Führer porträtiert. Diese anthropomorphe Darstellung der Natur spiegelte die romantische Vorstellung wider, dass die natürliche Welt eine lebendige und geistige Dimension hatte.

Ein weiteres wichtiges Element in der romantischen Auseinandersetzung mit der Natur war die Idee der "Sublimität". Die Romantiker suchten nach Momenten und Erfahrungen, die das Alltägliche übertrafen und eine tiefere Verbindung zur Natur oder zum Göttlichen ermöglichten. Die "Sublimität" bezog sich auf die Erfahrung von Größe, Erhabenheit und Schönheit in der Natur, die den Menschen in einen Zustand der Ehrfurcht und Ergriffenheit versetzen konnte. Dieses Konzept der Sublimität fand sich in vielen romantischen Werken, sei es in der Darstellung eines gewaltigen Sturms, eines majestätischen Berges oder einer sternenklaren Nacht.

Die Rückkehr zur Natur war ein weiteres Schlüsselthema in der romantischen Epoche. Die Romantiker empfanden eine tiefe Sehnsucht nach der Natur und ihrer Reinheit. Sie sahen in der Natur nicht nur eine ästhetische Inspirationsquelle, sondern auch einen Ort der Erholung von der Hektik des modernen Lebens. Die Natur wurde oft als Spiegel der inneren Gefühlswelt des Menschen betrachtet, und viele romantische Werke erforschten die Beziehung zwischen Mensch und Natur in all ihren Facetten.

In der Romantik wurde die Natur auch als moralische Instanz betrachtet. Die Naturschilderungen in der Literatur dienten oft als Metaphern für moralische Lehren und ethische Botschaften. Die Reinheit und Unschuld der Natur wurden in Kontrast gesetzt zu den moralischen Verfehlungen und der Korruption der Gesellschaft. Die Natur wurde als Ort der Wahrheit und der moralischen Klarheit gesehen, an dem der Mensch zu sich selbst finden und seine eigenen Werte und Prinzipien wiederentdecken konnte.

Die romantische Vorstellung von der Natur hatte auch politische Dimensionen. In einer Zeit des gesellschaftlichen Wandels, der Industrialisierung und politischen Umbrüche, sahen die Romantiker in der Natur oft einen Gegenpol zu den sozialen und politischen

Problemen ihrer Zeit. Sie betonten die Bedeutung von Freiheit, Individualität und Selbstbestimmung und kritisierten die Entfremdung und Entfremdung, die sie in der modernen Gesellschaft sahen. Die Rückkehr zur Natur wurde oft als ein Akt des Widerstands gegen die sozialen Normen und die Entfremdung betrachtet.

In der Romantik wurde die Natur auch als Spiegel der eigenen Seele betrachtet. Die äußere Natur wurde als Reflexion der inneren Gefühlswelt des Menschen interpretiert. Die Romantiker sahen in der Natur eine Möglichkeit, ihre eigenen Emotionen und Sehnsüchte zu erkunden und auszudrücken. Die Natur wurde oft als Projektionsfläche für die inneren Konflikte und Wünsche des Einzelnen verwendet.

Die Romantiker hatten auch eine Vorliebe für abgelegene und wilde Landschaften. Sie zogen es vor, in entlegenen Gebieten zu reisen und die unberührte Natur zu erleben. Dies führte zu einer verstärkten Erforschung und Erkundung von Gebieten wie den Alpen, den schottischen Highlands und den nordamerikanischen Wildnissen. Diese Reisen und Erlebnisse in der Natur beeinflussten die romantische Kunst und Literatur nachhaltig und führten zu einer Vielzahl von Naturbeschreibungen und Reiseberichten.

In der Musik der Romantik spiegelte sich die Beziehung zur Natur ebenfalls wider. Komponisten wie Ludwig van Beethoven, Franz Schubert und Frédéric Chopin schufen Musik, die von der Schönheit und Erhabenheit der Natur inspiriert war. Die Musik der Romantik hatte die Fähigkeit, die Emotionen und die tiefe Verbundenheit des Menschen zur Natur auf musikalische Weise auszudrücken.

Insgesamt kann gesagt werden, dass der Zusammenhang zwischen Romantik und Natur ein grundlegendes Merkmal dieser Epoche war. Die Romantiker betrachteten die Natur als eine Quelle der Inspiration, der Erkenntnis und der Erholung. Die Natur diente als Spiegel der inneren Gefühlswelt des Menschen, als moralische

Instanz und als Gegenpol zur modernen Gesellschaft. Die romantische Auseinandersetzung mit der Natur führte zu einer Fülle von kreativen Werken in den Bereichen Literatur, Malerei, Musik und Philosophie und prägte die romantische Epoche nachhaltig.

1.9 Die Vielfalt der romantischen Strömungen
Die romantische Epoche war geprägt von einer beeindruckenden Vielfalt an Strömungen und Ausdrucksformen, die sich in verschiedenen Teilen Europas und in unterschiedlichen kulturellen Kontexten entwickelten. Diese Vielfalt war ein Zeichen für die tiefe, kreative Unruhe und das Bestreben, die Vielschichtigkeit des menschlichen Erlebens in einer sich rasch verändernden Welt zu erfassen.

Die Frühromantik, die sich in den ersten Jahrzehnten des 19. Jahrhunderts entfaltete, legte großen Wert auf die individuelle Erfahrung und die Beziehung zur Natur. Dichter wie Friedrich Hölderlin, Novalis und Friedrich Schlegel betonten die Subjektivität des Einzelnen und seine Fähigkeit, durch Kunst und Poesie eine tiefere Verbindung zur Welt herzustellen. Diese Frühromantiker suchten in der Natur und der Spiritualität nach einer Quelle der Inspiration und des Trostes.

Die Spätromantik, die sich im späteren 19. Jahrhundert manifestierte, verschob den Fokus in Richtung des Irrationalen und des Übernatürlichen. Hier standen Themen wie das Unbewusste, das Traumhafte und das Mystische im Mittelpunkt. Komponisten wie Richard Wagner schufen Musikwerke, die in ihrer Komplexität und Emotionalität die Grenzen des Rationalen sprengten. Schriftsteller wie Edgar Allan Poe erkundeten düstere und mysteriöse Sujets, die die dunklen Seiten der menschlichen Psyche beleuchteten.

Die Nationalromantik war eine wichtige Strömung in vielen europäischen Ländern. Sie betonte die kulturelle Identität und die Folklore einzelner Nationen. In Deutschland manifestierte sich dies in einem starken Interesse an der deutschen Geschichte, Literatur und Mythologie. Die Brüder Grimm sammelten Märchen und Volkslieder, während Dichter wie Joseph von Eichendorff und Heinrich Heine die deutsche Landschaft und Kultur in ihren Werken feierten. Ähnliche Bewegungen fanden in Polen, Ungarn, Norwegen und anderen Ländern statt, wobei die jeweiligen Nationen ihre eigene Identität und Geschichte hervorhoben.

Die politische Romantik war eine weitere Strömung, die sich in der Zeit der Revolutionen und politischen Umwälzungen des 19. Jahrhunderts entwickelte. Sie betonte die Bedeutung von Freiheit, Individualität und Selbstbestimmung. In Frankreich spielte die romantische Literatur eine wichtige Rolle in den politischen Debatten dieser Zeit. Victor Hugo und Alexandre Dumas setzten sich in ihren Werken für soziale Gerechtigkeit und die Rechte des Einzelnen ein. Ähnliche Tendenzen waren in anderen europäischen Ländern zu beobachten, wo die Romantiker politische Reformen und nationale Unabhängigkeit unterstützten.

Die soziale Romantik fokussierte auf die sozialen und wirtschaftlichen Probleme der Zeit, insbesondere auf die Ausbeutung der Arbeiterklasse und die soziale Ungerechtigkeit. Schriftsteller wie Charles Dickens in England und Victor Hugo in Frankreich schrieben Werke, die die Not der Armen und Unterdrückten in den Mittelpunkt stellten. Diese Strömung trug dazu bei, das Bewusstsein für soziale Missstände zu schärfen und politische Reformen voranzutreiben.

Die mystische Romantik war eine Strömung, die sich auf spirituelle und metaphysische Fragen konzentrierte. Die Romantiker waren von den Geheimnissen des Universums und der Beziehung zwischen Mensch und Göttlichkeit fasziniert. Sie erkundeten Themen wie das Unbewusste, die Träume und die Suche nach einer höheren Wirklichkeit. Dichter wie William Blake in England und Gustavo Adolfo Bécquer in Spanien schufen Werke, die die Grenzen zwischen Diesseits und Jenseits verwischten und eine tiefere metaphysische Wahrheit suchten.

Die exotische Romantik war geprägt von der Faszination für ferne Länder und Kulturen. Die Romantiker waren von der Vielfalt der Welt begeistert und erkundeten in ihren Werken exotische Orte und Geschichten. Dies spiegelte sich in der Malerei von Eugène Delacroix und in der Literatur von Gustave Flaubert wider. Die exotische Romantik ermöglichte es den Künstlern, die Vielfalt der menschlichen Erfahrung zu erforschen und neue ästhetische Impulse zu gewinnen.

Die Romantik hatte auch einen starken Einfluss auf die Musik. Komponisten wie Ludwig van Beethoven, Franz Schubert und Frédéric Chopin schufen Musikwerke, die von der emotionalen Intensität und der tiefen Verbundenheit zur Natur und zur menschlichen Seele geprägt waren. Die Musik der Romantik drückte die Vielfalt der menschlichen Gefühle aus und lud die Zuhörer ein, in eine Welt der Emotionen und Leidenschaften einzutauchen.

Zusammenfassend lässt sich sagen, dass die romantische Epoche von einer erstaunlichen Vielfalt geprägt war, die sich in verschiedenen Strömungen und Ausdrucksformen manifestierte. Die Romantik erstreckte sich über einen Zeitraum von etwa einem Jahrhundert und durchlief verschiedene Phasen, die von der Frühromantik bis zur Spätromantik reichten. Die Romantiker erkundeten eine breite Palette von Themen, von der Natur über die Politik bis zur Metaphysik, und trugen dazu bei, die kulturelle Landschaft Europas und der Welt nachhaltig zu prägen. Die romantische Epoche war eine Zeit der Kreativität, der Unruhe und der Suche nach tieferer Bedeutung in einer sich verändernden Welt.

1.10 Die Romantik als transnationale Bewegung
Die Romantik war eine kulturelle Epoche, die sich im späten 18. und frühen 19. Jahrhundert in ganz Europa und darüber hinaus entwickelte. Was die Romantik so einzigartig macht, ist ihre transnationale Natur. Sie war keine ausschließlich nationale Bewegung, sondern eine Bewegung, die sich über Grenzen und Sprachen hinweg erstreckte. In dieser ausführlichen

Zusammenfassung werden wir die Romantik als transnationale Bewegung betrachten und verstehen, wie sie die kulturelle Landschaft Europas und darüber hinaus geprägt hat.

Die Romantik entwickelte sich in einer Zeit des Wandels und der Umbrüche in Europa. Die Auswirkungen der Französischen Revolution und der Napoleonischen Kriege waren weitreichend und veränderten die politische, soziale und kulturelle Landschaft Europas grundlegend. Diese Zeit des Umbruchs führte dazu, dass viele Menschen nach neuen Ausdrucksmöglichkeiten und Bedeutungen suchten, was die Romantik als kulturelle Bewegung begünstigte.

Die Romantik als transnationale Bewegung zeichnete sich durch ihre Offenheit für verschiedene kulturelle Einflüsse und Ideen aus. Sie war geprägt von einer grenzüberschreitenden Kommunikation und einem regen kulturellen Austausch zwischen verschiedenen Ländern und Regionen Europas. Die Ideen und Werke der Romantiker verbreiteten sich über nationale Grenzen hinweg und inspirierten Künstler, Schriftsteller und Denker in vielen Teilen Europas.

Ein bedeutendes Element der transnationalen Romantik war die gemeinsame Auseinandersetzung mit der Vergangenheit und der Suche nach kulturellen Wurzeln. Die Romantiker waren von der Geschichte und der Folklore Europas fasziniert und bemühten sich, die kulturelle Identität ihrer Nationen wiederzuentdecken. Dies führte zu einem verstärkten Interesse an der nationalen Geschichte, Literatur und Folklore, was in vielen Ländern zu einer Renaissance der eigenen Kultur führte.

Ein herausragendes Beispiel für die transnationale Natur der Romantik ist die Bewegung der "Jungen Deutschland". Diese Gruppe von Schriftstellern und Intellektuellen, zu der Heinrich Heine und Ludwig Börne gehörten, setzte sich für politische und soziale Reformen ein und kämpfte für die Freiheit der Meinungsäußerung. Obwohl sie in Deutschland aktiv waren, waren ihre Ideen stark von der romantischen Bewegung in Frankreich und England beeinflusst. Dies zeigt, wie die Romantik als transnationale Bewegung dazu beitrug, Ideen über nationale Grenzen hinweg zu verbreiten.

Ein weiteres Beispiel für die transnationale Natur der Romantik ist die Begeisterung für die griechische Antike. Die Romantiker waren von der griechischen Mythologie, Literatur und Philosophie fasziniert. Dieses Interesse führte zu einer verstärkten Beschäftigung mit den Werken der antiken griechischen Autoren wie Homer, Aristoteles und Platon. Die griechische Antike wurde zu einer gemeinsamen kulturellen Referenz, die die Romantiker in vielen europäischen Ländern teilten.

Die Romantik war auch geprägt von einer breiten Palette von ästhetischen und künstlerischen Einflüssen aus verschiedenen Ländern. Die Malerei der Romantik, die von Künstlern wie Caspar David Friedrich in Deutschland, Eugène Delacroix in Frankreich und William Turner in England geprägt war, zeigte eine Vielfalt von Stilen und Themen. Die romantische Musik von Komponisten wie Ludwig van Beethoven, Franz Schubert und Frédéric Chopin war international bekannt und beeinflusste Musiker in vielen Ländern.

Die transnationale Romantik spiegelte sich auch in der Literatur wider. Schriftsteller wie Lord Byron aus England, Johann Wolfgang von Goethe aus Deutschland und Victor Hugo aus Frankreich genossen internationale Anerkennung und ihre Werke wurden in vielen Ländern gelesen und übersetzt. Die Romantik förderte die Idee einer weltweiten literarischen Gemeinschaft, die Ideen und Werke über nationale Grenzen hinweg teilte.

Ein weiterer Aspekt der transnationalen Romantik war die gemeinsame Auseinandersetzung mit politischen und sozialen Themen. Die Romantiker waren oft engagiert und nahmen Stellung zu den politischen Ereignissen ihrer Zeit. Sie unterstützten die Ideen der Freiheit, der Individualität und der sozialen Gerechtigkeit, die in vielen Ländern Europas aufkamen. Diese politische Dimension der Romantik trug dazu bei, Ideen und Prinzipien über nationale Grenzen hinweg zu verbreiten und die politische Entwicklung in Europa zu beeinflussen.

Die Romantik als transnationale Bewegung war nicht nur auf Europa beschränkt, sondern fand auch in anderen Teilen der Welt Anklang. In den Vereinigten Staaten gab es eine Blütezeit der romantischen Literatur, die von Autoren wie Nathaniel Hawthorne, Edgar Allan Poe und Washington Irving geprägt war. Diese Autoren waren von den Ideen der europäischen Romantik inspiriert, während sie gleichzeitig amerikanische Themen und Geschichten in ihren Werken behandelten.

In Lateinamerika, insbesondere in Ländern wie Mexiko und Kolumbien, gab es ebenfalls eine starke romantische Bewegung. Diese Autoren griffen auf die Ideen der europäischen Romantik zurück, während sie die kulturelle Vielfalt und die politischen Herausforderungen ihrer Region reflektierten.

Die Romantik als transnationale Bewegung war somit ein Phänomen von weltweiter Bedeutung. Sie zeigte, wie Ideen, Kunstwerke und literarische Werke in einer Zeit des kulturellen und politischen Wandels über nationale Grenzen hinweg geteilt und diskutiert wurden. Die Romantik förderte die Idee einer globalen kulturellen Gemeinschaft, die sich durch den Austausch von Ideen und die Auseinandersetzung mit verschiedenen kulturellen Traditionen bereicherte. In dieser Hinsicht war die Romantik eine der ersten kulturellen Bewegungen, die die transnationale Dimension der menschlichen Kreativität und des kulturellen Austauschs betonte.

Kapitel 2: Die Wurzeln der Romantik

2.1 Die Vorläufer der Romantik in der deutschen Literatur

Die Romantik in der deutschen Literatur war eine faszinierende Epoche, die im späten 18. Jahrhundert begann und bis zum 19. Jahrhundert anhielt. Um die Entwicklung dieser bewegenden Ära besser zu verstehen, ist es wichtig, die Vorläufer und frühen Einflüsse zu betrachten, die die Grundlage für die Romantik legten. In dieser ausführlichen Zusammenfassung werden wir die Vorläufer der Romantik in der deutschen Literatur näher betrachten und ihre Beiträge zur Entstehung dieser bedeutenden kulturellen Bewegung untersuchen.

Die Wurzeln der deutschen Romantik reichen zurück bis in die Zeit des Sturm und Drang, einer literarischen Bewegung, die in der zweiten Hälfte des 18. Jahrhunderts aufkam. Der Sturm und Drang war von einer rebellischen und emotionalen Haltung geprägt und betonte die individuelle Erfahrung und die Leidenschaft. Autoren wie Johann Wolfgang von Goethe und Friedrich Schiller, die später wichtige Romantiker werden sollten, waren Teil dieser Bewegung.

Goethes Werk "Die Leiden des jungen Werthers" aus dem Jahr 1774 kann als frühes Beispiel für die romantische Sehnsucht nach einer intensiven, individuellen Erfahrung betrachtet werden. Der Protagonist Werther ist ein zerrissener, leidenschaftlicher Liebender, der gegen die gesellschaftlichen Konventionen und Normen aufbegehrt. Diese Vorliebe für das Emotional-Individuelle war ein prägendes Merkmal der Romantik.

Eine weitere Vorläuferbewegung der Romantik in Deutschland war die Empfindsamkeit, die bereits im 18. Jahrhundert aufkam. Die empfindsamen Autoren betonten die Bedeutung von Empathie, Sensibilität und emotionaler Ausdrucksfähigkeit. Ein herausragender Vertreter dieser Strömung war Johann Gottfried Herder, der die Idee der Volksdichtung und des Volksgeistes propagierte. Herder betonte die Einzigartigkeit und Authentizität der verschiedenen Kulturen und Völker und beeinflusste damit die spätere romantische Vorstellung von kultureller Vielfalt und Nationalität.

Die Aufklärung, eine geistige Bewegung des 18. Jahrhunderts, hatte ebenfalls Einfluss auf die Romantik. Während die Aufklärung Rationalität und Vernunft betonte, begannen die Romantiker, die Grenzen der Rationalität zu hinterfragen und die Rolle der Emotionen und der Intuition zu betonen. Die Aufklärung legte jedoch auch den Grundstein für das Streben nach Freiheit und Individualität, das in der Romantik eine wichtige Rolle spielen sollte.

Ein weiterer Vorläufer der romantischen Liebe zur Natur war die Empfindsamkeit. Die empfindsamen Autoren sahen in der Natur eine Quelle der Inspiration und der Erholung von den Strapazen des urbanen Lebens. Dieses Naturverständnis wurde von den Romantikern aufgegriffen und vertieft. Caspar David Friedrich, ein bedeutender Maler der Romantik, schuf Werke, die die Erhabenheit und die mystische Qualität der Natur betonten.

Die Romantiker waren fasziniert von Märchen, Volkssagen und Legenden, die sie als Ausdruck des Volksgeistes und der nationalen Identität ansahen. Die Sammlung der Kinder- und Hausmärchen durch die Brüder Grimm in den frühen 19. Jahrhundert spiegelt diese Vorliebe wider. Märchen und Volkssagen wurden zu einer wichtigen Inspirationsquelle für die romantische Literatur und Kunst, da sie das Verlangen nach Authentizität und die Wertschätzung der kulturellen Wurzeln unterstrichen.

Einige Romantiker waren von der religiösen Mystik fasziniert und ließen sich von mystischen Denkern wie Jakob Böhme inspirieren. Diese Autoren, darunter Novalis und Friedrich Schlegel, erforschten die spirituellen Dimensionen des Lebens und betonten die Suche nach Transzendenz und metaphysischer Wahrheit.

Ein wiederkehrendes Motiv in der romantischen Literatur war die Wehmut und Sehnsucht nach dem Unerreichbaren. Diese Gefühle wurden oft in Gedichten und Prosa zum Ausdruck gebracht und spiegelten das romantische Verlangen nach einer idealisierten Vergangenheit oder einer besseren Zukunft wider. Goethes "Wanderers Nachtlied" ist ein Beispiel für diese Art der Sehnsucht.

Die Romantiker betonten die Subjektivität des individuellen Ichs und die Fähigkeit des Menschen, seine eigene Realität zu schaffen. Dies führte zu einer intensiven Auseinandersetzung mit den inneren Gefühlen und der eigenen Psyche. Die romantische Dichtung wurde zu einem Mittel der Selbstreflexion und Selbsterforschung.

In den Vereinigten Staaten entwickelte sich in dieser Zeit eine parallele Bewegung namens Transzendentalismus, die viele Gemeinsamkeiten mit der deutschen Romantik aufwies. Transzendentalisten wie Ralph Waldo Emerson und Henry David Thoreau betonten die Beziehung des Menschen zur Natur, die spirituelle Suche nach Wahrheit und die Individualität des Individuums. Diese Bewegung wurde von den Ideen der deutschen Romantik beeinflusst und spiegelte die transnationale Natur dieser Epoche wider.

Die deutschen Romantiker und ihre Werke hatten einen starken Einfluss auf andere Kulturen und Länder. Die Ideen und Werke der Romantiker wurden in viele Sprachen übersetzt und inspirierten Künstler, Schriftsteller und Denker in ganz Europa und darüber hinaus. Die Romantik als kulturelle Bewegung hatte einen weltweiten Einfluss und trug zur Entwicklung der europäischen und globalen Literatur und Kunst bei.

Zusammenfassend lässt sich sagen, dass die Vorläufer der Romantik in der deutschen Literatur eine wichtige Rolle bei der Entstehung dieser faszinierenden kulturellen Bewegung spielten. Der Sturm und Drang, die Empfindsamkeit, die Aufklärung, die Liebe zur Natur, religiöse Mystik, Wehmut und Sehnsucht, die Betonung der Subjektivität des Ichs, der Transzendentalismus und der Einfluss auf andere Kulturen trugen dazu bei, die Grundlagen für die romantische Epoche zu schaffen. Diese Vorläuferbewegungen spiegelten die Vielfalt der Ideen und Themen wider, die in der Romantik eine zentrale Rolle spielen sollten, und verdeutlichen die transnationale und zeitübergreifende Natur dieser faszinierenden kulturellen Bewegung.

2.2 Englische Romantik: Wordsworth und Coleridge

Die englische Romantik war eine der bedeutendsten kulturellen Bewegungen des späten 18. und frühen 19. Jahrhunderts. Zwei ihrer herausragenden Vertreter waren William Wordsworth und Samuel Taylor Coleridge, die nicht nur als Dichter, sondern auch als Schriftsteller und Denker die romantische Ära maßgeblich beeinflusst haben. In dieser ausführlichen Zusammenfassung werden wir die englische Romantik anhand der Werke und Ideen von Wordsworth und Coleridge näher betrachten, um ihr Erbe und ihre Bedeutung für die Literaturgeschichte zu verstehen.

Die englische Romantik entstand in einer Zeit des tiefgreifenden sozialen und politischen Wandels in Großbritannien. Die Auswirkungen der Industriellen Revolution, die politischen Unruhen und die Umbrüche in der Gesellschaft prägten das Denken und Schaffen der Romantiker. Diese Epoche war geprägt von einem zunehmenden Interesse an der Natur, der individuellen Erfahrung und der Suche nach spiritueller Bedeutung. Wordsworth und Coleridge waren in dieser Zeit der Veränderung und Transformation entscheidende Akteure.

William Wordsworth (1770-1850)   gilt als einer der wichtigsten Dichter der englischen Romantik. Sein Werk "Lyrical Ballads" (1798), das er gemeinsam mit Coleridge veröffentlichte, wird oft als Geburtsstunde der romantischen Bewegung in England angesehen. Wordsworth betonte die Bedeutung der Natur als Inspirationsquelle und die Fähigkeit des individuellen Geistes, durch die Natur eine tiefere Verbindung zur Welt herzustellen. Er vertrat die Ansicht, dass die Natur eine Quelle der Erneuerung und des Trostes sei, insbesondere in einer Zeit des sozialen und wirtschaftlichen Wandels.

Ein zentrales Konzept in Wordsworths Werk war das des "lyrischen Ichs". Er betonte die Subjektivität des individuellen Erlebens und die Fähigkeit des Dichters, seine eigenen Empfindungen und Erfahrungen in poetischer Form auszudrücken. Wordsworth glaubte, dass die Poesie die Sprache des Herzens sei und die Emotionen und Gedanken des Dichters authentisch wiedergeben sollte. Dieses Konzept der inneren Erfahrung und der persönlichen Emotionen sollte ein wichtiges Merkmal der romantischen Literatur werden.

Ein weiteres bedeutendes Werk von Wordsworth ist sein epischer autobiografischer Gedichtzyklus "The Prelude," in dem er seine eigenen Erfahrungen und Entwicklungen als Dichter und Denker reflektierte. "The Prelude" ist ein Zeugnis für Wordsworths Suche nach einer tiefen Verbindung zur Natur und zur menschlichen Existenz. Es zeigt auch, wie er die Natur als Spiegel für seine eigenen inneren Zustände betrachtete.

Samuel Taylor Coleridge (1772-1834) war ein enger Freund und Kollaborateur von Wordsworth. Gemeinsam veröffentlichten sie "Lyrical Ballads," das als ein Meilenstein der romantischen Literatur gilt. Coleridge brachte jedoch auch seine eigenen einzigartigen Ideen und Werke in die romantische Bewegung ein. Ein bekanntes Werk von Coleridge ist das Gedicht "The Rime of the Ancient Mariner," das von einem Seemann erzählt, der eine schreckliche Strafe erleidet, nachdem er eine Albatros getötet hat. Das Gedicht erkundet Themen wie Schuld, Buße und die Macht der Natur. Es ist ein Beispiel für Coleridges Fähigkeit, phantastische Elemente mit tiefgründigen philosophischen Fragen zu verbinden.

Ein weiteres wichtiges Werk von Coleridge ist "Kubla Khan," ein Gedicht, das von einem Traum inspiriert wurde und die Macht der Imagination und des kreativen Prozesses betont. Dieses Gedicht ist bekannt für seine sinnlichen und bilderreichen Beschreibungen und hebt die Vorstellungskraft als zentrales Element der romantischen Kunst hervor.

Coleridge war auch ein bedeutender Denker seiner Zeit und verfasste philosophische Abhandlungen, darunter "Biographia Literaria," in der er seine literarische Theorie und seine Ansichten zur Poesie und zur Natur der Kreativität darlegte. Er prägte den Begriff der "Willensfreiheit des Künstlers" und betonte die Bedeutung des Unbewussten und des Traums für die kreative Schöpfung.

In der romantischen Ära waren Wordsworth und Coleridge nicht nur als Dichter, sondern auch als literarische Theoretiker von großer Bedeutung. Sie trugen dazu bei, die Grundlagen der romantischen Literatur zu schaffen, indem sie die Natur, die Subjektivität des Ichs, die Imagination und die individuelle Erfahrung in den Mittelpunkt rückten. Ihr Einfluss erstreckte sich über die englische Literatur hinaus und beeinflusste viele andere Dichter und Denker in Europa und darüber hinaus.

Die englische Romantik, geprägt durch die Werke von Wordsworth und Coleridge, betonte die Bedeutung der Natur, der individuellen Erfahrung und der Imagination in der Kunst. Sie hinterließ ein Erbe, das die Entwicklung der Literatur und der Kulturgeschichte nachhaltig beeinflusste. Die romantische Ära war eine Zeit des Umbruchs und der Erneuerung, in der die Suche nach Bedeutung und Authentizität im Zentrum stand. Wordsworth und Coleridge waren entscheidende Figuren in dieser Bewegung und haben mit ihren Werken und Ideen einen bleibenden Eindruck in der Literaturgeschichte hinterlassen.

2.3 Französische Vorläufer und der Präromantismus
Die Präromantik und die französischen Vorläufer der Romantik sind entscheidende Phasen in der literarischen Entwicklung, die die Grundlagen für die spätere Romantik in Frankreich und in ganz Europa legten. Diese Bewegungen und Ideen prägten die kulturelle Landschaft des späten 18. und frühen 19. Jahrhunderts und ebneten den Weg für eine neue Art des Denkens und Schreibens in der Literatur. In dieser ausführlichen Zusammenfassung werden wir die französischen Vorläufer der Romantik und die Präromantik

näher betrachten, um ihre Bedeutung und ihren Einfluss auf die Romantik zu verstehen.

Die Romantik entwickelte sich in Frankreich als eine Reaktion auf die rationalistische und klassizistische Literatur und Kunst des 18. Jahrhunderts, die von den Ideen der Aufklärung geprägt war. Die Aufklärung betonte Vernunft und Ordnung und setzte sich für klare Regeln und Strukturen in der Kunst ein. Die romantischen Schriftsteller und Denker hingegen betonten die Emotionen, die Individualität und die Vielfalt der menschlichen Erfahrung.

Ein bedeutender Vorläufer der Romantik in Frankreich war Jean-Jacques Rousseau (1712-1778), ein Philosoph und Schriftsteller, der die Ideen der Aufklärung kritisierte und die Bedeutung der Emotionen und der Natürlichkeit betonte. In seinem Werk "Emile" (1762) setzte er sich für eine natürliche Erziehung und die freie Entfaltung der Individualität ein. Er betonte die Verbindung des Menschen zur Natur und zur eigenen inneren Welt.

Rousseau hatte auch großen Einfluss auf die romantische Vorstellung von der "edlen Wilden," einem Menschen, der in Harmonie mit der Natur lebt und frei von den Zwängen der Zivilisation ist. Diese Idee fand ihren Niederschlag in Werken romantischer Autoren wie Chateaubriand und später in der Literatur des deutschen Sturm und Drang.

François-René de Chateaubriand (1768-1848) war einer der ersten Schriftsteller, der sich in Frankreich als romantisch bezeichnen ließ. In seinem Werk "René" (1802) beschrieb er die innere Zerrissenheit und das Gefühl der Einsamkeit eines romantischen Helden. Er betonte die Verbindung zwischen der Natur und den Emotionen des Menschen und betonte die Bedeutung der subjektiven Erfahrung.

Chateaubriand war auch ein Meister der romantischen Naturbeschreibung. In seinen Werken beschrieb er die Erhabenheit der Natur und betonte die heilende Kraft der Landschaft. Seine Reiseerzählungen, insbesondere "Itinéraire de Paris à

Jérusalem" (1811), trugen dazu bei, das Interesse an exotischen Orten und Kulturen zu wecken, ein weiteres Merkmal der Romantik.

Germaine de Staël (1766-1817) war eine einflussreiche Intellektuelle und Schriftstellerin, die in ihrem Salon wichtige Diskussionen über Literatur, Politik und Philosophie führte. Sie schrieb das Buch "De l'Allemagne" (Über Deutschland) (1810), in dem sie die deutsche Literatur und Philosophie lobte und die Ideen der deutschen Romantik nach Frankreich brachte. Ihr Werk trug dazu bei, das Interesse an der deutschen Romantik in Frankreich zu wecken und den kulturellen Austausch zwischen den beiden Ländern zu fördern.

Der Präromantismus war eine literarische Bewegung, die sich in der zweiten Hälfte des 18. Jahrhunderts entwickelte und als Brücke zwischen der Aufklärung und der Romantik fungierte. Diese Bewegung betonte die Emotionen, die Individualität und die Sehnsucht nach einer tieferen Bedeutung in einer zunehmend rationalisierten Welt.

In Frankreich waren die Präromantiker von den Ideen der deutschen Romantik inspiriert und bemühten sich, die romantischen Ideen auf die französische Literatur zu übertragen. Zu den bedeutenden französischen Präromantikern gehörten François-René de Chateaubriand, Benjamin Constant und Madame de Staël. Diese Autoren betonten die Subjektivität des individuellen Erlebens und die Sehnsucht nach einer tieferen Verbindung zur Natur und zur Vergangenheit.

In Deutschland waren die Präromantiker von der Kritik an der Rationalität und der technischen Entwicklung ihrer Zeit geprägt. Autoren wie Friedrich Hölderlin und Novalis betonten die Suche nach einer inneren, spirituellen Erfahrung und die Bedeutung der Poesie als Weg zur Erkenntnis. Sie waren fasziniert von der Mystik, der Philosophie und der Natur.

Die Präromantik legte die Grundlagen für die späteren Entwicklungen in der Romantik. Sie betonte die Bedeutung der Emotionen, der Natur und der inneren Erfahrung und schuf eine Atmosphäre der Sehnsucht nach einer tieferen Bedeutung. Diese Ideen wurden von den romantischen Autoren in Frankreich und in ganz Europa aufgegriffen und weiterentwickelt.

Die französischen Vorläufer der Romantik und die Präromantik bildeten die Grundlagen für die spätere Romantik in Frankreich und in ganz Europa. Sie betonten die Bedeutung der Emotionen, der Individualität und der Natur in der Kunst und schufen eine Atmosphäre der Sehnsucht nach einer tieferen Bedeutung in einer sich wandelnden Welt. Diese Ideen und Entwicklungen sollten die romantische Bewegung maßgeblich prägen und die literarische Landschaft des 19. Jahrhunderts nachhaltig beeinflussen.

2.4 Die Rolle der Aufklärung in der Entstehung der Romantik

Die Romantik war eine der bedeutendsten kulturellen Bewegungen des 18. und 19. Jahrhunderts, die sich in der Literatur, der Kunst, der Philosophie und der Musik manifestierte. Sie war geprägt von einer starken Betonung der Emotionen, der Individualität und der Suche nach einer tieferen Bedeutung im Leben. Um die Entstehung der Romantik besser zu verstehen, ist es wichtig, die Rolle der Aufklärung, einer geistigen Bewegung des 17. und 18. Jahrhunderts, zu betrachten.

Die Aufklärung war eine geistige Bewegung, die im 17. Jahrhundert begann und sich im 18. Jahrhundert in Europa ausbreitete. Sie betonte die Bedeutung der Vernunft, der Wissenschaft und der Freiheit und setzte sich für die Aufhebung von Vorurteilen, Aberglauben und des absoluten Monarchismus ein. Die Aufklärung förderte die Ideen des Rationalismus, des Empirismus und des Skeptizismus und betonte die Bedeutung der Bildung und der Selbstbestimmung des Individuums.

Die Ideen der Aufklärung hatten einen tiefgreifenden Einfluss auf die intellektuelle und politische Landschaft Europas und führten zu bedeutenden sozialen und politischen Veränderungen. Die Aufklärung legte den Grundstein für die Ideale der Französischen Revolution, darunter Freiheit, Gleichheit und Brüderlichkeit. Sie förderte die Wissenschaft und die Bildung und trug zur Verbreitung von Wissen und Rationalität bei.

Dennoch stellte die Aufklärung auch eine Herausforderung dar. Die Betonung der Vernunft und der Rationalität führte zu einer zunehmenden Mechanisierung und Entzauberung der Welt. Die Welt wurde auf eine Maschine reduziert, die von rationalen Gesetzen beherrscht wurde. Diese Reduktion der Welt auf das Rationalistische führte zu einem Verlust der spirituellen und emotionalen Dimension des Lebens.

In dieser intellektuellen Atmosphäre der Aufklärung begannen sich einige Denker und Schriftsteller gegen die Rationalität und die Mechanisierung des Lebens zu wehren. Diese Reaktion manifestierte sich in der Romantik, einer Bewegung, die sich in der Literatur, der Kunst, der Philosophie und der Musik entfaltete.

Die Romantiker betonten die Bedeutung der Emotionen und der individuellen Erfahrung. Sie sahen in den Emotionen eine Quelle der Erkenntnis und der Inspiration. Die Romantiker glaubten, dass die Emotionen dem Menschen Zugang zu einer tieferen Wahrheit verschaffen könnten, die jenseits der rationalen Vernunft lag. Sie strebten nach einer Verbindung zur inneren Welt der Gefühle und verwarfen die Vorstellung, dass die Welt nur von rationalen Gesetzen beherrscht wird.Ein zentrales Motiv in der romantischen Kunst und Literatur war die Natur. Die Romantiker sahen in der Natur eine Quelle der Inspiration und der Erholung von den Strapazen des urbanen Lebens. Die Natur wurde nicht nur als ästhetisches Objekt betrachtet, sondern auch als Spiegel der eigenen inneren Gefühle und Zustände. Die Landschaft wurde zum Ausdrucksmittel für die inneren Empfindungen des Menschen.

Die Romantiker betonten die Einzigartigkeit und die Individualität des Individuums. Sie glaubten, dass jeder Mensch eine einzigartige innere Welt besitzt, die durch die Emotionen und die individuelle Erfahrung geprägt ist. Die Romantiker strebten danach, diese Individualität in der Kunst und in der Literatur zum Ausdruck zu bringen und die Vielfalt der menschlichen Erfahrung zu erkunden.

Die Romantiker suchten nach Transzendenz, nach einer Erfahrung, die über das Alltägliche hinausgeht. Sie waren fasziniert von der Idee, dass es eine tiefere, spirituelle Realität gibt, die jenseits der sichtbaren Welt existiert. Diese Suche nach Transzendenz führte zu einer intensiven Auseinandersetzung mit religiösen und mystischen Themen und zu einer Betonung der Spiritualität in der Kunst und in der Literatur.

Die Romantiker kritisierten die Moderne und die Entzauberung der Welt. Sie sahen in der Industrialisierung und der Urbanisierung eine Bedrohung für die Natur und die menschliche Seele. Sie betonten die Notwendigkeit, sich mit der Vergangenheit und den traditionellen Werten zu verbinden, um eine tiefere Bedeutung im Leben zu finden.

Ein weiteres Merkmal der Romantik war die Wertschätzung der kulturellen Vielfalt. Die Romantiker waren fasziniert von verschiedenen Kulturen und Völkern und sahen in der kulturellen Vielfalt eine Bereicherung. Diese Wertschätzung der Vielfalt trug zur Entwicklung des Nationalismus und zur Betonung der kulturellen Identität bei.

In vielerlei Hinsicht kann die Romantik als eine Reaktion auf die Ideen der Aufklärung betrachtet werden. Während die Aufklärung die Rationalität und die Vernunft betonte, begannen die Romantiker, die Grenzen der Rationalität zu hinterfragen und die Rolle der Emotionen und der Intuition zu betonen. Sie betonten die Bedeutung der subjektiven Erfahrung und der individuellen Empfindungen und strebten nach einer tieferen Verbindung zur Natur und zur spirituellen Welt.

Die Romantik war keine rein nationale Bewegung, sondern eine transnationale Bewegung, die sich in ganz Europa und darüber hinaus ausbreitete. Die Ideen und Werke der Romantiker wurden in viele Sprachen übersetzt und inspirierten Künstler, Schriftsteller und Denker in verschiedenen Ländern. Die Romantik trug zur Entwicklung der europäischen und globalen Literatur und Kunst bei und hatte einen bleibenden Einfluss auf die kulturelle Landschaft des 19. Jahrhunderts.

Zusammenfassend lässt sich sagen, dass die Aufklärung eine wichtige Rolle bei der Entstehung der Romantik spielte, indem sie die Grundlage für die Herausforderung der rationalen und mechanistischen Weltanschauung schuf. Die Romantik war eine Reaktion auf die Entzauberung der Welt und betonte die Bedeutung der Emotionen, der Individualität und der Suche nach einer tieferen Bedeutung im Leben. Sie hinterließ ein Erbe, das die Entwicklung der Literatur, der Kunst und der Philosophie nachhaltig beeinflusste und bis heute relevant ist.

2.5 Die Verbindung zur Sturm und Drang-Bewegung
Die Sturm und Drang-Bewegung, auch bekannt als "Stürm und Drang," war eine literarische und kulturelle Bewegung, die sich in der Mitte des 18. Jahrhunderts in Deutschland entwickelte. Sie war eine wichtige Vorläuferbewegung der Romantik und hatte einen tiefgreifenden Einfluss auf die Entwicklung der romantischen Literatur und Kunst in Deutschland und darüber hinaus. In dieser ausführlichen Zusammenfassung werden wir die Verbindung zwischen der Sturm und Drang-Bewegung und der Romantik näher untersuchen, um die Einflüsse und Übergänge zwischen diesen beiden kulturellen Epochen zu verstehen.

Die Sturm und Drang-Bewegung entstand in der zweiten Hälfte des 18. Jahrhunderts und wurde von jungen, aufstrebenden Schriftstellern und Dichtern geprägt. Der Name "Sturm und Drang" (Stürm und Drängen) selbst spiegelt den Geist und die Ziele dieser Bewegung wider. Die Sturm und Drang-Autoren strebten nach einer Befreiung von den gesellschaftlichen Konventionen und

Normen, nach einer intensiven Betonung der Emotionen und der Individualität, nach einer Hinwendung zur Natur und nach einer Rebellion gegen die bestehende Ordnung.

Die Sturm und Drang-Bewegung war durch eine Reihe charakteristischer Merkmale geprägt. Eines dieser Merkmale war die Betonung der Emotionen. Die Sturm und Drang-Dichter legten großen Wert auf die Intensität der Gefühle und betonten die Authentizität und Echtheit der Emotionen. Sie strebten nach einer ehrlichen Darstellung der menschlichen Seele und setzten sich von der nüchternen Rationalität der Aufklärung ab.

Ein weiteres zentrales Merkmal war die Betonung der Individualität. Die Sturm und Drang-Autoren glaubten an die Einzigartigkeit und die inneren Konflikte des Individuums. Sie wollten die Vielfalt menschlicher Erfahrungen und Perspektiven erkunden und drückten dies in ihren Werken aus. Dieses Streben nach Individualität und Selbstausdruck sollte später zu einem der zentralen Merkmale der Romantik werden.

Die Sturm und Drang-Bewegung war auch eng mit der Natur verbunden. Die Natur wurde als Ort der Freiheit, der Erholung und der Inspiration angesehen. Die Sturm und Drang-Dichter suchten in der Natur nach Trost und einer Verbindung zur eigenen inneren Welt. Dieses Motiv der Natur als Spiegel der Emotionen und der menschlichen Erfahrung wurde von den Romantikern übernommen und weiterentwickelt.

Die Sturm und Drang-Autoren rebellierten gegen die bestehende soziale und politische Ordnung. Sie kritisierten die Obrigkeit, die Zensur und die Bevormundung und setzten sich für Freiheit und Selbstbestimmung ein. Diese rebellische Haltung gegenüber der Gesellschaft und der politischen Autorität sollte später von den Romantikern aufgegriffen werden, die sich ebenfalls für politische Veränderungen und soziale Gerechtigkeit einsetzten.

Die Sturm und Drang-Bewegung hatte auch einen starken Einfluss auf die deutsche Literatur. Einige der bekanntesten Vertreter dieser Bewegung waren Johann Gottfried Herder, Johann Wolfgang von Goethe und Friedrich Schiller. Goethes "Die Leiden des jungen Werthers" gilt als eines der bekanntesten Werke der Sturm und Drang-Literatur und zeigt die typischen Merkmale dieser Epoche, wie die Betonung der Emotionen, der Individualität und der Natur.

Die Übergänge von der Sturm und Drang-Bewegung zur Romantik waren fließend. Viele der Sturm und Drang-Autoren entwickelten sich im Laufe ihrer Karriere zu Romantikern und übernahmen die romantischen Ideen und Motive. Die Romantik baute auf den Grundlagen auf, die von der Sturm und Drang-Bewegung gelegt wurden, und entwickelte sie weiter.

Ein wichtiger Übergangspunkt war die Entwicklung des sogenannten "Frühromantikums," in dem die Ideen der Sturm und Drang-Bewegung mit den romantischen Idealen verschmolzen. Die Frühromantiker, wie Friedrich Schlegel und Novalis, betonten die Einheit von Kunst und Religion, die Bedeutung der Poesie als Ausdruck der inneren Welt und die Suche nach einer höheren Wahrheit.

Die Sturm und Drang-Bewegung und die Romantik teilten viele gemeinsame Ideen und Motive, darunter die Betonung der Emotionen, der Individualität, der Natur und der Suche nach Transzendenz. Beide Bewegungen waren Reaktionen auf die Rationalität und die Mechanisierung der Welt, die von der Aufklärung gefördert wurden.

Insgesamt lässt sich sagen, dass die Verbindung zwischen der Sturm und Drang-Bewegung und der Romantik von entscheidender Bedeutung für die Entwicklung der romantischen Literatur und Kunst war. Die Sturm und Drang-Bewegung legte die Grundlagen für viele der zentralen Ideen der Romantik und prägte die kulturelle Landschaft des späten 18. und frühen 19. Jahrhunderts nachhaltig.

2.6 Die Philosophie Jean-Jacques Rousseaus

Die Philosophie von Jean-Jacques Rousseau war von entscheidender Bedeutung für die Entwicklung des Denkens und der Kultur im 18. Jahrhundert. Als einer der einflussreichsten Denker der Aufklärung und einer der Begründer der politischen Philosophie und Sozialtheorie, hat Rousseau bedeutende Beiträge zu einer Vielzahl von Bereichen geleistet. In dieser ausführlichen Zusammenfassung werden wir die zentralen Elemente seiner Philosophie und deren Auswirkungen auf die Gesellschaft und die politische Theorie beleuchten.

Jean-Jacques Rousseau wurde 1712 in Genf, Schweiz, geboren und verbrachte einen Großteil seines Lebens in Frankreich. Sein Leben war von Turbulenzen und Umbrüchen geprägt. Er war ein Autodidakt und hatte eine bescheidene Bildung, die jedoch seine kritische Denkfähigkeit förderte. Seine Schriften, darunter "Der Gesellschaftsvertrag" und "Emile oder Über die Erziehung," hatten tiefgreifende Auswirkungen auf die Philosophie, die Politik und die Erziehung im 18. Jahrhundert und darüber hinaus.

Ein zentrales Element von Rousseaus Philosophie ist die Vorstellung vom Naturzustand des Menschen. Er argumentierte, dass der Mensch im Naturzustand frei und unabhängig ist, aber auch in ständigem Konflikt mit der Natur und anderen Menschen steht. In seiner berühmten Eröffnungszeile des „Gesellschaftsvertrags" schreibt er: "Der Mensch ist frei geboren, und überall liegt er in Ketten."

Rousseau argumentierte, dass die Gesellschaft und die Zivilisation den Menschen in Ketten legen, da sie seine Freiheit und Unschuld korruptieren. Die sozialen Strukturen, insbesondere Eigentum und Ungleichheit, waren aus seiner Sicht die Quellen von Ungerechtigkeit und Unterdrückung. Er forderte daher die Rückkehr zur Natur und die Schaffung einer gerechten Gesellschaft.

In seinem Werk "Der Gesellschaftsvertrag" (1762) entwickelte Rousseau seine politische Philosophie. Er argumentierte, dass die politische Macht auf einem gesellschaftlichen Vertrag beruhen sollte, bei dem sich die Bürger freiwillig zu einer Gemeinschaft zusammenschließen und ihre individuelle Freiheit in die kollektive Souveränität übertragen. Dieser Gesellschaftsvertrag sollte auf dem Allgemeinwillen basieren, der das Wohl der Gemeinschaft fördert.

Rousseau betonte, dass die Regierung die Interessen des Allgemeinwillens vertreten sollte und dass sie nur dann legitim ist, wenn sie von der Mehrheit der Bürger akzeptiert wird. Diese Idee des "Volonté Générale" (Allgemeinwillen) hatte einen tiefgreifenden Einfluss auf die politische Theorie und trug zur Entwicklung demokratischer Prinzipien bei.

Rousseaus Schrift "Emile oder Über die Erziehung" (1762) hatte ebenfalls erheblichen Einfluss auf die Pädagogik und die Erziehungsideale des 18. Jahrhunderts. In diesem Werk betonte er die Bedeutung einer natürlichen Erziehung, die die Entwicklung des Kindes berücksichtigt. Er lehnte die traditionelle, autoritäre Erziehung ab und betonte, dass das Kind seine Umwelt durch eigene Erfahrungen und Entdeckungen erkunden sollte.

Rousseau forderte eine Erziehung, die auf den individuellen Bedürfnissen und Fähigkeiten des Kindes basiert. Er betonte auch die Bedeutung der Sorge um die moralische Entwicklung des Kindes und argumentierte, dass die Gesellschaft durch eine bessere Erziehung verbessert werden könne.

Die Ideen von Jean-Jacques Rousseau hatten einen erheblichen Einfluss auf die Französische Revolution. Seine Vorstellung vom Allgemeinwillen und seine Kritik an Ungleichheit und Unterdrückung inspirierten die Revolutionäre und halfen, die Ideale der Revolution zu formen.

Der Ruf nach Freiheit, Gleichheit und Brüderlichkeit, die im Laufe der Revolution immer wieder aufkamen, spiegelt Rousseaus Vorstellungen wider. Die Erklärung der Menschen- und Bürgerrechte von 1789, die ein grundlegendes Dokument der

Revolution ist, enthält viele Elemente, die von Rousseaus politischer Philosophie beeinflusst sind.

Rousseaus Philosophie war nicht ohne Kritik und Kontroversen. Einige seiner Ideen, insbesondere seine Vorstellungen von Frauen und ihrer Rolle in der Gesellschaft, wurden stark kritisiert. Seine Betonung der Mutterrolle und seine Vorstellung, dass Frauen vor allem für die Erziehung zuständig seien, führten zu Debatten über Geschlechterrollen und Feminismus.

Darüber hinaus wurde Rousseaus Idee des Allgemeinwillens oft als vage und schwer umsetzbar angesehen. Die Frage, wie der Allgemeinwille ermittelt und umgesetzt werden soll, blieb ein umstrittenes Thema in der politischen Theorie.

Die Philosophie von Jean-Jacques Rousseau hat eine dauerhafte Wirkung auf die Politik, die Bildung und die Kultur ausgeübt. Seine Vorstellung vom Naturzustand, vom Gesellschaftsvertrag und vom Allgemeinwillen haben die politische Theorie und die Ideen der Demokratie nachhaltig beeinflusst.

In der Pädagogik haben seine Ideen zur natürlichen Erziehung und zur Berücksichtigung der individuellen Bedürfnisse des Kindes die Entwicklung moderner Bildungskonzepte und -praktiken beeinflusst.

Rousseaus Einfluss erstreckte sich auch auf die Literatur und die Kunst. Seine Betonung der Emotionen, der Natur und der Individualität hatte einen großen Einfluss auf die romantische Bewegung des späten 18. und frühen 19. Jahrhunderts. Romantische Schriftsteller und Künstler wie Johann Wolfgang von Goethe, William Wordsworth und Caspar David Friedrich wurden von Rousseaus Ideen inspiriert.

Jean-Jacques Rousseau war ein einflussreicher Denker des 18. Jahrhunderts, dessen Philosophie das Denken in den Bereichen Politik, Bildung und Kultur nachhaltig geprägt hat. Seine Vorstellung vom Naturzustand, vom Gesellschaftsvertrag und vom

Allgemeinwillen haben die politische Theorie und die Ideen der Demokratie maßgeblich beeinflusst. Seine Erziehungsideale haben die Entwicklung moderner Bildungskonzepte geprägt, und sein Einfluss erstreckte sich auf die Literatur und die Kunst der Romantik. Trotz Kontroversen und Kritik bleibt sein Erbe ein wichtiger Bestandteil des intellektuellen Erbes der Aufklärung und der folgenden Jahrhunderte.

2.7 Die Romantik in der Mythologie und Folklore

Die Romantik als kulturelle Bewegung des 18. und 19. Jahrhunderts manifestierte sich nicht nur in der Literatur, der Kunst und der Philosophie, sondern hatte auch einen tiefgreifenden Einfluss auf die Mythologie und Folklore. Die Romantiker fanden in den Geschichten, Legenden und Mythen vergangener Zeiten eine Quelle der Inspiration und der Identität. In dieser ausführlichen Zusammenfassung werden wir die Verbindung zwischen der Romantik und der Mythologie sowie der Folklore näher beleuchten und die verschiedenen Wege erkunden, auf denen die romantische Bewegung diese traditionellen Erzählungen beeinflusst hat.

Die Romantik entstand als Reaktion auf die Rationalität und die Aufklärung des 18. Jahrhunderts, die die Welt in rationalen und mechanistischen Begriffen erklärte. Die Romantiker sehnten sich nach einer tieferen Bedeutung und einem Gefühl der Verbundenheit zur Natur und zur Vergangenheit. In dieser Sehnsucht fanden sie in den Mythen, Legenden und folkloristischen Erzählungen einen Schatz an kulturellem Erbe, der ihre Vorstellungen von der Welt und ihrer eigenen Identität bereicherte.

Ein zentrales Merkmal der Romantik war die Suche nach Transzendenz, nach einer Erfahrung, die über das Alltägliche hinausging. Die Romantiker glaubten, dass es eine tiefere, spirituelle Realität gab, die jenseits der sichtbaren Welt existierte. Diese Suche nach Transzendenz führte dazu, dass die Romantiker sich intensiv mit religiösen und mythologischen Themen beschäftigten.

DIe mythologischen Erzählungen, die von verschiedenen Kulturen über Jahrhunderte hinweg überliefert wurden, boten den Romantikern eine reiche Quelle der Inspiration für ihre Suche nach einer tieferen Bedeutung des Lebens und der Natur. Die Mythen und Legenden vermittelten oft archetypische Bilder und Symbole, die die romantischem Vorstellungen von Liebe, Tod, Natur und Schicksal verkörperten.

Die Romantiker zogen aus verschiedenen mythologischen Quellen, darunter die griechische Mythologie, die nordische Mythologie, die keltische Mythologie und viele andere. Sie waren fasziniert von den Gestalten der Götter, Helden und Fabelwesen, die in diesen Erzählungen auftauchten. Diese mythologischen Figuren dienten den Romantikern als Inspiration für ihre literarischen Werke, Gemälde und Musikstücke.

Ein Beispiel für die romantische Verwendung von Mythologie findet sich in Johann Wolfgang von Goethes berühmtem Werk "Faust." In dieser Tragödie spielt Faust eine zentrale Rolle, der einen Pakt mit dem Teufel eingeht, inspiriert von der Figur des Faust aus der deutschen Volkssage. Goethe verwendet diese mythologische Figur, um tiefgreifende Fragen nach der menschlichen Natur, der Suche nach Wissen und der moralischen Verantwortung zu erkunden.

Auch die nordische Mythologie hatte einen starken Einfluss auf die romantische Kultur. Die nordischen Götter wie Odin, Thor und Loki faszinierten die Romantiker mit ihrer epischen und tragischen Natur. Diese mythologischen Figuren tauchten in vielen romantischen Werken auf und inspirierten Künstler wie Richard Wagner zu epischen Opern wie "Der Ring des Nibelungen."

Die Romantiker schufen jedoch nicht nur neue Kunstwerke, die von der Mythologie inspiriert waren, sondern sie beschäftigten sich auch intensiv mit der Erforschung und Sammlung von folkloristischen Erzählungen. Die Sammlung und Aufzeichnung von Volksmärchen,

Sagen und Legenden wurde zu einer wichtigen kulturellen Aktivität der Romantik.

Die Brüder Grimm, Jacob und Wilhelm Grimm, sind bekannt für ihre Sammlung von Märchen und Sagen, die als "Grimms Märchen" bekannt sind. Diese Sammlung enthält eine Vielzahl von traditionellen Erzählungen, die bis heute einen festen Platz in der Weltliteratur haben. Die Romantiker schätzten diese Volkserzählungen als Ausdruck der Volkskultur und sahen in ihnen eine Quelle der Authentizität und der Volksseele.

Die romantische Beziehung zur Mythologie und Folklore war nicht nur ästhetischer Natur, sondern hatte auch tiefere kulturelle und philosophische Implikationen. Die Romantiker sahen in den mythologischen Erzählungen und den folkloristischen Traditionen einen Ausdruck der kollektiven Identität eines Volkes. Diese Geschichten spiegelten die Werte, Überzeugungen und Träume einer Gemeinschaft wider und halfen den Menschen, sich mit ihrer kulturellen Vergangenheit zu verbinden.

Darüber hinaus betonten die Romantiker die Bedeutung der Natur und der Naturverbundenheit, die oft in mythologischen Erzählungen verankert waren. Die Natur wurde in vielen Mythen und Legenden als heilig angesehen, und die Romantiker sahen in ihr eine Quelle der Erhabenheit und der Inspiration. Dieses romantische Naturverständnis beeinflusste die spätere Umweltbewegung und das ökologische Denken.

Die Romantiker waren sich auch der Dunkelheit und des Geheimnisvollen bewusst, die in vielen mythologischen und folkloristischen Erzählungen vorkamen. Sie schätzten das Unheimliche und das Unbekannte und sahen darin eine Quelle der Faszination und der kreativen Energie. Dieses Interesse an der Dunkelheit und dem Übernatürlichen fand seinen Ausdruck in der gothic literature, einer literarischen Bewegung, die oft mit der Romantik in Verbindung gebracht wird.

In der Musik spielte die romantische Beziehung zur Mythologie und Folklore ebenfalls eine wichtige Rolle. Komponisten wie Ludwig van Beethoven, Richard Wagner und Edvard Grieg ließen sich von mythologischen Themen inspirieren und schufen musikalische Werke, die die epische und emotionale Dimension dieser Geschichten einfingen.

Zusammenfassend lässt sich sagen, dass die Romantik eine enge Verbindung zur Mythologie und Folklore hatte. Die romantische Bewegung fand in den mythologischen Erzählungen und den folkloristischen Traditionen eine Quelle der Inspiration, der Identität und der kulturellen Verbundenheit. Diese traditionellen Geschichten wurden nicht nur in neue Kunstwerke integriert, sondern halfen auch dabei, die romantische Vorstellung von Natur, Transzendenz und der menschlichen Seele zu formen. Die Romantik hat somit einen bedeutenden Beitrag zur Bewahrung und Weiterentwicklung des kulturellen Erbes geleistet und gleichzeitig neue Wege der künstlerischen und philosophischen Expression eröffnet.

2.8 Die Einflüsse der Romantik auf die Musik
Die Romantik hatte einen tiefgreifenden Einfluss auf die Musik und führte zu einer der bedeutendsten und vielfältigsten Perioden in der Geschichte der klassischen Musik. Diese ausführliche Zusammenfassung wird die vielfältigen Einflüsse der Romantik auf die Musik beleuchten, von den sozialen und politischen Umwälzungen bis hin zu den künstlerischen und ästhetischen Entwicklungen, die diese Epoche prägten.

Die Romantik war eine kulturelle Bewegung, die sich in der ersten Hälfte des 19. Jahrhunderts entwickelte und bis in das frühe 20. Jahrhundert reichte. Sie war eine Reaktion auf die Rationalität und die Aufklärung des 18. Jahrhunderts und suchte nach einer tieferen, emotionaleren Verbindung zur Natur, zur Geschichte und zur menschlichen Seele. Die Romantik betonte die Individualität, die Emotionen und die Vorstellungskraft und fand in der Musik einen idealen Ausdruck für diese Ideale.

Die Romantik war eng mit den sozialen und politischen Umwälzungen ihrer Zeit verbunden. Die napoleonischen Kriege und die damit verbundenen politischen Veränderungen in Europa trugen dazu bei, dass sich die Menschen nach Stabilität und Identität sehnten. Diese Sehnsucht nach einer nationalen Identität und einer tiefen Verbindung zur eigenen Kultur spiegelte sich in der Musik wider, die oft volkstümliche Elemente aufgriff und lokale Traditionen hervorhob.

Die Natur spielte eine zentrale Rolle in der romantischen Ästhetik. Die Romantiker sahen in der Natur eine Quelle der Erhabenheit, der Inspiration und der Transzendenz. Sie schätzten die Schönheit und die Wildheit der Natur und versuchten, diese in der Musik einzufangen. Komponisten wie Ludwig van Beethoven, Felix Mendelssohn und Antonín Dvořák nutzten die Natur als Inspiration für ihre Werke und schufen Musik, die die majestätische und geheimnisvolle Naturwelt widerspiegelte.

Ein zentrales Merkmal der romantischen Musik war die Betonung der Emotionen und der Individualität. Die Romantiker glaubten, dass die Musik eine direkte Verbindung zu den tiefsten Gefühlen der Menschen herstellen konnte. Sie komponierten Musik, die emotionale Intensität und Ausdruckskraft hatte und die individuelle Kreativität der Musiker betonte.

Die Romantik führte zu einer enormen Vielfalt in der Musik. Die Komponisten dieser Zeit experimentierten mit neuen Formen, Klangfarben und Harmonien. Sie schufen Orchesterwerke, Kammermusik, Lieder und Opern, die eine breite Palette von menschlichen Emotionen und Erfahrungen erkundeten. Von den heroischen Symphonien von Beethoven über die lyrischen Klavierwerke von Frédéric Chopin bis hin zu den dramatischen Opern von Richard Wagner - die romantische Ära brachte einige der bedeutendsten und innovativsten Werke in der Geschichte der Musik hervor.

Der Nationalismus war ein wichtiger Faktor in der romantischen Musik. In vielen Ländern Europas strebten die Menschen nach nationaler Identität und suchten in der Musik nach Ausdrucksmöglichkeiten für ihre kulturellen Wurzeln. Dies führte zur Entwicklung nationaler Musikstile und zur Integration volkstümlicher Elemente in die klassische Musik.

Darüber hinaus führte die romantische Faszination für das Exotische zu einer vermehrten Verwendung von orientalischen, slawischen und anderen fremdartigen Einflüssen in der Musik. Komponisten wie Nikolai Rimski-Korsakow und Béla Bartók integrierten exotische Klänge und Rhythmen in ihre Werke und schufen so eine musikalische Vielfalt, die die globale Interkulturalität widerspiegelte.

Die Romantik brachte auch die Entwicklung der Programmmusik mit sich. Dies war eine neue Form der Musik, die nicht nur musikalische Themen, sondern auch narrative Geschichten oder Bilder ausdrückte. Komponisten wie Hector Berlioz, Franz Liszt und Richard Strauss schufen Programmmusik, die die Vorstellungskraft der Zuhörer anregte und eine enge Verbindung zwischen Musik und Literatur herstellte.

Die Beziehung zwischen Musik und Literatur war in der Romantik besonders eng. Viele romantische Komponisten ließen sich von Dichtern und Schriftstellern inspirieren und vertonten deren Werke. Beispielsweise komponierte Franz Schubert Lieder zu Gedichten von Johann Wolfgang von Goethe, während Richard Wagner in seinen Opern literarische Vorlagen verwendete, wie die Nibelungensage.

Die romantische Epoche brachte auch eine Betonung der Virtuosität in der Musik hervor. Die Pianisten Franz Liszt und Frédéric Chopin wurden zu Virtuosen ihrer Zeit und schufen anspruchsvolle Klaviermusik, die die technischen Fähigkeiten der Interpreten herausforderte. Diese Virtuosität trug dazu bei, dass die Musik der

Romantik eine breite Anhängerschaft fand und die Entwicklung des Konzertwesens vorantrieb.

Die romantische Musik hatte einen nachhaltigen Einfluss auf die nachfolgenden Generationen von Komponisten und Musikkulturen. Die Spätromantik führte zu einer noch größeren Experimentierfreude und einem verstärkten Interesse an der Erweiterung der musikalischen Sprache. Dies führte zur Entwicklung neuer Stilrichtungen wie dem Impressionismus, Expressionismus und Neoklassizismus.

Die Romantik hatte einen tiefgreifenden und vielfältigen Einfluss auf die Musik. Von der Betonung der Natur und der Emotionen über die Vielfalt der musikalischen Formen bis hin zur Entwicklung der Programmmusik - die romantische Ära war geprägt von kreativer Innovation und einem intensiven Streben nach individuellem und kollektivem Ausdruck. Die romantische Musik bleibt eine der bedeutendsten Perioden in der Geschichte der klassischen Musik und hat bis heute einen festen Platz im Repertoire der Konzertsäle und Opernhäuser weltweit.

2.9 Die Bedeutung der Romantik für die bildende Kunst
Die Bedeutung der Romantik für die bildende Kunst ist von unschätzbarem Wert und lässt sich in vielerlei Hinsicht analysieren. Die Epoche der Romantik, die sich im späten 18. und frühen 19. Jahrhundert entwickelte, führte zu einer tiefgreifenden Umgestaltung der künstlerischen Landschaft. Die Romantik als kulturelle Bewegung entstand als Reaktion auf die Rationalität und Aufklärung des 18. Jahrhunderts und betonte stattdessen die Emotionalität, die Vorstellungskraft und die individuelle Erfahrung. Diese Bewegung erstreckte sich über viele Bereiche, darunter Literatur, Musik, Philosophie und bildende Kunst, und prägte diese Disziplinen auf einzigartige Weise.

Ein herausragendes Motiv in der romantischen Kunst war die Natur. Die Romantiker sahen in der Natur eine Quelle der Erhabenheit und Inspiration. Sie betrachteten die Natur als einen Ort der Mystik und der tiefen Verbindung zur menschlichen Seele. Künstler wie Caspar David Friedrich in Deutschland und J.M.W. Turner in Großbritannien schufen Bilder von dramatischen Landschaften, die die Schönheit und Erhabenheit der Natur betonten. Diese Gemälde riefen beim Betrachter oft eine starke emotionale Reaktion hervor und luden dazu ein, die Natur als spirituelle Kraft zu erleben.

Ein weiteres Schlüsselmerkmal der Romantik in der bildenden Kunst war die Betonung der Emotionen. Die Romantiker glaubten, dass die Kunst dazu dienen sollte, menschliche Gefühle und Leidenschaften auszudrücken. Dies führte zu einer intensiven Darstellung von Emotionen in Gemälden und Skulpturen. Porträts wurden nicht mehr nur als Abbilder äußerer Erscheinungen betrachtet, sondern sollten auch die inneren Empfindungen der dargestellten Personen vermitteln. Künstler wie Eugène Delacroix schufen Bilder von dramatischer Intensität, die die Emotionen der Betrachter ansprachen.

Die Romantik war auch von einer tiefen Sehnsucht nach dem Unbekannten und dem Geheimnisvollen geprägt. Die Romantiker sahen in der Welt jenseits des Sichtbaren eine Quelle der Faszination und der Kreativität. Dies führte zu einer verstärkten Darstellung von übernatürlichen Elementen in der Kunst. Geister, Feen, Vampire und andere mystische Wesen tauchten in Gemälden und Skulpturen auf und verliehen der Kunst eine Aura des Mysteriösen.

Die Beziehung zwischen bildender Kunst und Literatur war in der Romantik besonders eng. Viele romantische Künstler ließen sich von literarischen Werken inspirieren und schufen Kunstwerke, die literarische Themen und Motive aufgriffen. Die Gedichte von William Blake inspirierten seine eigenen Illustrationen, während Gustave Doré Illustrationen zu literarischen Klassikern wie Dantes "Göttlicher Komödie" schuf.

Ein weiteres wichtiges Element der romantischen bildenden Kunst war die Betonung der Individualität und der Kreativität des

Künstlers. Die Romantiker glaubten, dass jeder Künstler eine einzigartige Perspektive und eine individuelle Ausdrucksweise hatte. Dies führte zu einer größeren Vielfalt in der Kunst, da Künstler ihre persönlichen Visionen und Erfahrungen in ihre Werke einbrachten.

Die Romantik in der bildenden Kunst hatte auch politische Dimensionen. Künstler wie Francisco de Goya reagierten auf die politischen Unruhen und Kriege ihrer Zeit und schufen Kunstwerke, die die Schrecken des Krieges und die Grausamkeiten der menschlichen Natur darstellten.

Zusammenfassend lässt sich sagen, dass die Bedeutung der Romantik für die bildende Kunst vielfältig und tiefgreifend war. Diese Epoche führte zu einer Neubewertung der Natur, einer Betonung der Emotionen, einer Sehnsucht nach dem Unbekannten, einer engen Verbindung zur Literatur, einer Betonung der Individualität und der Kreativität des Künstlers sowie politischen Kommentaren. Die Romantik veränderte die künstlerische Landschaft grundlegend und hinterließ ein reiches Erbe, das bis heute die bildende Kunst beeinflusst und inspiriert.

2.10 Der Übergang von der Aufklärung zur Romantik

Der Übergang von der Aufklärung zur Romantik markiert eine tiefgreifende kulturelle Veränderung, die im späten 18. Jahrhundert begann und sich bis in das frühe 19. Jahrhundert erstreckte. Dieser Übergang hatte Auswirkungen auf alle Bereiche der Kunst, der Philosophie, der Literatur und der Gesellschaft im Allgemeinen. In dieser ausführlichen Zusammenfassung werden wir die Ursachen, Merkmale und Auswirkungen dieses Übergangs von der Aufklärung zur Romantik analysieren.

Die Aufklärung war eine intellektuelle Bewegung des 17. und 18. Jahrhunderts, die die Ideen von Vernunft, Wissenschaft, Individualismus und Fortschritt betonte. Sie lehnte traditionelle Autoritäten und Aberglauben ab und setzte sich für die Freiheit des Denkens und die Autonomie des Individuums ein. Die Aufklärung hatte einen starken Einfluss auf Politik, Philosophie und Wissenschaft und führte zu bedeutenden gesellschaftlichen Veränderungen, wie der Amerikanischen und der Französischen Revolution.

Die Romantik entwickelte sich als Reaktion auf die Rationalität und die kulturelle Dominanz der Aufklärung. In den späten Jahren des 18. Jahrhunderts begannen Künstler und Schriftsteller, die Grenzen der Vernunft und der Wissenschaft in Frage zu stellen und suchten nach einer tieferen Verbindung zur Natur, zur Geschichte und zur menschlichen Seele. Dies führte zu einer Faszination für das Irrationale, das Unbekannte und das Geheimnisvolle.

Ein zentrales Merkmal der Romantik war die Betonung der Emotionen und der Vorstellungskraft. Die Romantiker glaubten, dass Emotionen eine wichtige Quelle der Erkenntnis und des kreativen Ausdrucks waren. Sie schätzten die individuelle Erfahrung und die innere Welt des Menschen. Künstler begannen, nicht nur die äußere Realität abzubilden, sondern auch die inneren Gefühle und Sehnsüchte ihrer Protagonisten. Dies führte zu einer intensiveren Darstellung von Emotionen in der Kunst und zu einer größeren Vielfalt an Ausdrucksformen.

Die Romantiker sahen in der Natur eine Quelle der Erhabenheit und der Inspiration. Sie betrachteten die Natur als einen Ort der Transzendenz und der tiefen Verbindung zur menschlichen Seele. Maler wie Caspar David Friedrich schufen Bilder von dramatischen Landschaften, die die Schönheit und Erhabenheit der Natur betonten. Diese Darstellungen der Natur riefen oft starke emotionale Reaktionen hervor und luden dazu ein, die Natur als spirituelle Kraft zu erleben.

Die Romantik führte zu einer enormen Vielfalt in der Kunst und Literatur. Künstler experimentierten mit neuen Formen, Stilen und Genres. In der Literatur entstanden romantische Gedichte, Romane, Novellen und Dramen, die eine breite Palette von Themen und Stimmungen erkundeten. Die Musik der Romantik brachte eine

Fülle von Genres hervor, von orchestralen Symphonien bis zu lyrischen Klavierstücken.

Die Phantasie wurde in der Romantik als eine mächtige kreative Kraft betrachtet. Künstler und Schriftsteller ermutigten die Leser und Betrachter, ihre Vorstellungskraft zu nutzen, um in eine Welt des Unbekannten und des Wunders einzutauchen. Dies führte zu fantastischen und phantastischen Elementen in der Kunst, in der Literatur und in der Musik.

Ein weiteres wichtiges Merkmal der Romantik war die Suche nach nationaler Identität. In vielen Ländern Europas suchten die Menschen nach ihren kulturellen Wurzeln und betonten die Bedeutung nationaler Traditionen und Geschichten. Dies führte zu einer vermehrten Integration von volkstümlichen Elementen in die Kunst und Literatur. Künstler und Schriftsteller wandten sich häufig lokalen Legenden, Sagen und historischen Ereignissen zu, um eine nationale Identität zu formen.

Die Romantik hatte auch eine politische Dimension. In vielen Ländern Europas führte die romantische Suche nach nationaler Identität zu politischen Bewegungen und Unabhängigkeitskriegen. In Deutschland spielte die Romantik eine Rolle bei der Vorbereitung des Weges zur deutschen Einigung, während in Griechenland und Polen romantische Ideale zur Unabhängigkeit und zum Widerstand gegen die Fremdherrschaft führten.

Die Romantik war keine homogene Bewegung, sondern umfasste verschiedene Strömungen und Tendenzen. In Deutschland gab es die Frühromantik, die sich auf die individuelle Imagination und die Sehnsucht nach dem Unbekannten konzentrierte, während die Spätromantik von großen epischen Werken und historischen Themen geprägt war. In England gab es den Lake District, eine Gruppe von Dichtern, die die Natur und das Landleben feierten, während in Frankreich die Romantik von historischen und politischen Themen geprägt war.

Die Romantik hatte einen tiefgreifenden Einfluss auf die nachfolgenden Generationen von Künstlern, Schriftstellern und Denkern. Sie beeinflusste die Entwicklung von Kunststilen wie dem Impressionismus, Symbolismus und Expressionismus. Die Ideen der Romantik beeinflussten auch die Philosophie, die Psychologie und die Literatur des 19. und 20. Jahrhunderts.

Der Übergang von der Aufklärung zur Romantik war eine kulturelle Revolution, die die künstlerische Landschaft und das Denken der Menschen nachhaltig veränderte. Dieser Übergang führte zu einer Betonung der Emotionen, der Vorstellungskraft und der Natur als Inspirationsquelle. Er förderte die Vielfalt der künstlerischen Ausdrucksformen und hatte politische und gesellschaftliche Auswirkungen. Die Romantik hinterließ ein reiches kulturelles Erbe, das bis heute die Kunst, die Literatur und das Denken der Menschen beeinflusst.

Kapitel 3: Die Romantik in der Literatur

3.1 Goethes "Die Leiden des jungen Werthers"

Johann Wolfgang von Goethes "Die Leiden des jungen Werthers" ist ein bahnbrechendes Werk der deutschen Literatur, das im Jahr 1774 veröffentlicht wurde. Dieser Briefroman erzählt die Geschichte des jungen Werther, der sich in die verheiratete Charlotte verliebt und schließlich an unerwiderter Liebe und existenzieller Verzweiflung zugrunde geht. Das Werk gilt als eines der bedeutendsten Werke der Sturm und Drang-Bewegung und als ein Schlüsseltext der deutschen Romantik.

Die Geschichte wird in Form von Briefen erzählt, die von Werther an seinen Freund Wilhelm geschrieben werden. Werther, ein junger Mann aus einfachen Verhältnissen, kommt in eine kleine Stadt, um eine neue Anstellung als Amtsdiener anzutreten. Dort trifft er auf Charlotte, die Verlobte eines anderen Mannes, Albert. Trotz der Hindernisse verliebt sich Werther unsterblich in Charlotte. Ihre gemeinsame Zeit ist von intensiven Gesprächen und einer tiefen emotionalen Verbindung geprägt, aber auch von unerfüllter Sehnsucht, da Charlotte Albert heiratet.

Werther wird zunehmend von seinen unerwiderten Gefühlen gequält und stürzt in eine tiefe existenzielle Krise. Seine Briefe an Wilhelm zeugen von seinem inneren Konflikt und seiner schmerzhaften Seelenqual. Er fühlt sich von der Gesellschaft und den Konventionen eingeengt und kann seine Liebe zu Charlotte nicht überwinden. Schließlich kommt es zu einem tragischen Höhepunkt, als Werther sich das Leben nimmt.

"Die Leiden des jungen Werthers" berührt eine Vielzahl von Themen, die bis heute relevant sind. Die unerwiderte Liebe und die leidenschaftliche Bindung zwischen Werther und Charlotte stehen im Zentrum des Romans. Goethe erforscht die Tiefe menschlicher Emotionen und die Auswirkungen intensiver Gefühle auf das individuelle Leben. Werther ist ein Individualist, der sich von den gesellschaftlichen Normen und Konventionen entfremdet fühlt.

Seine Rebellion gegen die Gesellschaftsnormen führt letztendlich zu seinem tragischen Schicksal. Die Romantik brachte ein gesteigertes Interesse an der Natur und der Empfindsamkeit mit sich. Werther findet Trost und Spiegelung seiner inneren Zustände in der Natur, die oft als Spiegel seiner eigenen Emotionen dargestellt wird. Werthers Selbstmord reflektiert existenzielle Fragen über das Leben, den Tod und die menschliche Existenz. Der Roman eröffnet einen Raum für philosophische Überlegungen über die Bedeutung des Lebens und das Wesen der Liebe. Die Verwendung des Briefromans als Erzählform ermöglicht einen direkten Einblick in Werthers Gedanken und Gefühle. Der Roman konzentriert sich stark auf die innere Welt des Protagonisten und seine subjektive Perspektive.

"Die Leiden des jungen Werthers" hatte einen revolutionären Einfluss auf die literarische Welt seiner Zeit. Goethes Verwendung des Briefromans und die Betonung der subjektiven Erfahrung des Protagonisten beeinflussten die Entwicklung des Romans als Genre. Der Roman löste eine "Werther-Fieber" genannte Begeisterungswelle in der Gesellschaft aus und wurde zum Bestseller. Gleichzeitig führte er zu heftigen Diskussionen über Themen wie Liebe, Gesellschaft und Individualismus.

Darüber hinaus war "Die Leiden des jungen Werthers" ein Wegbereiter für die Romantik in der deutschen Literatur. Goethes Fähigkeit, die emotionalen und inneren Konflikte seiner Figur so intensiv darzustellen, inspirierte andere Romantiker wie Friedrich Hölderlin und Novalis. Der Roman trug dazu bei, die Ideen und Themen der Romantik zu etablieren, die in der folgenden literarischen Epoche eine zentrale Rolle spielten.

Insgesamt bleibt "Die Leiden des jungen Werthers" ein bedeutendes Werk der Weltliteratur und ein wichtiger Meilenstein in Goethes literarischer Karriere. Es hat nicht nur die literarische Landschaft seiner Zeit geprägt, sondern auch das Verständnis von Liebe, Leidenschaft und Individualismus in der Literatur und der Gesellschaft nachhaltig beeinflusst.

3.2 Schillers Dramen und die Ideale der Romantik

Friedrich Schiller, einer der prominentesten Schriftsteller der deutschen Literatur, spielte eine entscheidende Rolle bei der Weiterentwicklung der Romantik im späten 18. und frühen 19. Jahrhundert. Seine Dramen, Gedichte und philosophischen Schriften beeinflussten die Ideale der Romantik und trugen dazu bei, die literarische Bewegung in Deutschland zu gestalten.

Friedrich Schiller wurde 1759 in Marbach am Neckar geboren und studierte zunächst Medizin. Während seines Studiums entwickelte er jedoch eine starke Neigung zur Literatur und Philosophie. Schiller las Werke von Autoren wie Kant, Rousseau und Shakespeare, die seine intellektuellen Horizonte erweiterten und sein literarisches Schaffen prägten.

Schillers erste Dramen, darunter "Die Räuber" (1781) und "Kabale und Liebe" (1784), waren von der Sturm und Drang-Bewegung beeinflusst, die die literarische Szene in Deutschland in den 1770er und 1780er Jahren dominierte. Der Sturm und Drang betonte die emotionale Intensität, die Rebellion gegen gesellschaftliche Konventionen und die individuelle Freiheit. Diese Elemente fanden sich auch in Schillers Frühwerken wieder.

Schiller entwickelte jedoch im Laufe seiner Karriere Ideale und Themen, die eng mit den Grundsätzen der Romantik verbunden waren. Diese Ideale können in seinen späteren Werken, insbesondere in seinen Dramen, beobachtet werden.

Schiller war ein entschiedener Verfechter der individuellen Freiheit und Autonomie. In seinem Drama "Don Carlos" (1787) thematisierte er die Konflikte zwischen dem Individuum und der politischen Autorität. Der Protagonist, Carlos, kämpft für seine persönlichen Überzeugungen und gegen die Unterdrückung durch den spanischen König. Dieser Konflikt zwischen individueller Freiheit und staatlicher Macht spiegelte Schillers eigene politische Überzeugungen wider und war ein Schlüsselthema der Romantik.

Schiller entwickelte in seinen späteren Werken einen idealistischen Ansatz zur Menschheit und zur Kunst. In seiner Schrift "Über die ästhetische Erziehung des Menschen" (1795) betonte er die Rolle der Kunst bei der Erziehung des Menschen und der Förderung moralischer Werte. Er glaubte, dass die Kunst die Menschen dazu bringen könne, ihre edleren und moralischeren Seiten zu erkennen. Dieser Idealismus stand im Einklang mit den romantischen Vorstellungen von einer besseren Welt und einer höheren Wirklichkeit.

Ein weiteres zentrales Thema in Schillers späteren Werken war das Mitgefühl und die Menschlichkeit. In "Wilhelm Tell" (1804) etwa betonte er die Wichtigkeit von Freiheit, Menschlichkeit und dem Kampf gegen Tyrannei. Schiller glaubte an die Kraft des Guten im Menschen und setzte sich für die Ideale der Aufklärung ein, die von vielen Romantikern geteilt wurden.

Schillers Werke, insbesondere seine späteren Dramen und philosophischen Schriften, hatten einen nachhaltigen Einfluss auf die Romantik in Deutschland und darüber hinaus. Die Romantiker schätzten seine Betonung von Freiheit, Individualismus und Idealismus. Sie teilten seine Überzeugung von der Macht der Kunst, die menschliche Seele zu erheben und moralische Werte zu fördern.

Insgesamt kann gesagt werden, dass Friedrich Schiller eine Brücke zwischen der Sturm und Drang-Bewegung und der Romantik bildete. Seine Werke verkörperten eine Mischung aus emotionaler Intensität und idealistischen Vorstellungen, die die Romantik maßgeblich prägten. Schiller war ein wichtiger Wegbereiter für die romantische Literatur und Philosophie und hinterließ ein beeindruckendes literarisches Erbe, das bis heute relevant ist.

3.3 Friedrich von Hardenbergs (Novalis) Poesie
Friedrich von Hardenberg, besser bekannt unter seinem Pseudonym Novalis, war einer der bedeutendsten Dichter und Schriftsteller der deutschen Romantik. Seine Poesie verkörpert auf

einzigartige Weise die Ideale und Themen dieser literarischen Epoche, die sich in der späten 18. bis zur Mitte des 19. Jahrhunderts in Europa entwickelte. In dieser ausführlichen Zusammenfassung werden wir uns mit Novalis' Leben, seiner literarischen Entwicklung und seinen wichtigsten Werken befassen, um seine Poesie und ihren Beitrag zur Romantik besser zu verstehen.

Friedrich von Hardenberg wurde 1772 in Oberwiederstedt, einem kleinen Ort in Sachsen-Anhalt, geboren. Er entstammte einer wohlhabenden Familie und erhielt eine umfassende Bildung, die von Literatur und Philosophie bis zu Naturwissenschaften reichte. Diese vielfältige Ausbildung spiegelt sich in seinem späteren Schaffen und seinem Interesse an einer ganzheitlichen Betrachtung der Welt wider.

Ein entscheidender Einfluss auf Novalis' Denken und Dichtung war seine Begegnung mit dem Philosophen Friedrich Schlegel und dessen Bruder August Wilhelm Schlegel, die als führende Köpfe der Romantik galten. Die Schlegel-Brüder beeinflussten Novalis' literarische Entwicklung und trugen dazu bei, seine romantischen Ideale zu formen.

Novalis' literarische Karriere begann früh, und er verfasste bereits während seiner Schulzeit Gedichte. Sein bekanntestes Werk, die Sammlung von Gedichten mit dem Titel "Hymnen an die Nacht," wurde erstmals 1800 posthum veröffentlicht. Dieses Werk gilt als eines der repräsentativsten der romantischen Poesie.

In "Hymnen an die Nacht" zeigt sich Novalis' tiefe spirituelle und mystische Neigung. Die Gedichte sind von einem introspektiven und meditativen Ton geprägt und erkunden Themen wie die Beziehung zwischen Mensch und Natur, zwischen Geist und Materie. Die Nacht fungiert als Symbol für das Unbewusste und das Spirituelle, und Novalis drückt seine Sehnsucht nach einer höheren, transzendenten Wirklichkeit aus.

Die Nacht als zentrales Motiv in Novalis' Poesie ist von großer Bedeutung. Sie steht für die Dunkelheit des Unbewussten, die den Weg zur Erleuchtung und zur Verbindung mit dem Göttlichen ebnet. Die Nacht bietet eine mystische Erfahrung und die Möglichkeit, in die Tiefen der eigenen Seele vorzudringen. Dieses Thema ist typisch für die Romantik, in der die Natur und das Spirituelle oft miteinander verknüpft wurden.

Novalis sieht die Nacht nicht als etwas Bedrohliches, sondern als einen Ort der Inspiration und der Selbsterkenntnis. Sie ermöglicht es dem Individuum, sich von den Fesseln der Realität zu lösen und in die Welt der Träume und des Unbewussten einzutauchen. In dieser Dunkelheit eröffnen sich neue Möglichkeiten des Denkens und der Kreativität.

Ein weiteres wichtiges Merkmal von Novalis' Poesie ist die Suche nach der Vereinigung von Gegensätzen. Er strebte danach, scheinbar widersprüchliche Elemente miteinander zu verbinden, sei es die Verbindung von Spiritualität und Wissenschaft, von Natur und Geist oder von Traum und Realität. Diese Suche nach Harmonie und Einheit spiegelt die romantische Vorstellung von einer höheren Ordnung wider, die in der Welt und im individuellen Bewusstsein gefunden werden kann.

Novalis' Gedichte zeichnen sich oft durch ihre symbolische und metaphorische Sprache aus. Er nutzt poetische Bilder und Allegorien, um seine tiefgründigen Gedanken und Gefühle auszudrücken. Seine Poesie ist geprägt von einer starken inneren Welt, die er in seiner Kunst zum Ausdruck bringt.

Novalis' Poesie steht in enger Verbindung zu den romantischen Idealen seiner Zeit. Die Romantiker glaubten an die Wichtigkeit des Individuums, an die Kraft der Vorstellungskraft und an die Suche nach einer höheren Wirklichkeit. Diese Ideen spiegeln sich deutlich in Novalis' Werken wider.

Die Romantik betonte auch die Bedeutung der Natur und ihrer Verbindung zum Menschen. Novalis war ein Naturfreund und sah die Natur als einen Ort der Inspiration und der Offenbarung. In seinen Gedichten drückte er seine Bewunderung für die Schönheit und das Geheimnis der Natur aus.

Novalis hatte einen erheblichen Einfluss auf die Entwicklung der romantischen Bewegung in Deutschland. Seine Poesie und seine Ideen inspirierten viele andere Schriftsteller und Künstler der Romantik. Sein Werk wurde zu einem wichtigen Bezugspunkt für diejenigen, die nach spiritueller Tiefe und emotionaler Intensität in der Kunst suchten.

Besonders in der Lyrik und der philosophischen Prosa der Romantik finden sich Novalis' Ideen und Motive wieder. Die romantische Vorstellung von der Vereinigung von Gegensätzen, die Suche nach dem Transzendenten und die Betonung des Inneren als Quelle der Inspiration sind Elemente, die in der gesamten romantischen Literatur präsent sind.

Friedrich von Hardenberg, alias Novalis, hinterließ ein bedeutendes literarisches Vermächtnis, das die Romantik in Deutschland und darüber hinaus maßgeblich beeinflusste. Seine Poesie und seine Ideen sind auch heute noch relevant und inspirierend. Novalis' Suche nach Einheit, Spiritualität und Poesie als Weg zur Erkenntnis haben das Verständnis der Romantik und der menschlichen Erfahrung nachhaltig geprägt und sind ein wertvoller Teil der Weltliteratur.

3.4 Romantische Erzählformen und Märchen
Die romantische Literatur des 18. und 19. Jahrhunderts brachte eine Fülle neuer Erzählformen hervor, die das Genre der Märchen besonders stark beeinflussten. In dieser ausführlichen Zusammenfassung werden wir die Entwicklung der romantischen Erzählformen und ihre Beziehung zu Märchen und Volkserzählungen genauer betrachten.

Die Romantik war eine literarische, kulturelle und philosophische Bewegung, die in Europa von etwa 1770 bis 1850 andauerte und einen starken Einfluss auf die Kunst, Literatur und das Denken ihrer Zeit hatte. In der romantischen Literatur wurden bestimmte Merkmale betont, die sich stark von der vorherigen literarischen Epoche, der Aufklärung, unterschieden.

Ein zentrales Merkmal der Romantik war die Betonung der Emotionen und der menschlichen Psyche. Romantische Schriftsteller fokussierten sich auf die inneren Erfahrungen, Träume, Sehnsüchte und Ängste ihrer Protagonisten. Dies führte zu einer intensiven Ergründung der menschlichen Gefühlswelt, die in den Märchen der Romantik besonders deutlich wird.

Ein weiteres Merkmal war die Liebe zur Natur und die Darstellung von Natur als Spiegelung der Gefühle und des inneren Zustands der Figuren. Die Natur wurde oft als romantischer Rückzugsort dargestellt, der Trost und Inspiration bot.

In der romantischen Literatur entwickelten sich verschiedene Erzählformen, die die Grundlage für moderne Märchen und Volksmärchen legten.

Ein Kunstmärchen ist eine Form des literarischen Märchens, das von Schriftstellern geschaffen wurde, um eine künstlerische Botschaft zu vermitteln. Diese Märchen unterscheiden sich von traditionellen Volksmärchen, da sie bewusst von Autoren verfasst wurden und oft komplexere Themen und Symbolik enthalten. Eines der bekanntesten Beispiele ist Hans Christian Andersens "Die kleine Meerjungfrau."

Die Brüder Grimm und andere Sammler von Volksmärchen spielten eine wichtige Rolle in der romantischen Literatur. Sie reisten durch das Land und sammelten mündlich überlieferte Geschichten von Bauern, Handwerkern und Dorfbewohnern. Diese Geschichten wurden dann veröffentlicht und sind heute als "Grimms Märchen" bekannt. Die romantische Idee, das einfache Volk und seine

Traditionen zu würdigen, spiegelt sich in diesen Märchensammlungen wider.

Viele romantische Schriftsteller integrierten märchenhafte Elemente in ihre Werke. E.T.A. Hoffmanns "Der Sandmann" ist ein Beispiel für eine romantische Erzählung mit fantastischen und märchenhaften Elementen. In dieser Geschichte verschwimmen die Grenzen zwischen Realität und Phantasie, und der Protagonist erlebt Albträume und Halluzinationen, die an Märchen erinnern.

Ein weiteres romantisches Motiv war die Sehnsucht nach einer verlorenen Kindheit und Unschuld. Dies fand seinen Ausdruck in Geschichten über Kinder oder junge Menschen, die auf abenteuerliche Reisen gingen und fantastische Welten entdeckten. Dieses Motiv war auch in Märchen wie "Alice im Wunderland" von Lewis Carroll zu finden.

In Märchen wie in romantischen Werken gab es oft eine Sehnsucht nach dem Wunderbaren und Unerklärlichen. Die Vorstellung von Feen, Zauberern und magischen Orten spiegelte das romantische Verlangen nach einer Welt wider, die über das Alltägliche hinausgeht. Romantische Märchen und Geschichten betonten die Bedeutung des Unbewussten und der inneren Welt des Menschen. Märchenfiguren mussten oft eine innere Reise antreten, um sich selbst und ihre wahren Wünsche zu erkennen. Dies entsprach dem romantischen Interesse an der Erforschung der menschlichen Psyche. Die Natur war in Märchen und romantischer Literatur gleichermaßen präsent. Sie wurde als Ort der Rückbesinnung, der Schönheit und des Trostes dargestellt. Die romantische Vorstellung von der Natur als Spiegelung der menschlichen Gefühle spiegelt sich in vielen Märchen wider, in denen die Natur eine aktive Rolle spielt. Märchen und romantische Literatur waren oft von übernatürlichen Elementen und fantastischen Begebenheiten geprägt. Dies spiegelte das romantische Interesse an der Erforschung des Unerklärlichen und des Mystischen wider.

Die romantische Literatur und die damit verbundenen Erzählformen hatten einen tiefgreifenden Einfluss auf spätere Märchen und fantastische Geschichten. Autoren wie Hans Christian Andersen, die Gebrüder Grimm, Lewis Carroll und viele andere griffen auf romantische Motive und Themen zurück, um zeitlose Märchen zu schaffen, die bis heute populär sind.

Die romantische Literatur des 18. und 19. Jahrhunderts trug maßgeblich zur Entwicklung des Märchens als literarische Form bei. Durch die Betonung von Emotionen, Natur, Fantasie und dem Unerklärlichen schufen romantische Schriftsteller eine reiche Tradition von Geschichten, die bis heute unsere Vorstellung von Märchen und fantastischen Erzählungen prägen. Die Romantik und das Märchen sind eng miteinander verbunden, und ihre gemeinsamen Ideale und Themen werden weiterhin in der Welt der Literatur und der Fantasie geschätzt.

3.5 Die Verwendung der Natur in romantischer Literatur

Die Verwendung der Natur in der romantischen Literatur ist ein zentrales und charakteristisches Merkmal dieser literarischen Epoche. Die Romantik, die sich in Europa von etwa 1770 bis 1850 erstreckte, brachte eine intensive Beziehung zwischen Literatur und Natur hervor. In dieser ausführlichen Zusammenfassung werden wir uns mit der Verwendung der Natur in der romantischen Literatur auseinandersetzen, ihre Bedeutung und ihre Auswirkungen auf die Kunst und die Wahrnehmung der Natur in dieser Zeit beleuchten.

Die Romantik war eine literarische, kulturelle und philosophische Bewegung, die sich stark von der vorherigen Epoche, der Aufklärung, unterschied. Während die Aufklärung von Rationalismus, Vernunft und Fortschritt geprägt war, betonte die Romantik Emotionen, Intuition und die Verbundenheit mit der Natur. Die Natur wurde in der romantischen Literatur zum zentralen Thema und zur Inspirationsquelle.

Die Romantiker sahen die Natur als Ort der Erhabenheit, als Spiegel der menschlichen Seele und als Quelle der Kreativität. Sie glaubten, dass die Natur den Menschen zur Reflexion, zur inneren Erfahrung und zur Inspiration anregte. Diese Wertschätzung der Natur war eng mit dem romantischen Ideal des Individuums und seiner Freiheit verbunden.

Ein wichtiges Merkmal der romantischen Naturdarstellung war die Betonung der subjektiven Wahrnehmung. Die Romantiker glaubten, dass die Natur in den Augen des Betrachters eine individuelle Bedeutung hatte. Dies führte zu einer Vielfalt von Naturbeschreibungen und Interpretationen in der romantischen Literatur.

Für den einen Romantiker konnte die Natur ein Ort der Ruhe und Erholung sein, während sie für den anderen ein Ort der Wildheit und des Geheimnisvollen war. Diese subjektive Sichtweise spiegelte die verschiedenen Empfindungen und Sehnsüchte der Autoren und ihrer Zeit wider.

In der romantischen Literatur wurde die Natur oft als Spiegel der menschlichen Seele dargestellt. Die Landschaften und Phänomene der Natur wurden als Metaphern für die Gefühle, Gedanken und inneren Zustände der Protagonisten verwendet.

Ein Beispiel hierfür ist William Wordsworths Gedicht "Lines Composed a Few Miles Above Tintern Abbey." In diesem Gedicht reflektiert der Dichter seine eigene innere Veränderung und seine Rückkehr zu einem Ort der Natur. Die Natur wird zur Kulisse für seine Selbstfindung und zur Verkörperung seiner inneren Entwicklung.

Die Romantiker betrachteten die Natur auch als eine Quelle der Inspiration für Kunst, Poesie und Musik. Sie glaubten, dass die natürlichen Schönheiten und Wunder die Kreativität des Menschen beflügeln könnten.

Ein berühmtes Beispiel ist John Keats, der in seinen Gedichten die Schönheit der Natur mit der Kunst der Poesie verband. In seinem

Gedicht "Ode to a Nightingale" wird die Nachtigall zur Muse des Dichters und zur Verkörperung der poetischen Inspiration.

Die Romantiker neigten auch dazu, die Natur mit mystischen und spirituellen Elementen zu verknüpfen. Sie sahen in der Natur oft eine tiefere Wirklichkeit, die über das Sichtbare hinausging.

Caspar David Friedrichs berühmtes Gemälde "Wanderer über dem Nebelmeer" ist ein Beispiel für die romantische Vorstellung von der Natur als mystischem Raum. Das Bild zeigt einen Wanderer, der auf einem Berggipfel über einer Nebelbank steht und auf eine weitläufige Landschaft blickt. Diese Szene verkörpert die Sehnsucht nach dem Erhabenen und dem Unbekannten, die in der romantischen Naturdarstellung häufig zu finden ist.

Die Romantiker hegen oft auch eine Sehnsucht nach der Natur und einen Schmerz über die Entfremdung von ihr. Die Industrialisierung und die Urbanisierung hatten die natürlichen Landschaften verändert und die Verbindung zwischen Mensch und Natur gestört.

Dieses Gefühl der Entfremdung und die Sehnsucht nach der unberührten Natur fanden in vielen romantischen Werken ihren Ausdruck. In Mary Shelleys "Frankenstein" beispielsweise wird die Schöpfung des Monsters als Eingriff in die natürliche Ordnung dargestellt, was zu tragischen Konsequenzen führt.

Die romantische Literatur der Natur hatte auch eine ökologische Dimension. Die Romantiker waren sich der Zerbrechlichkeit der Natur bewusst und erkannten die Notwendigkeit ihres Schutzes.

Die Vorstellung von der Natur als einem harmonischen und empfindlichen Organismus, der von menschlichen Eingriffen bedroht werden kann, findet sich in vielen romantischen Werken. Dieses Umweltbewusstsein hatte eine Vorreiterrolle und trug dazu bei, das moderne Umweltbewusstsein zu formen.

Die romantische Literatur prägte die Wahrnehmung der Natur und ihre Darstellung in der Kunst maßgeblich. Die Romantiker betonten die Bedeutung der Natur als Quelle der Inspiration, der inneren Erfahrung und der individuellen Freiheit. Die Natur wurde zur Metapher für die menschliche Seele und zur Kulisse für die Selbstfindung. Gleichzeitig trugen die Romantiker zur Entwicklung einer ökologischen Sensibilität bei, indem sie die Zerbrechlichkeit und Schönheit der Natur betonten. Die romantische Darstellung der Natur ist bis heute eine wichtige Quelle der Inspiration für Literatur, Kunst und Umweltschutz.

3.6 Romantische Literatur in England: Byron und Keats

Die romantische Literatur in England erreichte im 18. und 19. Jahrhundert ihren Höhepunkt und brachte einige der bedeutendsten Dichter und Schriftsteller hervor, die die Welt je gesehen hat. Unter diesen herausragenden Romantikern ragten Lord Byron und John Keats als zwei der wichtigsten und einflussreichsten Stimmen dieser Epoche hervor. In dieser ausführlichen Zusammenfassung werden wir das Leben, die Werke und die einzigartigen Beiträge von Byron und Keats zur romantischen Literatur in England genauer betrachten.

Lord Byron, eigentlich George Gordon Byron, wurde 1788 in London geboren und wuchs in einer aristokratischen Familie auf. Er war ein exzentrischer, charismatischer und kontroverser Dichter, dessen Leben und Werke die Romantik in England maßgeblich beeinflussten.

Byron ist am besten bekannt für sein episches Werk "Childe Harold's Pilgrimage," das ihn über Nacht berühmt machte. Dieses Gedicht erzählt die Geschichte eines jungen Mannes, der auf einer Reise durch Europa Selbstfindung und Abenteuer sucht. Byron nutzte diese Erzählung, um die Sehnsucht nach Freiheit, die Liebe zur Natur und die dunkleren Aspekte des menschlichen Lebens zu erkunden.

Ein weiteres bekanntes Werk von Byron ist das Drama "Manfred," das die innere Zerrissenheit und den Konflikt eines übernatürlichen Helden darstellt. Hier zeigt sich Byrons Interesse an der dunklen Romantik und der übernatürlichen Welt.

Byron schrieb auch lyrische Gedichte, darunter "She Walks in Beauty," das für seine Eleganz und Romantik berühmt ist. In seinen Gedichten spiegelt sich oft eine starke Verbindung zur Natur und zur menschlichen Seele wider.

Byron war nicht nur für seine Literatur bekannt, sondern auch für sein skandalöses Leben und seine rebellische Haltung. Seine Affären, seine politischen Ansichten und sein exzentrisches Verhalten machten ihn zu einer kontroversen Figur seiner Zeit.

Dennoch konnte Byron mit seinen Werken eine breite Leserschaft ansprechen. Seine Darstellung von individueller Freiheit, seiner Ablehnung von Konventionen und seinem Hang zur Exzentrik spiegelten die romantische Vorstellung vom unabhängigen und leidenschaftlichen Individuum wider.

John Keats wurde 1795 in London geboren und gehört zu den wichtigsten Lyrikern der englischen Romantik. Obwohl sein Leben tragisch früh endete, hinterließ er ein beeindruckendes literarisches Erbe.

Keats begann seine literarische Karriere mit einer Vorliebe für Gedichte, die die Schönheit und den Reichtum der Natur feierten. Seine Oden, darunter "Ode to a Nightingale," "Ode on a Grecian Urn" und "Ode to Autumn," sind Meisterwerke der romantischen Lyrik. Diese Gedichte zeichnen sich durch ihre sinnliche Sprache, ihre präzise Beobachtung der Natur und ihre Suche nach zeitloser Schönheit aus.

In seinen Oden drückt Keats das Verlangen nach Transzendenz und die Flucht vor der Vergänglichkeit aus. Die Natur wird für ihn zur Quelle der Inspiration und zur Verkörperung des Göttlichen. In der "Ode to a Nightingale" sehnt sich der Dichter danach, mit dem Nachtigallenlied zu verschmelzen und dem Alltag zu entfliehen.

Obwohl Keats' literarische Karriere vielversprechend begann, war sein Leben von tragischen Ereignissen überschattet. Er verlor früh seine Eltern an Tuberkulose und selbst wurde er von der Krankheit geplagt. Die ständige Sorge um seine Gesundheit und die finanziellen Schwierigkeiten beeinträchtigten sein Leben und seine Schaffenskraft.

Im Jahr 1819, im Alter von nur 25 Jahren, erlag Keats der Tuberkulose. Sein früher Tod war eine große Tragödie für die Welt der Literatur, da er in so kurzer Zeit ein erhebliches literarisches Erbe geschaffen hatte.

Byron und Keats hinterließen einen nachhaltigen Einfluss auf die romantische Literatur und darüber hinaus. Byrons Themen der Freiheit, der Individualität und der dunklen Romantik beeinflussten spätere Schriftsteller, darunter diejenigen des viktorianischen Zeitalters. Seine unkonventionelle Persönlichkeit und seine literarische Meisterschaft inspirierten Generationen von Dichtern.

Keats, auf der anderen Seite, wurde besonders für seine lyrische Poesie und seine sinnliche Sprache bewundert. Seine Oden sind bis heute als Beispiele für die perfekte Verschmelzung von Klang und Bedeutung in der Lyrik bekannt. Er inspirierte Dichter wie Alfred Lord Tennyson und die Präraffaeliten.

Lord Byron und John Keats waren herausragende Vertreter der romantischen Literatur in England. Ihre Werke spiegeln die Vielfalt und Tiefe dieser literarischen Epoche wider, von Byrons kontroversen Helden bis zu Keats' lyrischen Oden zur Natur und zur menschlichen Seele. Ihr Einfluss erstreckt sich über die Romantik hinaus und bleibt ein wichtiger Teil der englischen Literaturgeschichte. Trotz ihrer unterschiedlichen Lebenswege und Stile haben Byron und Keats das Erbe der romantischen Literatur auf einzigartige und nachhaltige Weise geprägt.

3.7 Der deutsche Roman und die Brüder Grimm

Der deutsche Roman und die Brüder Grimm sind zwei herausragende Aspekte der romantischen Literatur und Kultur im 18. und 19. Jahrhundert in Deutschland. In dieser ausführlichen Zusammenfassung werden wir uns mit dem deutschen Roman als literarischer Form und dem Beitrag der Brüder Grimm zur Erhaltung und Erforschung von Volksmärchen und Folklore auseinandersetzen.

Der deutsche Roman erlebte während der Romantik eine Blütezeit und wurde zu einem wichtigen Medium für die literarische Selbstreflexion und die Darstellung der komplexen Natur des Menschen. Dieser literarische Aufschwung war eng mit der Romantik und ihrem Interesse an Individualität, Freiheit und den tiefsten Schichten der menschlichen Psyche verbunden.

Romantische Romane legten einen starken Fokus auf die inneren Gedanken, Gefühle und Sehnsüchte der Charaktere. Autoren wie Johann Wolfgang von Goethe und E.T.A. Hoffmann schrieben Werke, die das Innere der menschlichen Seele erkundeten und die psychologischen und emotionalen Entwicklungen ihrer Protagonisten nachzeichneten.

Die romantische Vorstellung von der Natur als Spiegel der menschlichen Gefühle und Gedanken spiegelte sich in vielen deutschen Romanen wider. Die Landschaften und Naturphänomene wurden nicht nur als Kulisse, sondern auch als Symbole für die inneren Konflikte und Veränderungen der Figuren verwendet.

Während der Romantik entstanden verschiedene Genres innerhalb des deutschen Romans. Eines der wichtigsten war der Bildungsroman, der die Entwicklung und Reifung des Protagonisten von der Jugend bis zum Erwachsenenalter verfolgte. Ein bekanntes Beispiel ist Goethes "Wilhelm Meisters Lehrjahre." Auch der Schauerroman (Gothic Novel) und der historische Roman wurden in dieser Zeit populär.

Viele deutsche Romane der Romantik enthielten übernatürliche Elemente und eine mystische Atmosphäre. Dies spiegelte das romantische Interesse an mysteriösen und unerklärlichen Phänomenen wider. E.T.A. Hoffmanns "Der Sandmann" ist ein Beispiel für einen solchen schauerlichen Roman, der das Übernatürliche mit psychologischen Elementen verbindet.

Romantische Romane handelten oft von der Suche nach dem Wunderbaren und dem Unerklärlichen. Die Protagonisten strebten nach einer höheren Wahrheit oder einer transzendenten Erfahrung, die sie aus dem Alltäglichen herauslösen würde.

Die Brüder Jacob und Wilhelm Grimm waren nicht nur bedeutende Philologen und Sprachwissenschaftler, sondern auch Sammler von Volksmärchen und Folklore. Ihr Werk "Kinder- und Hausmärchen" (1812) enthält eine Fülle von Geschichten, die sie von mündlichen Überlieferungen gesammelt und in schriftlicher Form veröffentlichten.

Die Brüder Grimm reisten durch Deutschland und sammelten Geschichten von Bauern, Handwerkern und Dorfbewohnern. Sie erkannten den Wert dieser mündlich überlieferten Märchen als Teil des kulturellen Erbes Deutschlands. Durch ihre Arbeit wurden diese Märchen erstmals schriftlich festgehalten und der Öffentlichkeit zugänglich gemacht.

Die Veröffentlichung der "Kinder- und Hausmärchen" der Brüder Grimm hatte einen erheblichen Einfluss auf die romantische Literatur und Kultur in Deutschland. Märchen wurden zu einem wichtigen Bestandteil der romantischen Vorstellung von der deutschen Volkskultur und ihrer Mystik.

Die romantischen Autoren, darunter die Gebrüder Grimm selbst, nutzten Märchenmotive und -themen in ihren Werken. Die Vorstellung von magischen Wäldern, verzauberten Prinzen und Feen fand in der romantischen Literatur reichlich Verwendung. E.T.A. Hoffmanns "Nussknacker und Mausekönig" ist ein Beispiel für ein Werk, das Märchenmotive in eine romantische Erzählung integriert.

Die Arbeit der Brüder Grimm ging über die Sammlung von Märchen hinaus. Ihr umfangreiches Projekt, das "Deutsche Wörterbuch," trug zur Standardisierung und Entwicklung der deutschen Sprache bei. Durch ihre akribische Analyse und Erforschung von Wortbedeutungen, Etymologie und Grammatik trugen sie dazu bei, die deutsche Sprache in ihrer modernen Form zu definieren.

Der deutsche Roman und die Brüder Grimm sind zwei Schlüsselaspekte der romantischen Literatur und Kultur in Deutschland im 18. und 19. Jahrhundert. Die romantische Literatur zeichnete sich durch eine Betonung des Inneren, die Verwendung der Natur als Symbol und Kulisse, die Vielfalt der Genres und das Interesse am Übernatürlichen aus. Die Brüder Grimm trugen maßgeblich zur Erhaltung und Erforschung von Volksmärchen und zur Entwicklung der deutschen Sprache bei. Ihre Arbeit hatte einen nachhaltigen Einfluss auf die romantische Vorstellung von deutscher Kultur und Mystik. Zusammen repräsentieren der deutsche Roman und die Arbeit der Brüder Grimm wichtige Facetten der deutschen Romantik und ihres kulturellen Erbes.

3.8 Lyrik in der Romantik: Heine und Eichendorff
Die romantische Lyrik im 18. und 19. Jahrhundert in Deutschland war geprägt von einer tiefen emotionale Intensität und einer intensiven Verbundenheit zur Natur. Zwei herausragende Dichter dieser Epoche waren Heinrich Heine und Joseph von Eichendorff.

Heinrich Heine, geboren 1797 in Düsseldorf, zählt zu den bedeutendsten Lyrikern der deutschen Literaturgeschichte. Seine Werke sind geprägt von einer starken Emotionalität, sozialer und politischer Kritik sowie einer außergewöhnlichen sprachlichen Eleganz.

Heinrich Heine war ein Meister der Liebeslyrik. In seinen Gedichten drückte er sowohl die Freuden als auch die Qualen der Liebe aus. Seine Liebe zu seiner "Loreley" ist ein bekanntes Motiv in seinem

Werk. Heine war ein scharfer Beobachter der sozialen und politischen Verhältnisse seiner Zeit. In seinen Gedichten kritisierte er die politische Unterdrückung, die Zensur und die sozialen Ungerechtigkeiten. Sein Werk "Die schlesischen Weber" ist ein eindrucksvolles Beispiel für seine soziale Kritik. Heine war bekannt für seinen scharfen Witz und seine satirische Schreibweise. Seine Gedichte enthielten oft humorvolle Elemente und politische Ironie. Dies machte ihn zu einem der einflussreichsten satirischen Dichter seiner Zeit. Aufgrund seiner politischen Ansichten und seiner jüdischen Abstammung musste Heine ins Exil gehen. Dieses Exil und sein Heimweh nach Deutschland fanden Eingang in seine Gedichte. In seiner "Harzreise" beschrieb er die Sehnsucht nach der deutschen Heimat.

Obwohl Heines politische Ansichten und sein satirischer Stil ihm während seines Lebens Kontroversen einbrachten, war sein Einfluss auf die deutsche Literatur unbestreitbar. Er prägte die Moderne und beeinflusste Dichter wie Rainer Maria Rilke und Bertolt Brecht.

Joseph von Eichendorff, geboren 1788 in Ratibor, Oberschlesien, war ein weiterer bedeutender Lyriker der deutschen Romantik. Seine Gedichte und Prosa zeichnen sich durch eine tiefe Verbundenheit zur Natur, eine Sehnsucht nach dem Unerklärlichen und eine romantische Sicht auf das Leben aus.

Eichendorffs Lyrik ist geprägt von einer tiefen Verbundenheit zur Natur. Er beschreibt die Schönheit der Landschaften, Wälder und Seen und drückt eine tiefe Sehnsucht nach der Natur aus. In seinem Gedicht "Mondnacht" wird diese Sehnsucht besonders deutlich. Eichendorff war fasziniert von mysteriösen und unerklärlichen Phänomenen. In vielen seiner Gedichte spielt das Übernatürliche eine Rolle. Er schuf eine atmosphärische und oft geheimnisvolle Stimmung in seinen Werken. Eichendorffs Gedichte sind oft von Wanderungen und Reisen durch die Natur geprägt. Das Wandern wurde für ihn zum Symbol der Suche nach sich selbst und nach einem tieferen Verständnis des Lebens. Eichendorff verband oft religiöse Motive mit seiner Liebe zur Natur. Er sah in der Natur eine Spur Gottes und drückte in seinen Gedichten ein tiefes religiöses Empfinden aus.

Die Lyrik von Joseph von Eichendorff hatte einen tiefgreifenden Einfluss auf die romantische Lyrik und die deutsche Literatur. Seine romantische Sicht auf die Natur und das Leben inspirierte spätere Dichter wie Hugo von Hofmannsthal und Rainer Maria Rilke. Seine Gedichte sind zeitlose Meisterwerke und spiegeln die Vielfalt und Tiefe der romantischen Literatur in Deutschland wider.

Insgesamt waren Heinrich Heine und Joseph von Eichendorff zwei der herausragenden Lyriker der deutschen Romantik. Ihre Werke sind bis heute beliebt und stehen als bedeutende Beiträge zur romantischen Literatur in Deutschland.

3.9 Romantische Einflüsse auf die amerikanische Literatur

Die Romantik, als literarische und kulturelle Bewegung des 18. und 19. Jahrhunderts, übte einen nachhaltigen Einfluss auf die amerikanische Literatur aus. Dieser Einfluss war geprägt von der Betonung von Emotionen, Individualismus, einer tiefen Verbindung zur Natur und einer Faszination für das Übernatürliche. In den Vereinigten Staaten manifestierte sich die Romantik in den Werken einiger herausragender Schriftsteller, darunter Washington Irving, Edgar Allan Poe, Nathaniel Hawthorne, Herman Melville und Emily Dickinson.

Washington Irving zeigte in seinen Geschichten "The Legend of Sleepy Hollow" und "Rip Van Winkle" eine Liebe zur ländlichen Umgebung und Folklore. Diese Werke betonten die Bedeutung von Volkssagen und Legenden in der amerikanischen Kultur.

Edgar Allan Poe, bekannt für Gedichte wie "The Raven" und Geschichten wie "The Tell-Tale Heart," erforschte düstere und psychologische Themen. Er war ein Pionier der dunklen Romantik und setzte den Fokus auf das Übernatürliche und das Mysteriöse.

Nathaniel Hawthorne erforschte in Werken wie "The Scarlet Letter" das Erbe der puritanischen Vergangenheit Amerikas. Seine Geschichten handelten von Liebe, Schuld und Sühne in einer puritanischen Gemeinschaft und spiegelten die romantische Betonung des Individuums und seiner inneren Konflikte wider.

Herman Melville schuf mit "Moby-Dick" ein episches Werk, das eine Abenteuergeschichte auf hoher See mit philosophischen und symbolischen Elementen verband. Seine Werke zeugten von einer tiefen Reflexion über das menschliche Schicksal und die Natur.

Emily Dickinson, eine der bedeutendsten weiblichen Dichterinnen der amerikanischen Literatur, schuf eine einzigartige Form der romantischen Lyrik. Ihre Gedichte erkundeten Themen wie Liebe, Natur, Tod und das individuelle Selbst.

Die amerikanische Romantik betonte Individualismus, Emotionen, Intuition und die enge Verbindung zur Natur. Die Natur wurde oft als Spiegel der menschlichen Seele betrachtet, und das Übernatürliche und das Mysteriöse fanden ihren Platz in vielen Werken.

Der Einfluss der Romantik auf die amerikanische Literatur ging über diese Schriftsteller hinaus. Der Transzendentalismus, eine philosophische Bewegung, wurde von romantischen Idealen geprägt und betonte die spirituelle und philosophische Dimension der Natur sowie den Wert des individuellen Denkens und der Selbstverwirklichung.

Die dunkle Romantik, repräsentiert durch Edgar Allan Poe, beeinflusste die Entwicklung der Gothic Literatur in den USA und schuf Werke des Schreckens und des Übernatürlichen.

Der Regionalismus und Realismus, die später die romantische Literatur ablösten, behielten einige romantische Elemente bei. Autoren wie Mark Twain und Walt Whitman integrierten romantische Ideale in ihre Werke, während sie gleichzeitig die Realität des amerikanischen Lebens darstellten.

Die romantische Lyrik hatte einen nachhaltigen Einfluss auf amerikanische Dichter des 19. und 20. Jahrhunderts. Emily Dickinson, Robert Frost und Langston Hughes sind Beispiele für Dichter, die von der romantischen Tradition inspiriert wurden.

Insgesamt prägte die Romantik die amerikanische Literatur auf vielfältige Weisen und half dabei, eine eigenständige amerikanische literarische Identität zu formen. Die Einflüsse der Romantik auf die amerikanische Literatur sind ein wichtiger Teil der literarischen Geschichte der Vereinigten Staaten.

3.10 Die Romantik als literarische Bewegung heute

Die Romantik als literarische Bewegung hat bis heute einen starken Einfluss auf die zeitgenössische Literatur und Kultur. Obwohl die Romantik als literarische Epoche des 18. und 19. Jahrhunderts begann, sind ihre Ideen und Themen in verschiedenen Formen und Ausprägungen in der modernen Literatur präsent. Diese ausführliche Zusammenfassung wird den anhaltenden Einfluss der Romantik auf die Literatur und Kultur von heute beleuchten.

Die Romantik als literarische Bewegung wurde in Europa im späten 18. Jahrhundert geboren und fand in den Vereinigten Staaten im frühen 19. Jahrhundert Wurzeln. Sie war eine Reaktion auf die rationalistischen und aufklärerischen Ideen der vorherigen Jahrhunderte und betonte die Bedeutung von Emotionen, Individualismus, Naturverbundenheit und das Übernatürliche. Diese Ideale sind auch heute noch in der modernen Literatur relevant.Der Individualismus, der in der Romantik betont wurde, ist auch in der modernen Literatur ein zentrales Thema. Moderne Autoren erforschen weiterhin die menschliche Psyche und die individuellen Erfahrungen. Romantische Ideen über die Vielschichtigkeit der menschlichen Emotionen und die Tiefe des menschlichen Geistes finden sich in modernen Romanen, Gedichten und Kurzgeschichten.

Autoren wie Virginia Woolf, James Joyce und Marcel Proust haben die introspektive Erzählweise der Romantik weiterentwickelt, indem sie die inneren Gedanken und Gefühle ihrer Charaktere erforschten. Die Betonung von Emotionen, Selbstreflexion und innerem Konflikt bleibt ein wichtiges Merkmal moderner Literatur.

Die romantische Vorstellung von der Natur als Spiegel der menschlichen Seele hat in der modernen Literatur an Bedeutung gewonnen, insbesondere in der ökologischen Literatur. Autoren wie Wendell Berry, Barbara Kingsolver und Annie Dillard setzen sich mit Umweltfragen auseinander und betonen die Verbindung zwischen Natur und Mensch. Sie verwenden die Natur oft als Metapher, um komplexe Themen wie Identität, Verlust und Erneuerung zu erforschen.

Die romantische Vorstellung von der Natur als Ort der Flucht und der Erneuerung findet sich auch in der modernen Literatur. Romane und Gedichte, die die Rückkehr zur Natur als Weg zur inneren Heilung und zur Flucht vor den Belastungen der modernen Welt darstellen, sind weit verbreitet.

Die Romantik legte großen Wert auf das Übernatürliche und das Mysteriöse, und diese Themen sind in der modernen Literatur lebendig geblieben. Das Genre der Fantasy-Literatur, das Werke wie J.K. Rowlings "Harry Potter"-Reihe und George R.R. Martins "Game of Thrones"-Serie umfasst, basiert oft auf der Idee einer magischen oder übernatürlichen Welt.

In der modernen Literatur werden auch die Grenzen zwischen Realität und Fantasie oft verschwommen. Autoren wie Haruki Murakami und Gabriel García Márquez integrieren fantastische Elemente in ihre Geschichten und fordern die Leser auf, die Grenzen zwischen dem Realen und dem Imaginären zu erkunden.

Die romantische Lyrik hat einen tiefen Einfluss auf die moderne Poesie. Dichter wie T.S. Eliot, Robert Frost und Sylvia Plath haben romantische Themen und Motive in ihren Werken aufgegriffen und weiterentwickelt.

Die Betonung von Natur, Emotionen und Individualismus findet sich in der modernen Poesie wieder. Moderne Dichter verwenden oft metaphorische Sprache und Symbolik, um komplexe Gefühle und Gedanken auszudrücken. Die romantische Vorstellung von der Natur als Spiegel der menschlichen Seele bleibt in vielen Gedichten präsent.

Die Romantik hat nicht nur die Literatur, sondern auch die Popkultur beeinflusst. In Filmen, Musik und Kunst finden sich oft romantische Motive und Ideen.

In der Filmindustrie sind romantische Komödien und Dramen ein beliebtes Genre. Diese Filme erkunden oft die Themen der Liebe, Sehnsucht und Individualismus, die auch in der Romantik eine wichtige Rolle spielten.

In der Musik sind romantische Einflüsse ebenfalls erkennbar. Künstler wie Bob Dylan, Joni Mitchell und Leonard Cohen haben die romantische Tradition in ihren Songtexten aufgegriffen und weiterentwickelt. Die Betonung von Emotionen und die Verwendung von Naturmetaphern sind in vielen Songtexten zu finden.

In der bildenden Kunst haben Künstler wie Caspar David Friedrich und William Turner die romantische Vorstellung von der Natur in ihren Gemälden festgehalten. Diese Werke werden oft als Ausdruck der Sehnsucht nach einer idealisierten Natur betrachtet.

Die Romantik als literarische Bewegung hat bis heute einen starken Einfluss auf die moderne Literatur und Kultur. Die Betonung von Emotionen, Individualismus, Natur und das Übernatürliche sind weiterhin relevante Themen in der Literatur, Poesie, Popkultur und bildenden Kunst. Die romantische Vorstellung von der Natur als Quelle der Inspiration und als Spiegel der menschlichen Seele bleibt ein bedeutendes Motiv in der modernen Literatur. Die Romantik hat die Literatur und Kultur nachhaltig geprägt und wird auch in Zukunft eine wichtige Rolle spielen.

Kapitel 4: Die Malerei der Romantik

4.1 Caspar David Friedrich und die Sehnsucht nach der Natur

Caspar David Friedrich, einer der bedeutendsten Maler der deutschen Romantik, ist für seine faszinierenden Landschaftsbilder bekannt, die die Sehnsucht nach der Natur in ihrer reinsten Form einfangen. In dieser ausführlichen Zusammenfassung werden wir die Werke und die künstlerische Philosophie von Caspar David Friedrich erkunden und verstehen, wie er die Romantik und die Natur in der Malerei vereinte.

Caspar David Friedrich wurde am 5. September 1774 in Greifswald, Pommern (heute in Deutschland), geboren. Er wuchs in einer Familie auf, die von pietistischen Werten und einer tiefen Religiosität geprägt war. Diese Einflüsse sollten später in seinen Werken deutlich sichtbar werden.

Die Zeit, in der Friedrich lebte, war von tiefgreifenden gesellschaftlichen und politischen Veränderungen geprägt. Die Romantik als literarische, kulturelle und künstlerische Bewegung entwickelte sich als Reaktion auf die Rationalität und Vernunft der Aufklärung und die Umwälzungen der Französischen Revolution. Die Romantiker suchten nach einer emotionalen und spirituellen Wiederbelebung, die sie oft in der Natur fanden.

Friedrich studierte an der Königlich Dänischen Kunstakademie in Kopenhagen und arbeitete später in Dresden. Während seiner Zeit in Dresden wurde er Teil eines Kreises von Künstlern und Intellektuellen, die die Ideen der Romantik diskutierten und umsetzten. Diese Gruppe von Künstlern trug zur Entwicklung eines romantischen Stils in der Malerei bei, der als die "Dresdner Romantik" bekannt ist.

Die Romantik als literarische Bewegung betonte die Bedeutung der Natur als Quelle der Inspiration und als Spiegel der menschlichen Seele. Diese Vorstellung wurde von Caspar David Friedrich in seiner Malerei aufgegriffen und vertieft. Friedrich sah die Natur als eine Verbindung zur Transzendenz und als einen Ort, an dem der Mensch seine spirituellen Sehnsüchte und Empfindungen ausdrücken konnte.

Die Natur wurde in Friedrichs Werken oft in ihrer erhabenen, überwältigenden Form dargestellt. Berge, Wälder, Meere und Himmel wurden zu Schauplätzen für die menschliche Sehnsucht nach dem Göttlichen. In vielen seiner Gemälde sind Menschen oft klein und untergeordnet, während die Natur in all ihrer Pracht dominiert.

Ein Schlüsselthema in Friedrichs Werken ist die Sehnsucht nach der Natur. Er malte oft einsame Figuren, die auf Berghöhen stehen oder an Klippenranden blicken und die Weite und Erhabenheit der Natur betrachten. Diese Figuren repräsentieren die Sehnsucht des Menschen nach einer Verbindung zur Natur und zum Göttlichen.

Ein berühmtes Beispiel für diese Sehnsucht ist das Gemälde "Der Wanderer über dem Nebelmeer" von 1818. In diesem Werk steht ein Mann in einem dunklen Umhang auf einem Felsvorsprung, umgeben von einer nebeligen Landschaft und Bergen. Der Mann blickt in die Ferne, in eine Welt voller Geheimnisse und Möglichkeiten. Das Gemälde symbolisiert die menschliche Sehnsucht nach Abenteuer, Erkenntnis und einer tieferen Verbindung zur Natur.

Die Religiosität spielte eine zentrale Rolle in Friedrichs Leben und Kunst. Seine Werke sind oft von christlichen Motiven und Symbolen durchdrungen. Die Natur wurde in seinen Gemälden oft als göttliche Schöpfung dargestellt, und die Naturerscheinungen wurden als Manifestationen des Göttlichen betrachtet.

In vielen seiner Werke finden sich Kreuze, Kirchen und Friedhöfe. Ein bekanntes Beispiel ist das Gemälde "Kreuz im Gebirge" von 1807. Es zeigt ein Kreuz auf einem schroffen Berggipfel, umgeben von Wolken und Nebel. Das Kreuz wird von einem Sonnenstrahl erhellt, der aus den Wolken hervorbricht. Dieses Gemälde zeigt die Verbindung zwischen Religion und Natur in Friedrichs Werk.

Caspar David Friedrich hatte einen tiefgreifenden Einfluss auf die moderne Kunst. Seine Betonung der Natur als Ausdruck von Spiritualität und seiner romantischen Sehnsucht hat viele nachfolgende Künstler inspiriert.

Die Romantik beeinflusste verschiedene Kunstbewegungen des 19. und 20. Jahrhunderts, darunter den Impressionismus, den Expressionismus und den Symbolismus. Künstler wie Édouard Manet, Vincent van Gogh, Edvard Munch und Wassily Kandinsky wurden von Friedrichs Werken inspiriert und adaptierten seine Ideen in ihren eigenen Arbeiten.

Die Idee der Sehnsucht nach der Natur und der Suche nach Transzendenz hat auch in der zeitgenössischen Kunst und Fotografie an Bedeutung gewonnen. Künstler und Fotografen verwenden oft die Natur als eine Metapher für menschliche Erfahrungen und Gefühle.

Caspar David Friedrich, einer der herausragenden Maler der deutschen Romantik, hat die Sehnsucht nach der Natur und die Verbindung zur Transzendenz in der Kunst auf einzigartige Weise dargestellt. Seine Werke sind Zeugnisse einer tiefen Religiosität und einer romantischen Betrachtung der Natur als Ausdruck von Spiritualität. Friedrichs Einfluss auf die moderne Kunst ist unbestreitbar, und seine Gemälde bleiben eine Quelle der Inspiration für Künstler und Kunstliebhaber weltweit. Durch seine Kunst hat er die Sehnsucht nach der Natur und die Suche nach dem Göttlichen in der menschlichen Erfahrung auf kraftvolle und bleibende Weise zum Ausdruck gebracht.

4.2 J.M.W. Turner und die Verklärung des Lichts

Joseph Mallord William Turner, oft einfach als J.M.W. Turner bekannt, war ein britischer Maler der Romantik, der für seine einzigartige Darstellung des Lichts und der Atmosphäre in seinen

Werken bekannt Ist. In dieser ausführlichen Zusammenfassung werden wir das Leben und die Werke von J.M.W. Turner erkunden und verstehen, wie er das Licht als zentrales Element seiner Kunst verwendete.

J.M.W. Turner wurde am 23. April 1775 in Covent Garden, London, geboren. Schon früh zeigte er ein außergewöhnliches Talent für die Malerei und wurde mit nur 14 Jahren in die Royal Academy of Arts aufgenommen. Seine Karriere als Künstler begann früh, und er wurde schnell zu einem der prominentesten Maler seiner Zeit.

Turner reiste ausgiebig durch Europa und Großbritannien und ließ sich von den Landschaften und Städten, die er besuchte, inspirieren. Seine Reisen waren entscheidend für die Entwicklung seines einzigartigen Stils und seiner Darstellung des Lichts und der Atmosphäre.

Eine der herausragenden Eigenschaften von Turners Werk war seine Fähigkeit, das Licht in seinen verschiedenen Formen und Erscheinungsweisen einzufangen. Er nutzte das Licht, um Stimmungen, Emotionen und Atmosphäre in seinen Gemälden zu schaffen.

In vielen seiner Werke sehen wir, wie er das Licht über Wasserflächen reflektiert oder wie es durch Wolken bricht. Diese Darstellung des Lichts verlieh seinen Bildern eine fast mystische Qualität. Turner war in der Lage, die subtile Veränderung des Lichts während des Tages und in verschiedenen Wetterbedingungen festzuhalten.

Wie viele Romantiker schätzte Turner die Natur als Hauptmotiv seiner Kunst. Er malte oft Landschaften, Seestücke und Naturphänomene. Seine Landschaften zeigten oft eine Mischung aus Realismus und romantischer Imagination. Turner nahm sich künstlerische Freiheiten, um die Schönheit und die Dramatik der Natur in ihren besten Momenten festzuhalten.

Ein berühmtes Beispiel für diese Darstellung der Natur ist das Gemälde "The Slave Ship" von 1840. Das Bild zeigt ein Schiff inmitten eines tosenden Sturms, während Sklaven ins Meer geworfen werden. Die Darstellung des tobenden Ozeans und des Himmels in Flammen verleiht dem Bild eine unheimliche und zugleich ästhetische Qualität.

Turner war nicht nur ein Meister des Lichts, sondern auch ein technischer Innovator in der Malerei. Er entwickelte einzigartige Techniken, um Licht und Farbe auf seine Leinwände zu übertragen. Seine Verwendung von lasierenden Schichten von Farben ermöglichte es ihm, die Transparenz und Leuchtkraft des Lichts in seinen Bildern einzufangen.

Darüber hinaus experimentierte Turner mit verschiedenen Materialien, darunter Wachsmalstifte, um spezielle Lichteffekte zu erzeugen. Er nutzte auch Wassereffekte und das Spiel von Licht auf Wasser, um Reflexionen und Brechungen darzustellen.

J.M.W. Turner hatte einen nachhaltigen Einfluss auf die moderne Kunst und inspirierte Generationen von Künstlern. Seine Fähigkeit, das Licht auf eine neue und innovative Weise darzustellen, veränderte die Malerei für immer.

Die impressionistische Bewegung, die im 19. Jahrhundert in Frankreich entstand, wurde stark von Turners Techniken und seiner Darstellung des Lichts beeinflusst. Künstler wie Claude Monet und Pierre-Auguste Renoir waren von Turners Werken fasziniert und übernahmen seine Ideen in ihre eigenen Malstile.

Die abstrakte Kunst des 20. Jahrhunderts nahm ebenfalls Anregungen aus Turners Werk auf. Künstler wie Wassily Kandinsky und Mark Rothko waren von Turners abstrakter Verwendung von Farben und Licht beeindruckt.

J.M.W. Turner starb am 19. Dezember 1851 in London, aber sein künstlerisches Vermächtnis lebt weiter. Seine Werke sind heute in renommierten Museen auf der ganzen Welt zu finden, darunter die Tate Gallery in London, die das größte Turner-Archiv der Welt beherbergt.

Seine Fähigkeit, das Licht in all seinen Formen und Erscheinungsweisen einzufangen, hat die Kunstwelt nachhaltig beeinflusst. Turner eröffnete neue Möglichkeiten in der Malerei und veränderte die Art und Weise, wie Künstler die Welt um sich herum darstellen.

J.M.W. Turner war ein herausragender Maler der britischen Romantik, der für seine einzigartige Darstellung des Lichts und der Atmosphäre in seinen Werken bekannt ist. Seine Fähigkeit, das Licht in all seinen Facetten einzufangen, hat die Kunstwelt nachhaltig beeinflusst und inspirierte Generationen von Künstlern, darunter Impressionisten und abstrakte Maler. Seine Werke sind nach wie vor Meisterwerke der Malerei und ein wichtiges Vermächtnis in der Kunstgeschichte. Turner hat die Verklärung des Lichts in der Kunst auf ein neues Niveau gehoben und damit die Natur und die menschliche Erfahrung auf eindrucksvolle Weise zum Ausdruck gebracht.

4.3 Die romantische Landschaftsmalerei in Deutschland

Die romantische Landschaftsmalerei in Deutschland ist ein faszinierendes Kapitel in der Geschichte der Kunst, das die tiefe Verbundenheit der Romantiker mit der Natur und die Suche nach spiritueller Bedeutung in der Landschaft widerspiegelt. In dieser ausführlichen Zusammenfassung werden wir die Entwicklung der romantischen Landschaftsmalerei in Deutschland, ihre wichtigsten Vertreter und ihre kulturellen und philosophischen Hintergründe erkunden.

Die Romantik als künstlerische Bewegung entwickelte sich in Deutschland im späten 18. und frühen 19. Jahrhundert als Reaktion auf die rationalen und aufklärerischen Ideen der vorherigen Jahrhunderte. Die Romantiker betonten die Bedeutung von Emotionen, Individualismus, Natur und Spiritualität. In Deutschland wurde die Romantik zu einer besonders einflussreichen und produktiven künstlerischen Strömung.

Ein zentrales Motiv in der romantischen Landschaftsmalerei war die Sehnsucht nach der Natur. Die Romantiker sahen in der unberührten Natur einen Ort der Transzendenz, der spirituellen Erneuerung und der inneren Reflexion. Diese Sehnsucht nach der Natur wurde in vielen Gemälden eingefangen, die die unberührte Schönheit der Landschaften darstellten.

Ein Schlüsselaspekt der romantischen Landschaftsmalerei war die Betonung der subjektiven Erfahrung des Künstlers. Die Romantiker glaubten, dass die Natur in den Augen des Einzelnen eine einzigartige Bedeutung und Schönheit hatte. Künstler wie Caspar David Friedrich und Carl Gustav Carus drückten ihre eigenen Emotionen und spirituellen Erfahrungen in ihren Werken aus.

Caspar David Friedrich gilt als einer der bedeutendsten Vertreter der romantischen Landschaftsmalerei in Deutschland. Seine Werke zeichnen sich durch ihre emotionale Tiefe, die subtile Verwendung von Licht und Schatten sowie die Darstellung der menschlichen Figur in der Natur aus.

Ein berühmtes Beispiel für Friedrichs Kunst ist das Gemälde "Der Wanderer über dem Nebelmeer" von 1818. In diesem Werk steht ein Mann auf einem Felsvorsprung und blickt in die Ferne, während ein Nebelmeer unter ihm liegt. Dieses Bild verkörpert die Sehnsucht nach der Ferne und die Suche nach spiritueller Erhebung.

Carl Gustav Carus war ein weiterer herausragender Vertreter der romantischen Landschaftsmalerei. Er war auch Arzt und Naturphilosoph und glaubte, dass die Natur dem Menschen wichtige spirituelle Lektionen erteilen könne.

In seinen Gemälden betonte Carus die Verbindung zwischen dem Menschen und der Natur. Ein Beispiel dafür ist sein Werk "Der Morgenthau" von 1836, das einen Wald zeigt, der von der

Morgensonne erleuchtet wird. Dieses Gemälde vermittelt die Idee, dass die Natur dem Menschen Trost und Erleuchtung bieten kann.

Die romantische Landschaftsmalerei in Deutschland war eng mit der romantischen Literatur und Philosophie verbunden. Künstler wie Friedrich und Carus wurden von Schriftstellern wie Johann Wolfgang von Goethe, Friedrich Hölderlin und Novalis inspiriert.

Die Natur wurde in der romantischen Literatur oft als Spiegel der menschlichen Seele und als Quelle der Inspiration dargestellt. Die Ideen der deutschen Romantiker über die Natur und die spirituelle Bedeutung der Landschaft fanden sich in ihren Gedichten und Erzählungen wieder.

Die Stadt Düsseldorf in Deutschland wurde zu einem Zentrum der romantischen Landschaftsmalerei. Hier entstand die Düsseldorfer Malerschule, die von Künstlern wie Johann Wilhelm Schirmer, Andreas Achenbach und Thomas Cole geprägt war.

Die Düsseldorfer Malerschule war bekannt für ihre akademische Ausbildung und ihre enge Verbindung zur Natur. Die Künstler dieser Schule reisten oft in die umliegende Landschaft, um direkt vor Ort zu malen und die Schönheit der Natur einzufangen.

Die romantischen Landschaftsmaler in Deutschland entwickelten innovative Techniken, um Licht und Farbe in ihren Werken einzufangen. Sie nutzten lasierende Schichten von Farben, um die Transparenz und Leuchtkraft des Lichts darzustellen.

Ein herausragendes Beispiel für die Verwendung von Licht und Farbe ist das Gemälde "Abtei im Eichwald" von Caspar David Friedrich aus dem Jahr 1809. In diesem Werk durchdringt das Licht die Bäume und erzeugt ein fast mystisches Leuchten im Wald.

Die romantische Landschaftsmalerei in Deutschland hat einen nachhaltigen Einfluss auf die moderne Kunst ausgeübt. Viele zeitgenössische Künstler greifen die Ideen und Techniken der Romantik auf und setzen sie in ihren eigenen Werken um.

Die Sehnsucht nach der Natur und die Betonung der subjektiven Erfahrung sind nach wie vor wichtige Themen in der zeitgenössischen Kunst. Künstler wie Anselm Kiefer und Gerhard Richter haben die romantische Tradition in ihren Werken weitergeführt.

Die romantische Landschaftsmalerei in Deutschland war ein wichtiger Teil der romantischen Bewegung, die das 18. und 19. Jahrhundert prägte. Die Sehnsucht nach der Natur, die Betonung der subjektiven Erfahrung und die Verwendung von Licht und Farbe zeichnen diese Kunstform aus. Künstler wie Caspar David Friedrich und Carl Gustav Carus haben mit ihren Werken die Verbindung zwischen Mensch und Natur auf eindrucksvolle Weise dargestellt und die romantische Landschaftsmalerei zu einer wichtigen und einflussreichen künstlerischen Strömung gemacht. Ihr Erbe lebt in der zeitgenössischen Kunst weiter und inspiriert weiterhin Künstler auf der ganzen Welt.

4.4 Die Darstellung der Vergänglichkeit in der romantischen Kunst

Die Darstellung der Vergänglichkeit in der romantischen Kunst ist ein faszinierendes und tiefgreifendes Thema, das die Romantiker in ihren Werken auf vielfältige Weise erforscht haben. In dieser ausführlichen Zusammenfassung werden wir die Bedeutung und die verschiedenen Aspekte der Vergänglichkeit in der romantischen Kunst untersuchen und verstehen, wie sie die künstlerische Ausdrucksweise dieser Epoche geprägt hat.

Die Romantik war eine kulturelle, literarische und künstlerische Bewegung, die sich Ende des 18. Jahrhunderts in Europa entwickelte und bis zur Mitte des 19. Jahrhunderts andauerte. Die Romantiker betonten die Bedeutung von Emotionen, Spiritualität, Natur und Individualismus. Sie sahen die Welt nicht nur als einen rationalen Ort, sondern auch als einen Ort der Geheimnisse, des Unheimlichen und der transzendenten Erfahrungen.

Zentral für die romantische Philosophie war das Konzept der Vergänglichkeit oder "Vergänglichkeit". Die Romantiker waren von der Vorstellung fasziniert, dass alles im Leben und in der Natur einem ständigen Wandel unterliegt und dass diese Vergänglichkeit eine tiefe emotionale und philosophische Bedeutung hat.

Die Natur war ein häufiges Motiv in der romantischen Kunst, und die Romantiker sahen in der Natur ein Symbol für die Vergänglichkeit des Lebens. Die Veränderungen der Jahreszeiten, der Zyklus des Lebens in der Tier- und Pflanzenwelt sowie die Vorstellung von Verfall und Zerstörung wurden in vielen Gemälden und Gedichten der Romantik dargestellt.

Ein berühmtes Beispiel für die Darstellung der Vergänglichkeit in der Natur ist das Gemälde "Der Mönch am Meer" von Caspar David Friedrich aus dem Jahr 1808-1810. In diesem Bild steht ein Mönch an der Küste und blickt auf das Meer, das von sturmgepeitschten Wolken überzogen ist. Die Szene vermittelt ein Gefühl der Einsamkeit und der Endlichkeit, da der Mönch angesichts der unendlichen Weite des Meeres und des Himmels klein und vergänglich erscheint.

Die Romantiker waren sich der Vergänglichkeit des menschlichen Lebens sehr bewusst, und dies spiegelte sich in ihren Werken wider. Die menschliche Figur wurde oft als zerbrechlich und vergänglich dargestellt, und die Endlichkeit des Lebens wurde als Quelle der Melancholie und der Sehnsucht betrachtet.

Ein Beispiel für die Darstellung der Vergänglichkeit des Menschen in der romantischen Kunst ist das Gemälde "Die Wanderer über dem Nebelmeer" von Caspar David Friedrich, das bereits erwähnt wurde. Die einsame Figur auf dem Felsen verkörpert die menschliche Sehnsucht nach einer tieferen Bedeutung inmitten der Vergänglichkeit.

Ein weiteres wichtiges Konzept in der romantischen Kunst in Bezug auf die Vergänglichkeit war das "Memento Mori" (Gedenke des Todes). Diese Idee erinnerte die Menschen daran, dass sie sterblich sind und dass der Tod ein unausweichlicher Teil des Lebens ist. Das Memento Mori war oft mit Symbolen wie Totenköpfen, Sanduhren und verblühenden Blumen verbunden.

In der Malerei wurde das Memento Mori häufig in Stillleben dargestellt, die Gegenstände des täglichen Lebens zeigten, aber auch subtile Hinweise auf die Vergänglichkeit enthielten. Zum Beispiel könnte ein Stillleben mit einer verwelkten Blume auf einem Tisch den Gedanken an die Endlichkeit des Lebens hervorrufen.

Die romantische Literatur war eng mit der romantischen Kunst verbunden und erkundete ebenfalls das Thema der Vergänglichkeit. Dichter wie Johann Wolfgang von Goethe, Friedrich Hölderlin und Heinrich Heine schrieben Gedichte und Geschichten, die die Vergänglichkeit des Lebens und der Liebe thematisierten.

Ein bekanntes Beispiel ist Goethes Gedicht "Erlkönig", in dem ein Vater sein sterbendes Kind im Arm hält, während der geheimnisvolle Erlkönig es verlockt. Das Gedicht vermittelt die Vorstellung, dass der Tod inmitten der Jugend und des Lebens lauert, und betont die Zerbrechlichkeit des menschlichen Daseins.

Auch in der romantischen Musik spielte das Thema der Vergänglichkeit eine wichtige Rolle. Komponisten wie Franz Schubert und Robert Schumann schufen Musikstücke, die die Melancholie und die flüchtigen Freuden des Lebens ausdrückten.

Schuberts Liederzyklus "Winterreise" ist ein herausragendes Beispiel für die musikalische Darstellung der Vergänglichkeit. Die Lieder erzählen die Geschichte eines einsamen Wanderers, der sich auf eine trostlose Reise durch den Winter begibt und schließlich dem Tod entgegengeht. Die Musik von Schubert fängt die Dunkelheit und die Einsamkeit dieser Reise auf ergreifende Weise ein.

Obwohl die Romantiker die Vergänglichkeit als eine tragische Realität des Lebens betrachteten, sahen sie darin auch eine Quelle der Inspiration und des Staunens. Die Vorstellung, dass alles im Leben einem unaufhaltsamen Wandel unterliegt, führte dazu, dass die Romantiker die Welt intensiver wahrnahmen und ihre Schönheit und ihre Geheimnisse zu schätzen wussten.

In der Kunst führte dies zu einer intensiven Auseinandersetzung mit der Natur, der menschlichen Seele und der transzendentalen Erfahrung. Die Romantiker glaubten, dass die Vergänglichkeit ein Tor zu einer tieferen spirituellen Dimension sein könnte, die jenseits der sichtbaren Welt liegt.

Die Thematik der Vergänglichkeit ist auch in der zeitgenössischen Kunst von großer Bedeutung. Künstlerinnen und Künstler auf der ganzen Welt setzen sich mit diesem Thema auseinander und nutzen verschiedene Medien, um die Idee der Vergänglichkeit in ihren Werken auszudrücken.

Die Vergänglichkeit des Lebens, der Umwelt und der menschlichen Zivilisation sind aktuelle Themen in der zeitgenössischen Kunst. Künstlerinnen und Künstler verwenden oft Materialien, die sich im Laufe der Zeit verändern oder zerfallen, um die Vergänglichkeit zu betonen.

Die Darstellung der Vergänglichkeit in der romantischen Kunst war ein zentrales Thema, das die Romantiker auf vielfältige Weise erforschten. Die Vorstellung, dass alles im Leben einem ständigen Wandel unterliegt und dass der Tod ein unausweichlicher Teil des Lebens ist, prägte die künstlerische Ausdrucksweise dieser Epoche. Die Vergänglichkeit wurde in der romantischen Kunst in der Natur, in der menschlichen Figur, in der Literatur und in der Musik dargestellt. Sie wurde sowohl als eine tragische Realität des Lebens als auch als eine Quelle der Inspiration und des Staunens betrachtet. Heute bleibt das Thema der Vergänglichkeit in der Kunst von großer Bedeutung und inspiriert Künstlerinnen und Künstler dazu, die endliche Natur des Lebens und der Welt zu erforschen und in ihren Werken auszudrücken.

4.5 Die Symbolik in der romantischen Malerei

Die Symbolik in der romantischen Malerei war ein bedeutendes und faszinierendes Element, das die Künstler dieser Epoche nutzten, um tiefe emotionale und philosophische Botschaften in ihren Werken zu vermitteln. In dieser ausführlichen Zusammenfassung werden wir die Rolle und Bedeutung der Symbolik in der romantischen Malerei erforschen und verstehen, wie sie die Kunst und die Kultur des 19. Jahrhunderts beeinflusst hat.

Die romantische Bewegung, die sich im späten 18. und frühen 19. Jahrhundert in Europa entwickelte, war eine Reaktion auf die Rationalität und Aufklärung des 18. Jahrhunderts. Die Romantiker betonten die Bedeutung von Emotionen, Individualismus, Natur und Spiritualität. Sie sahen die Welt nicht nur als einen rationalen Ort, sondern auch als einen Ort der Geheimnisse, der Wunder und der Transzendenz.

In dieser Zeit des Umbruchs und der Suche nach einer tieferen Bedeutung in einer sich schnell verändernden Welt spielte die Symbolik eine wichtige Rolle. Die Romantiker suchten nach Möglichkeiten, ihre Gedanken und Gefühle in ihren Werken auszudrücken und die tiefen menschlichen Sehnsüchte nach Liebe, Freiheit und Spiritualität zu erforschen.

Die Symbolik war ein Schlüsselmerkmal der romantischen Malerei, das es den Künstlern ermöglichte, abstrakte Konzepte und komplexe Emotionen in visuelle Bilder zu übersetzen. Symbole wurden verwendet, um tiefere Bedeutungen und Botschaften zu vermitteln, die über die oberflächliche Realität hinausgingen.

Symbole dienten dazu, das Unsichtbare sichtbar zu machen und das Unausdrückliche auszudrücken. Sie halfen den Künstlern, die mystischen und metaphysischen Aspekte des Lebens darzustellen und die Betrachter zum Nachdenken über die tiefere Bedeutung hinter den Bildern anzuregen.

Die Natur war ein häufig verwendetes Symbol in der romantischen Malerei. Die Romantiker sahen in der Natur nicht nur eine äußere Realität, sondern auch eine Spiegelung der inneren Welt des Menschen. Die Natur wurde oft als Ort der Transzendenz und der spirituellen Erfahrung betrachtet.

Ein bekanntes Beispiel ist das Gemälde "Der Mönch am Meer" von Caspar David Friedrich aus dem Jahr 1808-1810. In diesem Bild steht ein Mönch an der Küste und blickt auf das Meer, das von sturmgepeitschten Wolken überzogen ist. Die Szene vermittelt eine tiefe spirituelle Bedeutung, wobei das Meer für das Unendliche und die Unbekannte steht und der Mönch für die menschliche Seele, die nach Erleuchtung sucht.

Die romantischen Maler nutzten auch Farben und Lichter als Symbole, um Emotionen und Stimmungen in ihren Werken zu vermitteln. Warme, leuchtende Farben wurden oft verwendet, um Liebe, Leidenschaft und Freude auszudrücken, während düstere, kühle Farben Melancholie und Tragik repräsentierten.

Ein Beispiel ist das Gemälde "Wanderer über dem Nebelmeer" von Caspar David Friedrich, in dem das warme, goldene Licht der untergehenden Sonne eine Atmosphäre der Erhabenheit und der spirituellen Erleuchtung schafft.

Neben der Natur und den visuellen Elementen verwendeten die romantischen Maler auch bestimmte Symbole, um bestimmte Konzepte oder Emotionen darzustellen. Diese Symbole waren oft universell und wurden von den Betrachtern leicht verstanden.

Ein Beispiel ist das Motiv des Herzens, das in vielen romantischen Gemälden vorkommt und die Liebe und Leidenschaft symbolisiert. Das Herz wurde oft von Pfeilen durchbohrt, um den Schmerz und die Intensität der romantischen Gefühle darzustellen.

Die romantischen Maler zogen auch Inspiration aus der Geschichte und der Mythologie, um ihre Werke mit tiefer Bedeutung zu füllen. Historische Figuren und mythologische Geschichten wurden oft als Allegorien verwendet, um zeitgenössische Themen und Ideen zu behandeln.

Ein Beispiel ist das Gemälde "Die Freiheit führt das Volk" von Eugène Delacroix aus dem Jahr 1830. Dieses Gemälde zeigt die Allegorie der Freiheit, die die Barrikaden von Paris während der Julirevolution von 1830 führt. Die Figur der Freiheit symbolisiert den Kampf für die Freiheit und die Sehnsucht nach Veränderung, die die romantische Epoche prägten.

Ein weiteres häufig verwendetes Symbol in der romantischen Malerei war die Figur des einsamen Wanderers oder des Individuums. Dieses Motiv spiegelte die romantische Vorstellung von Individualismus und der Suche nach der inneren Wahrheit wider.

In vielen Gemälden steht eine einzelne Figur im Mittelpunkt, die sich auf eine spirituelle Reise oder eine introspektive Reise begibt. Diese Figuren repräsentieren die Sehnsucht nach Individualität und die Suche nach der eigenen Identität.

Die Romantiker waren fasziniert von Träumen und Visionen als Quelle der Inspiration und des Verständnisses. Diese inneren Welten wurden oft in ihren Werken dargestellt, um eine tiefere Ebene der Realität zu enthüllen.

In Gemälden wie "Der Nachtmahr" von Henry Fuseli aus dem Jahr 1781 wird die surreale Welt der Träume dargestellt, die von Alpträumen und Ängsten geprägt ist. Dieses Gemälde verkörpert die Vorstellung, dass die Grenzen zwischen Realität und Imagination in der romantischen Weltanschauung oft verschwimmen.

Ein zentrales Thema in der romantischen Malerei war die Vergänglichkeit des Lebens und die Vorstellung von Tod und Verfall. Dieses Thema wurde oft mit Symbolen wie verwelkten Blumen, Totenköpfen und Sanduhren dargestellt.

In vielen Stillleben der Romantik wurden verwelkte Blumen als Symbol für die Vergänglichkeit des Lebens verwendet. Diese Bilder erinnerten die Betrachter daran, dass alles im Leben einem unaufhaltsamen Wandel unterliegt und dass der Tod ein unausweichlicher Teil des Lebens ist.

Die romantische Kunst war auch von der Vorstellung von Liebe und Sehnsucht geprägt. In vielen Gemälden wurden Liebesszenen dargestellt, die die intensiven Emotionen und die tiefe Verbundenheit zwischen den Liebenden zum Ausdruck brachten.

Ein Beispiel ist das Gemälde "Der Kuss" von Gustav Klimt aus dem Jahr 1907-1908. Dieses Bild zeigt ein Liebespaar, das in einer Umarmung und einem leidenschaftlichen Kuss miteinander verschmolzen ist. Die Symbolik der Liebe und der Leidenschaft in diesem Gemälde vermittelt die Vorstellung von bedingungsloser Hingabe und Sehnsucht nach Liebe.

Die romantische Epoche war geprägt von politischen Umwälzungen und dem Verlangen nach Freiheit und Veränderung. Viele Gemälde der Romantik zeigten Szenen von Aufbruch und Befreiung, die die Sehnsucht nach einem besseren Leben und einer gerechteren Gesellschaft verkörperten.

Ein Beispiel ist das Gemälde "Die Freiheit führt das Volk" von Eugène Delacroix, das bereits erwähnt wurde. Dieses Gemälde zeigt die Allegorie der Freiheit, die die Barrikaden von Paris während der Julirevolution von 1830 führt. Die Figur der Freiheit symbolisiert den Wunsch nach politischer und sozialer Veränderung, der die romantische Epoche prägte.

Die Symbolik spielte eine zentrale Rolle in der romantischen Malerei und half den Künstlern, ihre Gedanken und Gefühle auf vielfältige Weise auszudrücken. Die Natur, die Farben, die Symbole, die Geschichte und die Emotionen wurden alle als Mittel zur Darstellung der tiefen menschlichen Sehnsüchte nach Liebe, Freiheit, Spiritualität und Individualität verwendet. Die romantische Kunst forderte die Betrachter auf, über die oberflächliche Realität hinauszublicken und die tiefere Bedeutung hinter den Bildern zu erkennen. Diese Symbolik lebt bis heute in der Kunst weiter und inspiriert Künstlerinnen und Künstler auf der ganzen Welt, die Suche nach tieferer Bedeutung und Wahrheit in ihren Werken fortzusetzen.

4.6 Der Einfluss der Romantik auf die Porträtmalerei

Der Einfluss der Romantik auf die Porträtmalerei war tiefgreifend und nachhaltig. Während die Romantik vor allem für ihre Betonung von Emotionen, Individualismus und der Verbindung zur Natur bekannt ist, prägte sie auch die Art und Weise, wie Künstler in dieser Epoche Porträts schufen und interpretierten. In dieser ausführlichen Zusammenfassung werden wir den Einfluss der Romantik auf die Porträtmalerei im 19. Jahrhundert genauer untersuchen und verstehen.

Die romantische Bewegung, die sich Ende des 18. Jahrhunderts in Europa entwickelte und bis zur Mitte des 19. Jahrhunderts andauerte, war geprägt von einer neuen künstlerischen und philosophischen Perspektive. Die Romantiker brachen mit den rationalen Idealen der Aufklärung und betonten stattdessen die Bedeutung von Emotionen, Spiritualität und Individualismus.

Die Romantik war eine Reaktion auf die sozialen und politischen Veränderungen ihrer Zeit, darunter die industrielle Revolution und die sozialen Ungerechtigkeiten. Sie suchten nach einem tieferen Verständnis der menschlichen Natur und der Beziehung zwischen Mensch und Natur.

Ein grundlegendes Merkmal der Romantik war die Betonung von Emotionen und der individuellen Erfahrung. Die Romantiker glaubten, dass die Kunst dazu dienen sollte, menschliche Emotionen und Leidenschaften auszudrücken. Dieser Fokus auf die Emotionalität führte zu einer Veränderung in der Porträtmalerei.

Porträts wurden nicht mehr nur als statische Darstellungen der physischen Ähnlichkeit betrachtet, sondern auch als Möglichkeiten, die inneren Gefühle und Gedanken des dargestellten Individuums zu offenbaren. Die Porträts sollten die Persönlichkeit und die Seele des Porträtierten einfangen, anstatt nur ihr äußeres Erscheinungsbild zu reproduzieren.

Ein weiteres wichtiges Element der Romantik war die Verbindung zur Natur. Die Romantiker sahen in der Natur nicht nur eine äußere Realität, sondern auch eine Spiegelung der inneren Welt des Menschen. Dies führte dazu, dass viele Porträts die Porträtierten in natürlichen Umgebungen zeigten.

Die Wahl der Natur als Hintergrund für Porträts sollte die Verbindung zwischen dem Porträtierten und seiner Umwelt betonen. Dies konnte durch die Auswahl spezifischer Landschaften oder durch das Einbeziehen von Elementen wie Bäumen, Bergen oder Gewässern erreicht werden.

Die romantische Porträtmalerei unterschied sich deutlich von früheren Porträtdarstellungen. Während in der Renaissance und im Barock Porträts oft idealisierte, perfekte Darstellungen von Menschen waren, zeichneten sich romantische Porträts durch eine realistischere und oft melancholische Darstellung aus.

Die romantischen Porträts sollten die innere Welt des Porträtierten erkunden und oft eine gewisse Melancholie oder Sehnsucht ausdrücken. Dies wurde durch die Verwendung von sanften Farbpaletten, weichen Kontrasten und einer zurückhaltenden Beleuchtung erreicht.

Der Einfluss der Romantik auf die Porträtmalerei zeigt sich in den Werken vieler bekannter Künstler des 19. Jahrhunderts. Ein herausragendes Beispiel ist das Schaffen des britischen Malers John Constable, der für seine realistischen Landschaften und Porträts bekannt ist. Constable war ein enger Freund des Romantikers John Keats und teilte dessen Liebe zur Natur und zur emotionalen Tiefe in der Kunst.

Ein weiteres Beispiel ist der französische Maler Eugène Delacroix, der für seine leidenschaftlichen und expressiven Porträts bekannt ist. Delacroix' Porträts zeichnen sich durch intensive Farben, dramatische Pinselstriche und eine starke Betonung der Emotionen aus.

Besonders in der Frauenporträtmalerei der Romantik ist der Einfluss dieser Epoche deutlich zu erkennen. Die romantischen Malerinnen und Maler porträtierten Frauen oft in einer Weise, die ihre emotionale Tiefe und ihren inneren Reichtum betonte.

Ein Beispiel hierfür ist das Gemälde "Ophelia" von John Everett Millais aus dem Jahr 1852. Das Bild zeigt eine junge Frau, die im Wasser liegt und Blumen in ihren Händen hält. Es vermittelt eine Atmosphäre von Melancholie und innerer Reflexion, während es gleichzeitig die Schönheit der Natur betont.

Auch die Selbstporträts der romantischen Künstler wurden von den Idealen dieser Epoche beeinflusst. Die Künstler nutzten Selbstporträts, um ihre eigenen Emotionen und inneren Konflikte auszudrücken.

Ein bemerkenswertes Beispiel ist das Selbstporträt von Francisco Goya aus dem Jahr 1815. Auf diesem Bild zeigt sich der Maler als düsterer und leidenschaftlicher Künstler, der von inneren Dämonen geplagt wird. Dieses Selbstporträt ist ein Ausdruck von Goyas inneren Kämpfen und seiner Ablehnung der gesellschaftlichen Normen seiner Zeit.

Die Romantik hatte einen tiefgreifenden Einfluss auf die Porträtmalerei des 19. Jahrhunderts. Sie veränderte die Art und Weise, wie Porträts geschaffen und interpretiert wurden, indem sie Emotionen, Individualismus und die Beziehung zur Natur betonte. Die romantische Porträtmalerei zeichnete sich durch eine realistischere und emotionale Darstellung aus, die die innere Welt des Porträtierten erforschte. Dieser Einfluss zeigt sich in den Werken vieler bekannter Künstler dieser Epoche und beeinflusst die Porträtmalerei bis heute. Die romantische Porträtmalerei bleibt ein wichtiger Teil der Kunstgeschichte und dient als Inspiration für zeitgenössische Künstlerinnen und Künstler, die die emotionale Tiefe und Individualität in ihren Porträts erforschen möchten.

4.7 Die Präraffaeliten und die Fortsetzung der romantischen Kunst

Die Präraffaeliten waren eine bedeutende Kunstbewegung des 19. Jahrhunderts, die sich als Reaktion auf die vorherrschende akademische Kunst des Viktorianischen Zeitalters entwickelte. Diese Bewegung wurde von einer Gruppe junger Künstler in London gegründet und hatte einen starken Einfluss auf die Fortsetzung der romantischen Kunsttradition. In dieser ausführlichen Zusammenfassung werden wir die Präraffaeliten und ihren Beitrag zur Erweiterung und Entwicklung der romantischen Kunstbewegung genauer betrachten.

Die Präraffaeliten wurden 1848 in London gegründet und setzten sich aus einer kleinen Gruppe von Künstlern zusammen, darunter Dante Gabriel Rossetti, John Everett Millais und William Holman Hunt. Ihr Name leitet sich von ihrer Ablehnung der damals vorherrschenden Akademie der Künste ab, die die Werke der Renaissancekünstler Raffael und Michelangelo hoch schätzte. Die Präraffaeliten wollten stattdessen zu den Malern vor der Zeit Raffaels zurückkehren und die Sichtweise und Techniken dieser früheren Künstler neu beleben.

Die Präraffaeliten hatten klare künstlerische Ideale, die stark von romantischen Prinzipien beeinflusst waren. Sie lehnten die akademische Kunst ihrer Zeit ab, die oft als zu idealisiert und formalistisch empfunden wurde. Stattdessen betonten sie die Liebe zum Detail, die Genauigkeit in der Darstellung von Natur und Mensch, und die tiefe emotionale Bedeutung in ihren Werken.

Die Bewegung strebte danach, die Natur in ihrer unberührten Schönheit und Wahrheit einzufangen und erklärte dies zu einem Hauptmerkmal ihrer Kunst. Sie bevorzugten die Darstellung von realen, oft alltäglichen Szenen und betonten die Individualität ihrer Modelle.

Die Präraffaeliten übernahmen viele romantische Themen und Motive in ihre Kunst. Die Liebe zur Natur und die Betonung der Gefühle und Emotionen in ihren Werken waren typisch romantische Merkmale. Sie malten oft Landschaften, Blumen und Pflanzen mit einer Liebe zum Detail, die an die Genauigkeit der Naturstudien erinnerte.

Darüber hinaus griffen sie romantische Erzählungen und Literatur auf, um ihre Gemälde mit tiefen und oft allegorischen Bedeutungen zu füllen. Die Werke von John Keats, William Shakespeare und der mittelalterlichen Literatur waren beliebte Inspirationsquellen.

Die Präraffaeliten waren bekannt für ihre Darstellung von Frauen, die oft als schön, aber auch geheimnisvoll und melancholisch dargestellt wurden. Die Frauen in ihren Gemälden wurden oft von einer Aura der Tragik umgeben, die auf die romantische Vorstellung von Schönheit und Verletzlichkeit hinwies.

Ein bekanntes Beispiel ist das Gemälde "Die Dornenkrönung" von Dante Gabriel Rossetti, in dem eine junge Frau mit rotem Haar und einem düsteren Ausdruck dargestellt wird, während sie eine Dornenkrone trägt. Dieses Bild verkörpert die romantische Vorstellung von Opferbereitschaft und Schönheit inmitten von Schmerz.

Die Präraffaeliten waren nicht nur Künstler, sondern auch soziale Kritiker ihrer Zeit. In vielen ihrer Werke kritisierten sie die sozialen Ungerechtigkeiten und das Elend der Arbeiterklasse im viktorianischen England. Dies war eine klare Fortsetzung der romantischen Tradition, die sich oft mit sozialen Themen befasste.

Ein bemerkenswertes Beispiel ist das Gemälde "Der Aufstieg von England" von Ford Madox Brown, das eine soziale Allegorie zeigt und die verschiedenen Schichten der Gesellschaft darstellt, während sie die sozialen und politischen Veränderungen ihrer Zeit erleben.

Die Präraffaeliten trugen wesentlich zur Fortsetzung der romantischen Kunstbewegung im 19. Jahrhundert bei. Ihre Betonung von Natur, Emotionen, Realismus und sozialer Kritik knüpfte an die romantischen Ideale an und erweiterte sie auf neue Weisen.

Ihre Kunst hatte auch einen großen Einfluss auf die spätere Entwicklung der bildenden Kunst und inspirierte viele Künstlerinnen und Künstler des späten 19. und frühen 20. Jahrhunderts, darunter die Präraffaeliten und ihre Ideale.

Die Präraffaeliten waren eine einflussreiche Kunstbewegung des 19. Jahrhunderts, die die romantische Kunsttradition fortsetzte und erweiterte. Ihre Betonung von Natur, Emotionen, Realismus und sozialer Kritik trug dazu bei, die romantische Kunstbewegung im Viktorianischen Zeitalter lebendig zu halten und die Entwicklung der bildenden Kunst in den kommenden Jahrzehnten zu beeinflussen. Ihr Erbe bleibt bis heute in der Kunstwelt präsent und erinnert uns an die Bedeutung von Emotionen und Wahrheit in der Kunst.

4.8 Die Bedeutung der Techniken und Materialien

Die Bedeutung der Techniken und Materialien in der Kunst ist von grundlegender Bedeutung, da sie die Art und Weise beeinflussen, wie Künstler ihre Ideen ausdrücken und ihre kreativen Visionen zum Leben erwecken. In dieser ausführlichen Zusammenfassung werden wir die Bedeutung der Techniken und Materialien in der Kunst beleuchten und wie sie die Entwicklung und den Ausdruck der Künstler im Laufe der Geschichte geprägt haben.

Die Geschichte der Kunsttechniken und Materialien reicht bis zu den frühesten Zivilisationen der Menschheitsgeschichte zurück. In den Höhlenmalereien von Lascaux, die vor etwa 17.000 Jahren in Frankreich entstanden, können wir die Verwendung von Erdfarben und natürlichen Pigmenten sehen. Die Künstler dieser Zeit verwendeten Techniken wie das Auftragen von Farben mit den Händen oder Tierknochen und das Sprühen von Farbpigmenten durch Mundstücke.

Mit der Entwicklung der Zivilisationen und der Entdeckung neuer Materialien wie Metallen und Keramik wurden auch die Techniken der Kunst vielfältiger. Die alten Ägypter beispielsweise verwendeten Techniken wie Gravur, Relief und Fayence, um ihre beeindruckenden Kunstwerke zu schaffen.

Die Renaissance war eine entscheidende Phase in der Entwicklung der Kunsttechniken und Materialien. In dieser Zeit erlebte die Ölmalerei eine Revolution, die von Künstlern wie Jan van Eyck und Leonardo da Vinci vorangetrieben wurde. Die Verwendung von Ölfarben ermöglichte eine größere Kontrolle über Farben und Schattierungen, was zu einer realistischeren Darstellung von Licht und Schatten führte. Diese Technik veränderte die Kunstwelt nachhaltig und beeinflusste viele der berühmtesten Werke der Kunstgeschichte, darunter die Mona Lisa von Leonardo da Vinci.

Die Entwicklung der Perspektive und der Kompositionstechniken spielte eine entscheidende Rolle in der Kunstgeschichte. Die Renaissancekünstler wie Filippo Brunelleschi und Leon Battista Alberti entwickelten das Konzept der linearen Perspektive, das es ermöglichte, dreidimensionale Räume auf zweidimensionalen Oberflächen darzustellen. Dies revolutionierte die Art und Weise, wie Landschaften, Architektur und menschliche Figuren in der Kunst dargestellt wurden.

Die Wahl der Komposition, die Anordnung von Elementen auf der Leinwand oder dem Papier, beeinflusst die Wahrnehmung und Interpretation eines Kunstwerks erheblich. Künstler nutzen die Komposition, um den Fokus des Betrachters zu lenken, Emotionen zu vermitteln und Geschichten zu erzählen.

Die Erfindung des Buchdrucks durch Johannes Gutenberg im 15. Jahrhundert hatte weitreichende Auswirkungen auf die Verbreitung von Kunstwerken und Ideen. Der Druck ermöglichte die Massenproduktion von Büchern und illustrierten Werken, was zur Verbreitung von Kunstwerken und Informationen in ganz Europa führte. Künstler wie Albrecht Dürer nutzten den Holzschnitt und den Kupferstich, um ihre Werke zu vervielfältigen und einem breiten Publikum zugänglich zu machen.

Die Moderne brachte eine Vielzahl neuer Kunsttechniken und Materialien hervor. Künstler wie Wassily Kandinsky und Kazimir Malevich führten die Abstraktion ein, bei der die Darstellung von realistischen Motiven aufgegeben wurde, um reine Formen, Farben und Linien zu erforschen. Diese Bewegung eröffnete neue Möglichkeiten der kreativen Selbstentfaltung und führte zu einer breiten Vielfalt von Stilen und Ausdrucksformen.

Darüber hinaus ermöglichten technologische Fortschritte wie die Fotografie und später die digitale Kunst neue Wege der künstlerischen Ausdrucksform. Die Fotografie revolutionierte die Art und Weise, wie die Realität dargestellt wurde, und ermöglichte es Künstlern, sich auf andere Aspekte der Kunst zu konzentrieren, wie beispielsweise das Spiel mit Licht und Schatten.

In der zeitgenössischen Kunst haben Künstler begonnen, unkonventionelle Materialien zu verwenden, um ihre Botschaften auszudrücken. Die Verwendung von recycelten Materialien, Alltagsgegenständen und sogar Körperflüssigkeiten ist zu einem wichtigen Bestandteil einiger zeitgenössischer Kunstbewegungen geworden. Diese Materialien werden oft symbolisch verwendet, um soziale oder politische Themen zu reflektieren und auf Umweltfragen aufmerksam zu machen.

In der heutigen Kunstwelt gibt es eine große Bandbreite an Techniken und Materialien, die von Künstlern verwendet werden. Die digitale Kunst, die auf Computerprogrammen und Technologie basiert, hat neue Wege der kreativen Selbstentfaltung eröffnet. Künstler können jetzt auf eine Vielzahl von Werkzeugen und Medien zugreifen, um ihre Ideen auszudrücken.

Die Technik spielt auch in der zeitgenössischen Kunst eine entscheidende Rolle. Künstler experimentieren weiterhin mit traditionellen Materialien wie Öl- und Acrylfarben, aber auch mit neuen Medien wie Videokunst, Installationen und interaktiven Kunstwerken.

Die Bedeutung von Techniken und Materialien in der Kunst ist von zentraler Bedeutung, da sie die Möglichkeiten der Künstler erweitern und ihren Ausdruck formen. Von den frühesten Höhlenmalereien bis zur zeitgenössischen digitalen Kunst haben Techniken und Materialien die Kunst in all ihren Formen geprägt und weiterentwickelt. Sie spiegeln die kulturellen, technologischen und künstlerischen Entwicklungen ihrer Zeit wider und ermöglichen es Künstlern, ihre Visionen auf einzigartige und beeindruckende Weise zum Ausdruck zu bringen. Die Bedeutung von Techniken und Materialien wird auch in Zukunft eine zentrale Rolle in der Kunst spielen, da Künstler weiterhin neue Wege der kreativen Selbstentfaltung erforschen.

4.9 Romantische Kunst in Frankreich und Spanien
Die romantische Kunst in Frankreich und Spanien war Teil einer breiten Bewegung, die sich im 19. Jahrhundert über ganz Europa erstreckte. Die Romantik als künstlerische Epoche zeichnete sich durch eine starke Betonung von Emotionen, Individualismus und einer tiefen Verbindung zur Natur aus. In dieser ausführlichen Zusammenfassung werden wir die Entwicklung der romantischen Kunst in Frankreich und Spanien untersuchen und die

einflussreichsten Künstler und Werke dieser beiden Länder beleuchten.

Die romantische Kunstbewegung in Frankreich nahm in der ersten Hälfte des 19. Jahrhunderts Fahrt auf und wurde von einer Vielzahl von Künstlern geprägt. Einer der bekanntesten Vertreter war Eugène Delacroix. Delacroix war ein Meister der Farbe und des Pinselstrichs und malte Werke, die von dramatischen Themen und leidenschaftlichen Emotionen geprägt waren. Sein Gemälde "Die Freiheit führt das Volk" von 1830 ist ein ikonisches Beispiel für die romantische Kunst in Frankreich und feiert den Geist der Revolution.

Ein weiterer bedeutender französischer Maler der Romantik war Théodore Géricault, der für sein bahnbrechendes Werk "Das Floß der Medusa" bekannt ist. Dieses Gemälde aus dem Jahr 1819 zeigt die Überlebenden eines Schiffbruchs auf einem Floß, das auf dem offenen Meer treibt. Géricaults Arbeit thematisiert das Leiden und die Verzweiflung der Menschen in einer extremen Situation und betont die Ausdruckskraft der menschlichen Figuren.

Die romantische Literatur in Frankreich wurde von Autoren wie Victor Hugo und Alexandre Dumas geprägt. Victor Hugo schuf Werke wie "Die Elenden", in denen er soziale Themen, politische Revolution und die Suche nach persönlicher Freiheit behandelte. Alexandre Dumas ist bekannt für Abenteuerromane wie "Die drei Musketiere" und "Der Graf von Monte Christo", die von Heldentum, Rache und Leidenschaft geprägt sind.

In der romantischen Musik Frankreichs spielte Hector Berlioz eine wichtige Rolle. Berlioz' Symphonien und Opern, darunter "Symphonie fantastique", sind für ihre dramatischen und emotionalen Qualitäten bekannt und spiegeln die romantische Ästhetik wider.

In Spanien entwickelte sich die romantische Kunstbewegung inmitten politischer und sozialer Umwälzungen. Francisco Goya, einer der bedeutendsten spanischen Maler des 18. und 19. Jahrhunderts, wird oft als Vorläufer der romantischen Kunst in Spanien angesehen. Seine späteren Werke, wie "Die schwarzen Gemälde", sind von düsteren und beunruhigenden Motiven geprägt und spiegeln die Turbulenzen seiner Zeit wider.

Ein herausragender spanischer romantischer Maler war Francisco Hayez, der in Italien wirkte, aber spanische Themen in seinen Werken aufgriff. Sein Gemälde "Das letzte Königspaar von Granada" aus dem Jahr 1856 zeigt das traurige Schicksal der letzten islamischen Herrscher von Granada und vermittelt eine Atmosphäre von Verlust und Melancholie.

Die romantische Literatur in Spanien zeichnete sich durch eine starke Betonung nationaler Identität und Geschichte aus. José Zorrilla, ein bekannter spanischer Dichter und Dramatiker, schuf das berühmte Drama "Don Juan Tenorio", das die Geschichte des legendären Frauenhelden Don Juan erzählt und die Frage nach Sünde und Sühne aufwirft.

Die Musik spielte in Spanien ebenfalls eine wichtige Rolle in der romantischen Ära. Der Komponist Isaac Albéniz schuf eine Vielzahl von Klavierwerken, darunter "Iberia", das die spanische Landschaft und Kultur musikalisch einfängt. Die zarzuela, eine spanische Form der Operette, wurde in dieser Zeit populär und spiegelte die Vielfalt der spanischen Volksmusik wider.

Trotz ihrer regionalen Unterschiede teilten die romantische Kunst in Frankreich und Spanien einige gemeinsame Themen und Merkmale. Beide Länder betonten die Bedeutung von Emotionen und individueller Erfahrung in der Kunst. Die Betonung der Natur, die Liebe zur Vergangenheit und die Auseinandersetzung mit gesellschaftlichen und politischen Veränderungen waren ebenfalls gemeinsame Elemente.

Darüber hinaus fand in beiden Ländern eine intensive Auseinandersetzung mit der eigenen Geschichte und Kultur statt. In

Spanien manifestierte sich dies in der Wiederentdeckung des spanischen Goldenen Zeitalters und der Renaissance. In Frankreich wurde die Revolution von 1789 zu einem zentralen Thema, das in Kunst und Literatur häufig behandelt wurde.

Die romantische Kunst in Frankreich und Spanien war geprägt von leidenschaftlichen Emotionen, einer starken Verbindung zur Natur und einer Betonung der Individualität. Sowohl in der Malerei, der Literatur als auch in der Musik spiegelt sich die Vielfalt der romantischen Ästhetik wider. Diese Bewegung hatte einen tiefgreifenden Einfluss auf die künstlerische Entwicklung beider Länder und trug dazu bei, die romantische Epoche in Europa zu gestalten. Die Werke der romantischen Künstler in Frankreich und Spanien hinterlassen bis heute einen bedeutenden kulturellen und künstlerischen Einfluss.

4.10 Die Rezeption der romantischen Malerei in der Gegenwart

Die Rezeption der romantischen Malerei in der Gegenwart ist ein faszinierendes Thema, da sie zeigt, wie diese Kunstbewegung, die im 19. Jahrhundert ihren Höhepunkt erreichte, auch heute noch einen tiefgreifenden Einfluss auf zeitgenössische Künstler und die Kunstwelt insgesamt ausübt. Die romantische Malerei, die von Emotionen, Natur und individueller Freiheit geprägt ist, hat nach wie vor einen bedeutenden Platz in der Kunstgeschichte und beeinflusst Künstler in verschiedenen Stilen und Genres.

Obwohl mehr als zwei Jahrhunderte seit dem Höhepunkt der romantischen Malerei vergangen sind, bleibt die Faszination für diese Kunstform ungebrochen. Moderne Künstler greifen immer noch auf romantische Motive und Techniken zurück, um ihre eigenen kreativen Ausdrucksformen zu entwickeln. Einer der Gründe für die anhaltende Bedeutung der Romantik ist die Tiefe und Vielschichtigkeit ihrer Themen.

Die Romantik legte großen Wert auf die Darstellung von Emotionen und die Betonung der individuellen Erfahrung. Dieses Element der romantischen Kunst bleibt in der Gegenwart ein zentrales Thema.

Künstler nutzen die Malerei nach wie vor, um Emotionen, Stimmungen und persönliche Geschichten auszudrücken. Porträts und Selbstporträts sind beliebte Formen, um die innere Welt der Menschen zu erkunden und auszudrücken.

Die romantische Vorliebe für die Natur als Inspirationsquelle und als Spiegel der menschlichen Seele ist ebenfalls in der zeitgenössischen Kunst präsent. Künstler setzen die Natur als Metapher für innere Zustände ein und erforschen die Beziehung zwischen Mensch und Umwelt. Landschaftsmalerei, aber auch abstrakte Werke, die von natürlichen Formen und Mustern inspiriert sind, stehen in dieser Tradition.

Die romantische Kunst nutzte oft mythologische Themen und Symbolik, um komplexe Ideen auszudrücken. Auch heute noch werden mythologische Motive in der Kunst verwendet, um universelle Geschichten und Ideen zu vermitteln. Die Symbolik der Romantik, wie zum Beispiel die Bedeutung von bestimmten Farben oder Elementen, wird in zeitgenössischen Werken interpretiert und weiterentwickelt.

Die romantische Malerei hat nicht nur die Malerei selbst beeinflusst, sondern auch andere Kunstformen wie Literatur, Musik und Film. In der zeitgenössischen Literatur finden sich immer wieder Bezüge zur Romantik, sei es in der Wahl von Themen wie Liebe, Natur oder Tragödie oder in der Betonung der individuellen Perspektive und Emotionen der Charaktere.

Die romantische Musik hat ebenfalls einen anhaltenden Einfluss auf zeitgenössische Komponisten und Musiker. Die Ideen von Freiheit, Leidenschaft und Emotionen, die in der romantischen Musik zum Ausdruck kamen, sind nach wie vor relevant. Die romantische Musik beeinflusst auch moderne Musikgenres wie Filmmusik und Popmusik.

Auch im Film findet sich der Einfluss der Romantik. Filme, die die romantischen Themen von Liebe, Schicksal und Sehnsucht erkunden, greifen auf die visuellen und emotionalen Elemente der romantischen Malerei zurück. Die Verwendung von Landschaften und Naturmotiven, um Stimmungen und Emotionen zu verstärken, ist in der Filmkunst weit verbreitet.

In der zeitgenössischen Kunstszene sind Künstler aktiv, die sich bewusst auf die romantische Malerei beziehen und deren Elemente in ihren Werken verwenden. Diese Künstler reinterpretieren und aktualisieren romantische Motive und Techniken, um zeitgenössische Themen und Fragen zu behandeln. Dabei entstehen vielfältige Ansätze und Stile.

Einige zeitgenössische Künstler arbeiten mit einer romantischen Ästhetik und betonen die Verwendung von leuchtenden Farben, expressiven Pinselstrichen und dramatischen Kompositionen. Andere nutzen die romantische Symbolik, um soziale und politische Fragen zu kommentieren oder persönliche Geschichten zu erzählen.

Die Romantik legte großen Wert auf die künstlerische Freiheit und den Ausdruck der individuellen Persönlichkeit. In der Gegenwart wird diese Idee weiterhin betont. Künstler ermutigen sich gegenseitig, ihre einzigartigen Stimmen zu finden und auszudrücken, unabhängig von Trends oder Konventionen.

Die Romantik betonte die Darstellung von Emotionen und die Introspektion. Diese Idee ist in der zeitgenössischen Kunst sehr präsent, da Künstler nach wie vor nach Möglichkeiten suchen, emotionale Tiefe und Authentizität in ihren Werken zu vermitteln.

Die romantische Vorliebe für die Natur als Inspirationsquelle und Spiegel der menschlichen Seele bleibt ein wichtiges Element in der zeitgenössischen Kunst. Künstler erkunden die Beziehung zwischen Mensch und Umwelt und setzen die Natur als Metapher für innere Zustände ein.

Die Verwendung von mythologischen Themen und Symbolik, um komplexe Ideen auszudrücken, hat in der zeitgenössischen Kunst ebenfalls einen Platz. Künstler experimentieren mit neuen Interpretationen und geben den Symbolen der Romantik eine moderne Bedeutung.

Die romantische Malerei bleibt auch in der Gegenwart eine wichtige Quelle der Inspiration und ein Einfluss auf zeitgenössische Künstler und die Kunstszene. Die Betonung von Emotionen, die Verbindung zur Natur und die Suche nach individueller Freiheit sind nach wie vor relevante Themen in der zeitgenössischen Kunst. Die romantische Malerei hat die Kunstgeschichte geprägt und wird auch in Zukunft eine inspirierende und kreative Quelle für Künstler auf der ganzen Welt bleiben.

Kapitel 5: Musik und die Romantik

5.1 Ludwig van Beethoven: Die Revolution der Musik

Ludwig van Beethoven, ein deutscher Komponist, der zwischen 1770 und 1827 lebte, hat die Musikwelt revolutioniert. Sein Leben und seine musikalische Entwicklung sind beeindruckend und haben nachhaltige Auswirkungen auf die Welt der Musik gehabt. Beethovens musikalische Reise begann in Bonn, Deutschland, wo er früh sein außergewöhnliches musikalisches Talent zeigte. Sein Vater Johann erkannte das Potenzial seines Sohnes und förderte seine musikalische Ausbildung.

Als junger Mann zog Beethoven nach Wien, dem musikalischen Zentrum Europas, um sein Handwerk weiter zu verfeinern. Dort studierte er bei Joseph Haydn und Johann Nepomuk Hummel. Diese prägenden Lehrer hatten einen erheblichen Einfluss auf seine musikalische Entwicklung. Haydn, ein etablierter Komponist der Wiener Klassik, erkannte Beethovens außergewöhnliches Talent und förderte seine kreative Entfaltung.

Während seiner frühen Schaffensphase komponierte Beethoven im Stil des späten Wiener Klassizismus, der von Haydn und Mozart geprägt war. Bekannte Werke aus dieser Zeit sind die Klaviersonaten Opus 2 und die ersten beiden Sinfonien. Doch schon bald begann Beethoven, sich von den Konventionen seiner Zeit zu lösen und seinen eigenen Weg zu finden.

Die sogenannte "Mittlere Periode" oder "Heroische Periode" markiert einen Wendepunkt in Beethovens Schaffen. Diese Phase dauerte etwa von 1803 bis 1814. In dieser Zeit schuf Beethoven einige seiner bedeutendsten Werke, die die musikalische Welt nachhaltig beeinflussten. Die "Eroica"-Sinfonie (Symphonie Nr. 3) ist ein herausragendes Beispiel. Mit dieser Sinfonie brach er mit den traditionellen Strukturen und formte eine neue Ära der Musik. In seiner späten Schaffensphase, die von 1814 bis zu seinem Tod im Jahr 1827 reichte, setzte Beethoven seine musikalische Innovation fort. Die "Neunte Sinfonie" mit ihrem Schlusschor "Ode an die

Freude" ist ein Meisterwerk von unermesslicher Bedeutung. Ebenso sind seine letzten Klaviersonaten, darunter die monumentale "Hammerklaviersonate" (Klaviersonate Nr. 29), Zeugnisse seines Genies und seiner künstlerischen Entwicklung.

Was Beethoven so revolutionär machte, war seine Fähigkeit, emotionale Intensität in der Musik auszudrücken. Seine Werke sind geprägt von tiefen Gefühlen, Leidenschaft und persönlichem Ausdruck. Dies stand im Kontrast zur klassischen Musik, die oft formaler und weniger emotional war. Beethoven betonte den Individualismus des Künstlers und den Ausdruck der individuellen Persönlichkeit. Dieser Individualismus war ein Vorläufer des romantischen Konzepts des Künstlers als einsamen Genies.

Beethoven experimentierte mit Formen und Strukturen, indem er traditionelle Formen erweiterte und neu interpretierte. Seine Sinfonien und Sonaten sind Beispiele für diese Neugestaltung. Ein wiederkehrendes musikalisches Motiv, wie es in vielen seiner Werke zu finden ist, verstärkte die thematische Einheit und Kohärenz seiner Kompositionen.

In Beethovens Musik wird oft eine programmatische Qualität beobachtet, in der Geschichten erzählt und Bilder gemalt werden. Die "Pastorale Sinfonie" (Symphonie Nr. 6) ist ein Beispiel für programmatische Musik, die die Natur und menschliche Erfahrungen darstellt.

Beethovens Einfluss auf die nachfolgende Musikgeschichte war immens. Komponisten wie Richard Wagner, Johannes Brahms, Pyotr Ilyich Tchaikovsky und Gustav Mahler wurden von seinem Werk inspiriert und beeinflusst. Seine Ideen zur individuellen Ausdrucksfähigkeit und zur emotionalen Tiefe prägten die gesamte romantische Musik.

Die Romantik als musikalische Epoche profitierte maßgeblich von Beethovens Innovationen. Die Betonung von Emotionen und individueller Freiheit, die in seiner Musik zu finden war, spiegelt sich in den Werken romantischer Komponisten wider. Die Idee, dass Musik eine kraftvolle emotionale Botschaft vermitteln kann, wurde zu einem zentralen Merkmal der romantischen Musik.

Auch in der modernen Musikwelt hat Beethoven weiterhin einen festen Platz. Seine Werke werden regelmäßig aufgeführt und bleiben Teil des Repertoires vieler Orchester und Ensembles. Die Symphonien, Klaviersonaten und Kammermusikstücke von Beethoven sind nach wie vor beliebt und werden von Musikern und Musikliebhabern auf der ganzen Welt geschätzt.

Zusammenfassend lässt sich feststellen, dass Ludwig van Beethoven ein Revolutionär in der Musik war. Seine Musik brachte eine nie dagewesene emotionale Tiefe, individuellen Ausdruck und formale Innovation in die klassische Musik ein. Sein Einfluss auf die nachfolgenden Generationen von Komponisten und die gesamte romantische Musik ist von unschätzbarem Wert. Beethovens Werk bleibt ein fester Bestandteil der musikalischen Welt und wird immer als eines der bedeutendsten Kapitel in der Geschichte der Musik angesehen.

5.2 Franz Schubert und die romantische Liedkunst

Franz Schubert, einer der bedeutendsten Komponisten der Romantik, hat die Welt der Musik mit seiner einzigartigen Begabung für die Liedkomposition nachhaltig geprägt. Sein Leben und Schaffen spiegeln die Essenz der romantischen Ära wider und haben die Entwicklung der Liedkunst maßgeblich beeinflusst. In dieser ausführlichen Zusammenfassung werden Schuberts Leben, seine musikalische Entwicklung und seine wegweisenden Beiträge zur romantischen Liedkunst beleuchtet.

Franz Peter Schubert wurde 1797 in Wien geboren und wuchs in einer musikalischen Familie auf. Sein Vater, Franz Theodor Schubert, war ein einfacher Schulmeister und sein älterer Bruder Ignaz wurde ein erfolgreicher Lehrer und Musiker. Bereits in jungen Jahren zeigte Schubert eine außergewöhnliche musikalische Begabung, und sein Vater erkannte sein Potenzial. Er ermutigte

Franz, sich musikalisch zu entwickeln, und begann ihn in Klavier und Violine zu unterrichten.

Schubert besuchte die Hofkapelle in Wien und wurde bald ein Mitglied des Chors. Diese Erfahrung ermöglichte es ihm, ein tiefes Verständnis für die Kirchenmusik und die menschliche Stimme zu entwickeln, was später für seine Arbeit im Bereich des Liedes von entscheidender Bedeutung sein sollte.

Schubert zeigte früh Interesse an der Komposition und begann im Alter von 16 Jahren, eigene Werke zu schreiben. In seiner Jugend komponierte er hauptsächlich Kammermusik und Lieder. Sein Talent blühte rasch auf, und schon bald begann er, eine beeindruckende Anzahl von Liedern zu schreiben.

Schubert bewunderte die Werke von Ludwig van Beethoven und Wolfgang Amadeus Mozart, und ihre Einflüsse sind in seiner Musik deutlich erkennbar. Dennoch entwickelte er einen ganz eigenen Stil, der von der Romantik und der Liebe zur Natur geprägt war. Er schuf eine Kombination aus Lyrik, Harmonie und Melodie, die in der Liedkunst der Romantik einzigartig war.

Die romantische Liedkunst war ein Schlüsselmerkmal der Epoche, und Schubert war einer ihrer Pioniere. Er komponierte mehr als 600 Lieder, darunter einige der bekanntesten und geliebtesten Werke des romantischen Liedrepertoires.

Schubert arbeitete eng mit verschiedenen Dichtern seiner Zeit zusammen, darunter Johann Wolfgang von Goethe, Friedrich Schiller und Heinrich Heine. Diese Kooperationen führten zu einer Vielzahl von Liedern, die nicht nur musikalisch, sondern auch lyrisch tiefgreifend waren. Schubert verstand es, die Gedichte in seine Musik zu integrieren und die emotionalen Nuancen der Texte auf subtile und bewegende Weise zu interpretieren.

Ein herausragendes Beispiel für Schuberts Meisterschaft in der Liedkomposition ist sein Liederzyklus "Die schöne Müllerin", basierend auf Gedichten von Wilhelm Müller. In diesem Werk erzählt Schubert die Geschichte eines jungen Müllers, der sich unsterblich in die Tochter seines Arbeitgebers verliebt. Das Werk verfolgt die Entwicklung der Liebe des Müllers, seine Freude, seinen Schmerz und letztendlich seinen tragischen Tod. Schuberts Musik vertieft die emotionalen Dimensionen dieser Geschichte und verleiht ihr eine unvergleichliche Intensität.

Ein weiteres bemerkenswertes Werk von Schubert ist sein Liederzyklus "Winterreise", basierend auf Gedichten von Wilhelm Müller. Dieser Zyklus erzählt die Geschichte eines einsamen Wanderers, der nach dem Verlust seiner Liebe eine Reise in den Winter unternimmt. Schubert schafft eine Atmosphäre von Dunkelheit, Verzweiflung und Sehnsucht, die die zentralen Themen der romantischen Ära widerspiegelt.

Schubert war auch ein Meister der Miniaturform im Lied. Er komponierte zahlreiche kurze, aber ausdrucksstarke Lieder, die oft in einer einzigen Strophe eine Welt von Emotionen und Bildern vermitteln. Diese Miniaturlieder sind heute ebenso bekannt und geschätzt wie seine umfangreicheren Werke.

Ein weiteres bedeutendes Werk von Schubert ist sein "Ave Maria", das zu seinen bekanntesten Kompositionen gehört. Obwohl es ein geistliches Stück ist, zeigt es Schuberts Fähigkeit, tiefe emotionale Resonanzen in der Musik zu erzeugen. Seine Melodie und Harmonie verleihen dem Gebet eine eindringliche und innige Qualität.

Franz Schubert verstarb tragischerweise im Alter von nur 31 Jahren, und zu Lebzeiten wurde sein Genie nicht ausreichend gewürdigt. Dennoch hinterließ er der Welt ein reiches Erbe an Liedern und Musik.

Sein Einfluss auf die nachfolgenden Generationen von Komponisten war immens. Robert Schumann, Johannes Brahms und Gustav Mahler waren nur einige derjenigen, die von Schuberts musikalischem Erbe inspiriert wurden. Schubert schuf eine Brücke zwischen der Klassik und der Romantik, und sein unverkennbarer Stil beeinflusste die Entwicklung der romantischen Musik maßgeblich.

Die romantische Liedkunst, die Schubert so maßgeblich geprägt hat, setzte sich in den Werken von Richard Strauss, Richard Wagner und Hugo Wolf fort. Die Idee, Text und Musik auf eine Weise zu verschmelzen, die eine tiefgreifende emotionale Wirkung erzeugt, wurde zu einem Markenzeichen der romantischen Musik.

Schuberts Musik bleibt bis heute eine wichtige und geliebte Facette der klassischen Musik. Seine Lieder werden von Sängern und Pianisten auf der ganzen Welt aufgeführt und haben ihren festen Platz im Konzertrepertoire. Die intime und emotionale Natur seiner Lieder fasziniert und berührt die Herzen der Zuhörer.

In der Welt des Liedes und der romantischen Musik ist Franz Schubert zweifellos eine herausragende Figur. Seine einzigartigen Beiträge zur romantischen Liedkunst haben die Art und Weise, wie wir Musik und Text miteinander verbinden, nachhaltig verändert und seinen Platz als eine der bedeutendsten Gestalten in der Geschichte der klassischen Musik gefestigt.

5.3 Frédéric Chopin und die Poesie des Klaviers
Frédéric Chopin, ein polnischer Komponist und Pianist des 19. Jahrhunderts, ist für seine einzigartigen Beiträge zur Welt der klassischen Musik und insbesondere für seine Kompositionen für das Klavier bekannt. Seine Musik ist durchdrungen von einer tiefen Emotionalität und einer fast poetischen Ausdruckskraft, die sie zu einem herausragenden Beispiel für die Romantik in der Musik macht. Diese ausführliche Zusammenfassung beleuchtet das Leben, die musikalische Entwicklung und das Erbe von Frédéric Chopin, einem der bedeutendsten Klavierkomponisten der Geschichte.

Frédéric François Chopin wurde am 1. März 1810 in Żelazowa Wola, einer kleinen Ortschaft in Polen, geboren. Schon in jungen Jahren zeigte er außergewöhnliches Talent für das Klavierspiel. Sein Vater war ein französischer Emigrant, seine Mutter eine polnische Adlige, und sein Elternhaus war musikalisch geprägt. Mit sieben Jahren begann er Klavierunterricht zu nehmen, und schon bald übertraf er seine Lehrer an technischer Fertigkeit und musikalischer Sensibilität.

Als Jugendlicher zog Chopin nach Warschau, wo er seine musikalischen Studien vertiefte und seine ersten Kompositionen schrieb. Bereits in jungen Jahren erkannte man sein außergewöhnliches Talent, und er wurde in Warschau zu einem gefeierten Pianisten und Komponisten.

Die musikalische Entwicklung von Chopin führte ihn nach Wien, dem musikalischen Zentrum Europas. Dort verfeinerte er seine Technik und studierte bei namhaften Lehrern wie Carl Czerny und Johann Nepomuk Hummel. Diese Zeit in Wien ermöglichte ihm den Zugang zur reichen musikalischen Tradition der Wiener Klassik und förderte seine künstlerische Entwicklung.

Chopins Musik ist geprägt von einer einzigartigen Verschmelzung von romantischer Emotionalität und virtuoser Klaviertechnik. Er beherrschte das Klavier in einer Weise, die es ihm erlaubte, seine eigenen komplexen musikalischen Ideen umzusetzen. Seine Klavierwerke sind bekannt für ihre anspruchsvollen Techniken und ihre poetische Ausdruckskraft.

Frédéric Chopin komponierte hauptsächlich für das Klavier und schuf eine beeindruckende Vielzahl von Werken, darunter Etüden, Mazurken, Polonaisen, Balladen und Nocturnes. Diese Kompositionen sind bekannt für ihre tiefgehenden Emotionen und ihre außergewöhnliche musikalische Poesie.

Eines der bekanntesten Genres, für die Chopin berühmt ist, sind seine Nocturnes. Diese Stücke sind von einer intimen Atmosphäre geprägt und spiegeln oft eine melancholische Stimmung wider. Ein herausragendes Beispiel ist das Nocturne in Es-Dur, Op. 9, Nr. 2, das für seine lyrische Schönheit und seine klangliche Raffinesse bekannt ist.

Chopins Etüden sind technisch anspruchsvolle Stücke, die jedoch auch eine tiefgehende musikalische Bedeutung haben. Sie dienen nicht nur der Entwicklung der Klaviertechnik, sondern drücken auch eine breite Palette von Emotionen aus. Das Etüde in C-Moll, Op. 10, Nr. 12, auch bekannt als "Revolutionsetüde", ist ein beeindruckendes Beispiel für Chopins Fähigkeit, politische und emotionale Botschaften in seiner Musik zu vermitteln.

Eine weitere wichtige Gattung in Chopins Schaffen sind die Polonaisen, die polnische Tänze sind. Sie zeugen von seiner tiefen Verbundenheit mit seiner polnischen Heimat und ihrer Kultur. Die Polonaise in As-Dur, Op. 53, auch bekannt als "Heroische Polonaise", ist eines seiner bekanntesten Werke und ein Symbol für polnischen Stolz und Widerstand.

Chopins Werke sind nicht nur technisch anspruchsvoll, sondern auch äußerst ausdrucksstark. Seine Musik ist reich an melodischer Schönheit, Harmonie und rhythmischer Finesse. Er verstand es, eine breite Palette von Emotionen in seiner Musik zu vermitteln, von zarter Romantik bis hin zu leidenschaftlicher Intensität.

Frédéric Chopin verstarb tragischerweise im Alter von nur 39 Jahren aufgrund einer Tuberkuloseerkrankung. Trotz seines kurzen Lebens hinterließ er der Welt ein reiches Erbe an Klaviermusik. Seine einzigartigen Beiträge zur romantischen Musik hatten einen tiefgreifenden Einfluss auf die nachfolgenden Generationen von Komponisten und Pianisten.

Chopin war ein Pionier in der Klaviermusik und half, das Klavier als Soloinstrument in den Mittelpunkt der romantischen Musik zu rücken. Seine Werke sind technisch anspruchsvoll und bieten den Pianisten die Möglichkeit, ihre Fertigkeiten und ihre künstlerische

Ausdruckskraft zu entfalten. Gleichzeitig sind seine Stücke reich an Emotionen und bieten den Zuhörern eine tiefgehende musikalische Erfahrung.

Sein Einfluss auf die nachfolgenden Generationen von Komponisten war beträchtlich. Pianisten wie Frédéric Chopin veränderten die Art und Weise, wie das Klavier gespielt wurde, und führten neue Techniken und Ausdrucksmöglichkeiten ein. Seine Musik beeinflusste auch andere bedeutende Komponisten wie Franz Liszt und Robert Schumann, die von seinem melodischen Reichtum und seiner harmonischen Innovation inspiriert wurden.

In der heutigen Zeit bleibt die Musik von Frédéric Chopin lebendig und relevant. Seine Werke werden nach wie vor von Pianisten auf der ganzen Welt aufgeführt und geschätzt. Die tiefgehenden Emotionen, die in seiner Musik zum Ausdruck kommen, berühren die Herzen der Zuhörer und verleihen seiner Musik eine zeitlose Qualität.

Chopins musikalische Poesie und seine Fähigkeit, Emotionen durch das Klavier auszudrücken, haben seinen Platz als einer der bedeutendsten Komponisten der romantischen Ära gefestigt. Seine Werke sind ein lebendiges Zeugnis für die künstlerische Kraft und die zeitlose Schönheit der klassischen Musik.

5.4 Die Programmmusik und der Einfluss von Hector Berlioz

Die Programmmusik, eine wichtige Strömung innerhalb der klassischen Musik, hebt sich von rein abstrakter oder instrumentaler Musik ab, indem sie konkrete Geschichten, Bilder oder Emotionen durch musikalische Mittel ausdrückt. Hector Berlioz, ein französischer Komponist des 19. Jahrhunderts, gilt als einer der bedeutendsten Vertreter der Programmmusik und hat diese Gattung maßgeblich geprägt. In dieser ausführlichen Zusammenfassung werden Berlioz' Leben, seine musikalische Entwicklung und sein Einfluss auf die Programmmusik beleuchtet.

Hector Berlioz wurde am 11. Dezember 1803 in La Côte-Saint-André, einer kleinen Stadt in Frankreich, geboren. Obwohl er in einer wohlhabenden Familie aufwuchs, stand sein musikalisches Interesse und seine musikalische Ausbildung im Kontrast zu den Erwartungen seiner Eltern, die ihn für eine medizinische Laufbahn vorgesehen hatten. Doch Berlioz' Leidenschaft für die Musik war nicht zu bremsen, und so begann er heimlich Klavier zu spielen und sich autodidaktisch musikalisch weiterzubilden.

Sein musikalisches Talent führte ihn schließlich nach Paris, wo er am Pariser Konservatorium studierte. Dort erlernte er das Flötenspiel und später das Gitarrenspiel, aber seine wahre Leidenschaft galt der Komposition. Seine frühen Kompositionen zeigen bereits seine Fähigkeit, dramatische und emotionale Ausdrücke in die Musik zu integrieren.

Hector Berlioz' Musik zeichnete sich von Anfang an durch ihre Dramatik und ihre Fähigkeit aus, Geschichten zu erzählen. Doch sein Stil entwickelte sich weiter, als er die Werke von Ludwig van Beethoven und Christoph Willibald Gluck entdeckte. Diese Komponisten inspirierten ihn zu einer innovativen Herangehensweise an die Musik, bei der er dramatische Effekte, ungewöhnliche Instrumentierung und eine ausgeprägte Vorstellungskraft einsetzte.

Eine seiner bekanntesten Kompositionen aus dieser Zeit ist die "Symphonie fantastique", die als eines der Schlüsselwerke der Programmmusik gilt. Das Werk erzählt die Geschichte eines jungen Künstlers, der sich in eine Frau verliebt und an Liebesqualen zugrunde geht. Berlioz verleiht jeder Emotion und jedem Ereignis eine musikalische Entsprechung und verwendet dabei ein umfangreiches Orchester, um eine breite Palette von Klangfarben zu schaffen. Die "Symphonie fantastique" brachte ihm Anerkennung und setzte einen Meilenstein in der Entwicklung der Programmmusik.

Hector Berlioz war einer der ersten Komponisten, die die Idee der Programmmusik systematisch verfolgten und damit den Weg für eine neue Ära in der Musik ebneten. Er verstand die Musik als eine Sprache, die Geschichten erzählen und Emotionen vermitteln konnte, und er war entschlossen, diese Idee in die Tat umzusetzen.

Ein weiteres bedeutendes Werk von Berlioz ist die Oper "Die Trojaner", die auf Vergils Epos "Aeneis" basiert. Hier zeigt sich seine Fähigkeit, epische Geschichten und dramatische Elemente in musikalische Form zu gießen. Die Oper erstreckt sich über fünf Akte und präsentiert eine Fülle von Charakteren, Emotionen und dramatischen Wendungen. Berlioz' Musik verleiht der Geschichte eine zusätzliche Dimension und trägt zur Intensität der Handlung bei.

Ein weiteres Beispiel für Berlioz' Programmmusik ist seine "Harold-Symphonie", die von Lord Byrons Gedicht "Childe Harolds Pilgerfahrt" inspiriert wurde. In diesem Werk setzte er die Idee des "idée fixe" fort, ein musikalisches Motiv, das ein bestimmtes Thema oder eine bestimmte Emotion repräsentiert und sich im Verlauf des Stücks entwickelt. Dieses Motiv durchzieht das gesamte Werk und spiegelt die Gedanken und Erlebnisse des Protagonisten wider.

Berlioz' Komposition "Roméo et Juliette" ist eine weitere bedeutende Programmmusik, die auf Shakespeares Drama basiert. In diesem Werk kombiniert er Orchester, Chor und Solisten, um die Geschichte von Romeo und Julia musikalisch zu erzählen. Die Musik reflektiert die Liebe, die Tragik und die Leidenschaft der Protagonisten auf eindrucksvolle Weise.

Hector Berlioz' innovative Ansätze zur Programmmusik und seine Fähigkeit, Emotionen und Geschichten durch Musik auszudrücken, hatten einen weitreichenden Einfluss auf nachfolgende Komponisten. Richard Wagner, Claude Debussy und Gustav Mahler gehören zu denjenigen, die von seiner Musik inspiriert wurden. Wagner, insbesondere, schätzte Berlioz' dramatische

Herangehensweise an die Musik und übernahm einige seiner Ideen in seine eigenen Opernwerke.

Die Programmmusik wurde zu einem wichtigen Bestandteil des romantischen Repertoires und führte zu einer neuen Ära der musikalischen Ausdruckskraft. Komponisten begannen, Musik als Mittel zur Erzählung von Geschichten und zur Darstellung von Emotionen zu begreifen, und dies öffnete die Tür zu einer Vielzahl von neuen musikalischen Ausdrucksformen.

In der heutigen Zeit bleibt Hector Berlioz ein wichtiger Name in der Welt der klassischen Musik, und seine Werke werden nach wie vor aufgeführt und geschätzt. Seine Fähigkeit, Musik als Ausdruck von Geschichten und Emotionen zu verwenden, hat die Art und Weise, wie wir Musik hören und verstehen, nachhaltig beeinflusst. Sein Vermächtnis lebt in der Programmmusik weiter, die weiterhin ein wichtiger Bestandteil des klassischen Repertoires ist und die musikalische Landschaft durch ihre erzählerische Kraft und ihre emotionale Tiefe bereichert. Berlioz' Beitrag zur Programmmusik bleibt somit ein wesentlicher Teil der Geschichte der klassischen Musik und ein Zeugnis für die kreative Kraft der Musik als Ausdrucksmittel.

5.5 Robert Schumann und die Verbindung von Musik und Literatur

Robert Schumann, ein deutscher Komponist des 19. Jahrhunderts, war einer der bedeutendsten Vertreter der Romantik in der Musik. Seine Werke zeichnen sich nicht nur durch ihre musikalische Schönheit und Virtuosität aus, sondern auch durch ihre enge Verbindung zur Literatur und ihre Fähigkeit, komplexe emotionale und narrative Inhalte durch die Musik auszudrücken. In dieser ausführlichen Zusammenfassung werden Schumanns Leben, musikalische Entwicklung und seine einzigartige Verbindung von Musik und Literatur beleuchtet.

Robert Schumann wurde am 8. Juni 1810 in Zwickau, Sachsen, geboren. Von Kindheit an zeigte er großes Interesse an Musik und begann im Alter von sieben Jahren mit dem Klavierspiel. Sein Vater, ein Buchhändler, förderte seine musikalischen Neigungen und ermöglichte ihm den Zugang zu einer breiten Palette von Literatur, die Schumanns künstlerische Entwicklung maßgeblich beeinflusste.

Obwohl er zunächst ein Jurastudium aufnahm, war Schumanns Leidenschaft für die Musik nicht zu übersehen. Er studierte bei dem angesehenen Klavierlehrer Friedrich Wieck und entwickelte sich rasch zu einem virtuosen Pianisten. Doch eine Verletzung der Finger zwang ihn, seine Karriere als Pianist aufzugeben und sich stärker auf das Komponieren zu konzentrieren.

Schumanns musikalische Entwicklung war eng mit seiner literarischen Neigung verbunden. Er war ein leidenschaftlicher Leser und fand in der Literatur eine unerschöpfliche Quelle der Inspiration für seine Musik. Als junger Mann begann er, eigene literarische Werke zu verfassen, darunter Kritiken, Essays und literarische Skizzen.

Ein bedeutender Wendepunkt in Schumanns Leben und Karriere war die Begegnung mit Clara Wieck, der Tochter seines Klavierlehrers. Clara war selbst eine herausragende Pianistin und Komponistin, und ihre Liebe zur Musik und zur Literatur verband sie auf tiefgreifende Weise. Die Beziehung zwischen Robert und Clara wurde von musikalischer Zusammenarbeit und kreativer Inspiration geprägt.

Ein herausragendes Beispiel für Schumanns Verbindung von Musik und Literatur ist seine Liederzyklus "Dichterliebe" (Liebesgedichte), basierend auf Gedichten von Heinrich Heine. Hier verschmolz er die Poesie von Heine mit seiner eigenen musikalischen Interpretation und schuf eine einzigartige und tief bewegende musikalische Erzählung über Liebe, Sehnsucht und Schmerz.

Ein weiterer wichtiger Aspekt von Schumanns Werk ist sein Interesse an literarischen Figuren und Themen. In seinem Klavierzyklus "Carnaval" integrierte er Charaktere aus der

Commedia dell'arte und schuf musikalische Porträts, die die Persönlichkeiten und Eigenschaften dieser Figuren darstellten. Diese musikalischen Charaktere spiegeln Schumanns tiefe Auseinandersetzung mit Literatur und dramatischen Figuren wider.

Robert Schumann war ein bedeutender Wegbereiter der romantischen Musik und trug wesentlich dazu bei, die musikalische Sprache dieser Epoche zu gestalten. Seine Musik zeichnet sich durch ihre emotionale Tiefe, ihre komplexe Harmonie und ihre virtuose Klavierkunst aus. Er war auch ein Vorreiter im Bereich der Programmmusik, bei der er musikalische Werke komponierte, die eine bestimmte Geschichte oder Emotion erzählten.

Ein Beispiel für Schumanns innovative Programmmusik ist seine Klavierkomposition "Carnaval," die bereits erwähnt wurde. Hier kombinierte er musikalische Charaktere mit literarischen Ideen und schuf eine faszinierende musikalische Welt, die die Fantasie des Hörers anregt.

Ein weiteres wichtiges Werk ist die Klaviersonate Nr. 1 in f-Moll, Op. 11, die oft als "Konzert ohne Orchester" bezeichnet wird. Hier verwendet Schumann ein breites Spektrum an pianistischen Techniken und Ausdrucksmöglichkeiten, um eine reiche musikalische Erzählung zu gestalten. Die Sonate zeigt auch Schumanns Fähigkeit, literarische Ideen in Musik umzusetzen und komplexe emotionale Zustände zu erforschen.

Schumanns Lieder, insbesondere seine "Dichterliebe" und "Frauenliebe und -leben," sind Meisterwerke des romantischen Liedgenres. In diesen Werken verwebt er die Texte von Dichtern wie Heinrich Heine und Adelbert von Chamisso mit seiner eigenen musikalischen Interpretation und schafft so einzigartige und tief bewegende musikalische Erzählungen über Liebe, Leidenschaft und Schmerz.

Die Musik von Robert Schumann hatte einen weitreichenden Einfluss auf nachfolgende Komponisten und prägte die romantische

Musik des 19. Jahrhunderts nachhaltig. Seine Verbindung von Musik und Literatur war wegweisend und inspirierte Komponisten wie Johannes Brahms, Franz Liszt und Richard Wagner.

Schumanns Klaviermusik bleibt ein wichtiger Bestandteil des Repertoires für Pianisten auf der ganzen Welt. Seine Klavierzyklen wie "Kinderszenen" und "Kreisleriana" sind immer noch beliebte Stücke, die wegen ihrer emotionalen Tiefe und ihrer pianistischen Herausforderungen geschätzt werden.

In der heutigen Zeit wird Schumanns Musik nach wie vor aufgeführt und geschätzt. Seine Fähigkeit, literarische Ideen in Musik umzusetzen und komplexe emotionale Zustände zu erforschen, hat seinen Platz als einer der bedeutendsten Komponisten der Romantik gefestigt. Sein Vermächtnis bleibt lebendig und beeinflusst weiterhin die Welt der klassischen Musik.

5.6 Richard Wagner und das Gesamtkunstwerk

Richard Wagner, einer der einflussreichsten Komponisten des 19. Jahrhunderts, ist bekannt für seine revolutionäre Idee des "Gesamtkunstwerks" (Gesamtkunstwerk auf Deutsch). Dieses Konzept integriert Musik, Theater, Literatur und visuelle Kunst zu einer umfassenden künstlerischen Erfahrung. In dieser ausführlichen Zusammenfassung werden Wagners Leben, seine musikalische Entwicklung und sein bahnbrechender Beitrag zum Gesamtkunstwerk beleuchtet.

Richard Wagner wurde am 22. Mai 1813 in Leipzig, Deutschland, geboren. Sein Vater starb früh, und er wurde von seiner Mutter, Johanna Rosine Wagner, aufgezogen. Bereits in jungen Jahren entwickelte er eine Leidenschaft für Musik und begann, Klavierunterricht zu nehmen. Sein musikalisches Talent wurde schnell erkannt, und er erhielt eine fundierte musikalische Ausbildung.

Wagner studierte später an der Universität Leipzig, war jedoch mehr an Theater und Musik interessiert als an seinem Studium. Er schrieb bereits in dieser Zeit einige musikalische Werke und begann, sich für Opernkomposition zu interessieren. Wagner fühlte sich von den Werken von Ludwig van Beethoven und Carl Maria von Weber inspiriert, die seine Vorstellung von Musik und Drama prägten.

Wagners musikalische Entwicklung war eng mit seiner Vorstellung eines Gesamtkunstwerks verbunden, bei dem Musik, Text, Bühnenbild und Schauspiel eine organische Einheit bilden sollten. Seine frühen Werke, wie die Oper "Die Feen" und "Das Liebesverbot," zeigen bereits Anzeichen dieser Ideen, obwohl sie noch nicht vollständig entwickelt waren.

Der Durchbruch für Wagner kam mit der Oper "Der fliegende Holländer," die 1843 uraufgeführt wurde. Hier begann er, seine Vorstellung eines Gesamtkunstwerks zu realisieren, indem er Musik und Text nahtlos in die Handlung integrierte. Dieses Werk war wegweisend für seine zukünftigen Opern.

Ein Höhepunkt von Wagners musikalischer Innovation war seine "Tristan und Isolde." In dieser Oper brach er mit vielen konventionellen musikalischen Strukturen und schuf eine Musik, die Emotionen auf eine neue und intensive Weise ausdrückte. Die berühmte "Tristan-Akkord" symbolisiert die unerfüllte Sehnsucht und die Leidenschaft der Protagonisten auf einzigartige Weise.

Wagners wohl bekannteste Oper ist jedoch der "Ring des Nibelungen," ein monumentales Werk, das aus vier Teilen besteht: "Das Rheingold," "Die Walküre," "Siegfried" und "Götterdämmerung." Hier führte er sein Gesamtkunstwerk-Konzept in großem Stil vor. Die Musik ist in diesen Opern eng mit der Handlung verbunden und spiegelt die Charaktere, die Ereignisse und die Emotionen auf eindrucksvolle Weise wider.

Wagners Konzept des Gesamtkunstwerks ging über die Musik hinaus und umfasste das Bühnenbild, die Kostüme und die Inszenierung. Er war ein Verfechter von szenischen Innovationen und bemühte sich, die visuellen und theatralischen Elemente seiner Opern mit der Musik in Einklang zu bringen. Einflüsse wie die Ideen des Bühnenbildners Karl von Illies und der Kostümbildnerin Carlotta Grisi halfen dabei, seine Vision zu verwirklichen.

Eine wichtige Innovation in Wagners Opern war der Einsatz des "Leitmotivs," eines musikalischen Motivs oder Themas, das einem bestimmten Charakter, einer Emotion oder einem Konzept zugeordnet ist. Diese Leitmotive tauchen immer wieder auf und entwickeln sich im Verlauf der Oper weiter, um die Handlung und die Charaktere zu begleiten. Dies ermöglichte es Wagner, komplexe narrative Strukturen zu schaffen und die musikalische Darstellung von Figuren und Emotionen zu vertiefen.

Ein weiterer Aspekt seines Gesamtkunstwerk-Konzepts war die Verwendung von speziellen Theatern, die eigens für seine Werke gebaut wurden. Das bekannteste davon ist das Bayreuther Festspielhaus, das er 1876 eröffnete und das bis heute als Aufführungsort für seine Opern dient. Das Theater wurde nach seinen speziellen Anforderungen und Vorstellungen gestaltet, um die bestmögliche künstlerische Darstellung seiner Werke zu ermöglichen.

Richard Wagner hatte einen enormen Einfluss auf die Entwicklung der Oper und die musikalische Moderne. Sein Gesamtkunstwerk-Konzept beeinflusste viele nachfolgende Komponisten und Künstler, darunter Gustav Mahler, Richard Strauss, Arnold Schönberg und Claude Debussy. Sie alle übernahmen Elemente aus Wagners Werk und fanden neue Wege, Musik und Drama zu verbinden.

In der modernen Opernwelt bleibt Wagner eine wichtige Figur, und seine Werke werden weiterhin aufgeführt und analysiert. Sein Einfluss auf die Musik und das Theater reicht weit über die Grenzen der klassischen Musik hinaus und hat die gesamte Kunstwelt beeinflusst.

Allerdings ist es wichtig zu betonen, dass Wagners Leben und Werk von Kontroversen begleitet wurden. Seine politischen und rassistischen Ansichten, die in Schriften wie "Das Judentum in der Musik" zum Ausdruck kamen, haben zu anhaltenden Debatten und Kritik geführt. Diese Aspekte seines Lebens werfen einen Schatten auf sein Vermächtnis und führen zu Diskussionen über die Beziehung zwischen Kunst und Moral.

Trotz dieser Kontroversen bleibt Richard Wagner eine faszinierende und einflussreiche Figur in der Geschichte der Musik. Seine Ideen und Innovationen haben die Oper und die gesamte Kunstwelt nachhaltig geprägt und werden weiterhin von Künstlern und Kritikern erforscht und diskutiert.

5.7 Die Nationalromantik und die Volksmusik

Die Nationalromantik und die Volksmusik sind eng miteinander verwoben und repräsentieren eine bedeutende Strömung innerhalb der romantischen Bewegung des 19. Jahrhunderts. Diese Strömung betonte die Wertschätzung und Integration von Volksmusik und Folklore in die Kunst und Kultur eines Landes. In dieser ausführlichen Zusammenfassung werden die Beziehung zwischen Nationalromantik und Volksmusik sowie ihre Auswirkungen auf die romantische Epoche und darüber hinaus beleuchtet.

Die Nationalromantik war eine Reaktion auf die vielfältigen sozialen und politischen Veränderungen des 19. Jahrhunderts, darunter die Industrialisierung und die politische Neuordnung Europas nach den Napoleonischen Kriegen. In diesem Kontext suchten viele Künstler und Intellektuelle nach einer kulturellen Identität und einem Gefühl der Zugehörigkeit, das über nationale Grenzen hinausreichte.

Die Volksmusik spielte eine zentrale Rolle in der Nationalromantik. Volkslieder, Tänze und Traditionen wurden als authentischer Ausdruck der nationalen Kultur betrachtet und dienten als Inspirationsquelle für Künstler in verschiedenen Ländern. Die Volksmusik wurde als Sprache des Volkes angesehen, die die

Gefühle, Hoffnungen und Sorgen der Menschen auf eine direkte und ehrliche Weise ausdrückte.

Künstler begannen, Volksmusik in ihre Werke zu integrieren und sie mit der Kunstmusik zu verbinden. Dies führte zur Entstehung einer speziellen Form von Musik, die als "Nationale Musik" oder "Nationalmusik" bekannt ist. Diese Musik kombinierte Elemente der Volksmusik mit den kompositorischen Techniken der Kunstmusik und schuf so eine Brücke zwischen der traditionellen Kultur und der Hochkultur.

Die Nationalromantik und die Integration von Volksmusik in die Kunst waren in vielen europäischen Ländern präsent und hatten unterschiedliche Ausprägungen. In Deutschland spielte die Volksmusik eine wichtige Rolle in der romantischen Musik. Komponisten wie Ludwig van Beethoven, Carl Maria von Weber und Robert Schumann verwendeten volkstümliche Melodien und Themen in ihren Werken. Die "Lieder ohne Worte" von Felix Mendelssohn-Bartholdy sind ein weiteres Beispiel für die Verbindung von Volksmusik und Kunst.

In Norwegen war Edvard Grieg, ein norwegischer Komponist, ein herausragender Vertreter der nationalen Musik. Seine Werke, darunter das berühmte "Peer Gynt," zeugen von seiner tiefen Verbindung zur norwegischen Folklore und Landschaft.

In Russland spielte die Volksmusik eine zentrale Rolle in der nationalen Identität. Komponisten wie Pjotr Iljitsch Tschaikowski und Modest Mussorgski integrierten russische Volksmelodien und Rhythmen in ihre Musik, um eine authentische russische Klangwelt zu schaffen.

Jean Sibelius, ein finnischer Komponist, war ein Pionier der nationalen Musik. Seine Werke, darunter die "Finlandia" und die "Karelia Suite," sind geprägt von finnischen Volksmotiven und trugen zur Förderung der finnischen Identität bei.

Die Ideen der Nationalromantik und die Verbindung von Volksmusik und Kunst waren wesentliche Merkmale der romantischen Epoche. Sie verliehen der Kunst eine neue Dimension der Authentizität und Emotionalität. Künstler strebten danach, die Seele ihres Volkes einzufangen und eine tiefe Verbindung zwischen der Kunst und der Gemeinschaft herzustellen.

Die Nationalromantik und die Volksmusik trugen auch zur Demokratisierung der Kunst bei. Indem sie die Kultur des Volkes in den Mittelpunkt stellten, brachen sie mit elitären Traditionen und öffneten die Kunst für ein breiteres Publikum. Musik und Kunst wurden nicht mehr ausschließlich als Angelegenheit der Oberschicht betrachtet, sondern als Ausdruck der nationalen Identität, an dem alle teilhaben konnten.

Die Ideen der Nationalromantik und die Verbindung von Volksmusik und Kunst hatten eine lange und nachhaltige Wirkung auf die Musik und die Kultur Europas. Sie beeinflussten Komponisten des 20. Jahrhunderts wie Bartók, Kodály und Dmitri Schostakowitsch, die die Volksmusik ihrer Länder erforschten und in ihre Werke integrierten.

Auch in der zeitgenössischen Musik bleibt die Verbindung von Volksmusik und Kunst relevant. Künstler und Komponisten auf der ganzen Welt greifen auf traditionelle Klänge und Melodien zurück, um moderne musikalische Werke zu schaffen, die die kulturelle Vielfalt und die Authentizität ihrer Länder widerspiegeln. Die Nationalromantik und die Integration von Volksmusik in die Kunst sind somit ein zeitloses Erbe, das die Vielfalt der menschlichen Kultur feiert und weiterhin die kreative Welt inspiriert.

5.8 Virtuosen und Konzertleben in der Romantik

Die Romantik war eine Zeit der musikalischen Innovation, in der das Konzertleben eine zentrale Rolle spielte und Virtuosen auf der Bühne zu wahren Superstars wurden. In dieser ausführlichen Zusammenfassung werden wir die Bedeutung von Virtuosen und das aufregende Konzertleben der romantischen Epoche beleuchten.

Die romantische Epoche, die sich etwa von der späten 18. bis zur Mitte des 19. Jahrhunderts erstreckte, war geprägt von einer tiefen Sehnsucht nach Emotionen, Individualismus und einem Streben nach künstlerischer Freiheit. In dieser Zeit traten Virtuosen, das heißt herausragende musikalische Talente, auf den Plan und faszinierten das Publikum mit ihren außergewöhnlichen Fähigkeiten. Virtuosen waren nicht nur hervorragende Musiker, sondern auch charismatische Persönlichkeiten, die die Romantik in ihrer ganzen Pracht verkörperten.

Virtuosen wie Niccolò Paganini, Franz Liszt, Clara Schumann, und später auch Johannes Brahms, wurden zu regelrechten Stars ihrer Zeit. Sie reisten durch ganz Europa und verzauberten das Publikum mit ihren atemberaubenden Darbietungen. Paganini etwa war berühmt für sein virtuoses Violinspiel und seine diabolische Bühnenpräsenz, die ihm den Ruf eines "Teufelsgeigers" einbrachte.

Franz Liszt, ein Virtuose am Klavier, war für seine revolutionären Interpretationen und seine Fähigkeit bekannt, das Publikum mit seiner magnetischen Anziehungskraft in den Bann zu ziehen. Clara Schumann, eine herausragende Pianistin und Komponistin, war eine der ersten weiblichen Virtuosinnen, die die Bühne eroberte.

Diese Virtuosen repräsentierten die Sehnsüchte und Träume der romantischen Epoche. Sie verkörperten die Idee des Künstlers als genialen Einzelgänger, der seine tiefsten Emotionen und Leidenschaften durch seine Musik ausdrückte. Ihre Bühnenauftritte waren nicht nur musikalische Ereignisse, sondern auch emotionale und spirituelle Erfahrungen für das Publikum.

Viele der romantischen Virtuosen waren auch herausragende Komponisten. Franz Liszt komponierte eine Vielzahl von Klavierwerken, darunter seine berühmten "Transzendentalen Etüden" und seine sinfonischen Dichtungen. Niccolò Paganini schrieb Virtuosenstücke für die Violine, die bis heute als technisch anspruchsvoll gelten. Clara Schumann hinterließ ein bedeutendes Œuvre für das Klavier.

Diese Künstler nutzten ihre Kompositionen oft, um die technischen und künstlerischen Möglichkeiten ihrer jeweiligen Instrumente zu erweitern. Ihre Stücke waren eine direkte Reflexion ihrer eigenen Virtuosität und dienten als Inspirationsquelle für zukünftige Musiker.

Das Konzertleben der Romantik war geprägt von einer intensiven Leidenschaft für Musik. In den großen europäischen Städten entstanden Konzertsäle, in denen das Publikum die Möglichkeit hatte, Virtuosen live zu erleben. Diese Konzerte waren oft gesellschaftliche Ereignisse, bei denen sich die Elite der Stadt versammelte, um die neuesten musikalischen Sensationen zu erleben.

Die Virtuosen trugen maßgeblich zur Entwicklung des Konzertwesens bei. Sie reisten von Stadt zu Stadt und führten ihre Werke auf, was dazu beitrug, die Popularität der Konzerte zu steigern. Dabei setzten sie oft auf Inszenierung und Show, um das Publikum zu fesseln. Dieses aufregende Konzertleben prägte die romantische Vorstellung von Musik als Ausdruck von Emotionen und Individualismus.

Die romantische Epoche hinterließ einen nachhaltigen Einfluss auf die Musikgeschichte. Die Ideale der Virtuosität und der Ausdruckskraft setzten sich in den kommenden Jahrhunderten fort. Virtuosen wie Sergei Rachmaninow, Vladimir Horowitz und Pavarotti erlangten in späteren Epochen ebenfalls Berühmtheit.

Auch die romantische Kompositionstradition beeinflusste die moderne Musik stark. Die Werke von Brahms, Liszt und anderen romantischen Komponisten sind fester Bestandteil des klassischen Repertoires und werden bis heute aufgeführt und geschätzt.

Die Romantik war eine Ära der Virtuosen und des leidenschaftlichen Konzertlebens. Diese herausragenden Musiker verkörperten die Sehnsüchte und Leidenschaften der Epoche und prägten die Zukunft der Musik. Ihr Einfluss auf die Entwicklung von Komposition und Konzertwesen ist bis heute spürbar und zeigt die zeitlose Bedeutung der romantischen Epoche für die Musikgeschichte. Virtuosen wie Paganini, Liszt und Clara Schumann werden immer als Ikone einer Ära erinnert, die die Musikwelt für immer veränderte.

5.9 Die Romantik in der Oper und ihre Themen

Die Romantik in der Oper war eine Ära der Leidenschaft, der Dramatik und der Suche nach emotionalem Ausdruck. In dieser ausführlichen Zusammenfassung werden wir die einflussreiche Rolle der Romantik in der Oper sowie die bedeutenden Themen und Entwicklungen dieser Zeit beleuchten.

Die Romantik als kulturelle Bewegung des 19. Jahrhunderts war geprägt von einer tiefen Sehnsucht nach emotionaler Intensität und individueller Freiheit. Diese Ideen spiegelten sich in der Oper wider, die in dieser Zeit zu einem der wichtigsten künstlerischen Ausdrucksformen wurde. Die Romantik in der Oper brachte eine Verschiebung von klassischen Formen und Strukturen hin zu dramatischeren und gefühlsbetonteren Werken mit sich.

Die Romantik in der Oper entwickelte sich als Reaktion auf die vorherige Klassik. Die Werke von Mozart, Haydn und Gluck waren zwar musikalisch herausragend, aber oft von einer gewissen Nüchternheit und formellen Strenge geprägt. Die romantischen Komponisten brachen mit diesen Traditionen und suchten nach neuen Ausdrucksmöglichkeiten.

Einer der prominentesten Vertreter der romantischen Oper war Richard Wagner. Seine Opern, darunter "Tristan und Isolde" und "Der Ring des Nibelungen," zeichneten sich durch ihre monumentalen Strukturen und ihre Fokussierung auf die inneren Konflikte der Charaktere aus. Wagner war ein Wegbereiter der sogenannten "Gesamtkunstwerk"-Idee, bei der Musik, Text, Bühnenbild und Regie zu einem Gesamterlebnis verschmolzen.

Ein weiterer bedeutender Komponist der romantischen Oper war Giuseppe Verdi, der vor allem für seine dramatischen und politisch aufgeladenen Werke bekannt ist. Opern wie "Rigoletto," "La Traviata" und "Aida" zeugen von Verdis Fähigkeit, emotionale Intensität und soziale Themen in seine Musik zu integrieren.

Die Themen der romantischen Oper waren geprägt von einer tiefen Leidenschaft und Emotionalität. Liebe und Schicksal waren zentrale Motive, die in vielen romantischen Opern behandelt wurden. Die Liebe wurde oft als unerreichbares Ideal dargestellt, das von äußeren Umständen oder gesellschaftlichen Normen behindert wurde. In "Tristan und Isolde" von Wagner zum Beispiel wird die Liebe der Protagonisten von gesellschaftlichen Konventionen und ihrem Schicksal vereitelt.

Auch die Fantasie spielte eine wichtige Rolle in der romantischen Oper. Märchenhafte Elemente, übernatürliche Wesen und magische Orte waren häufige Motive. In Mozarts "Die Zauberflöte" begegnen wir beispielsweise der Königin der Nacht und einer magischen Flöte, die dem Prinzen Tamino auf seiner Reise hilft.

Die Romantik in der Oper ermöglichte es den Komponisten, tief in die menschliche Psyche einzutauchen und die dunkelsten Abgründe der Seele zu erforschen. Wagner's "Ring des Nibelungen" ist ein Beispiel für die komplexe psychologische Darstellung der Charaktere und ihrer Konflikte.

Die romantische Oper spiegelte auch die sozialen und politischen Veränderungen ihrer Zeit wider. Viele Werke thematisierten soziale Ungerechtigkeit, politische Aufstände und den Kampf um Freiheit. Giuseppe Verdi's "Nabucco" zum Beispiel wurde zu einem Symbol für den Risorgimento, die Bewegung zur Einigung Italiens.

Die Romantik in der Oper hatte somit nicht nur eine ästhetische, sondern auch eine soziale Dimension. Sie gab den Menschen eine Stimme und ermöglichte es, die drängenden Themen ihrer Zeit auf der Bühne zu verhandeln.

Die Einflüsse der romantischen Oper sind bis heute spürbar. Moderne Komponisten wie Benjamin Britten, Richard Strauss und Dmitri Schostakowitsch haben die Ideen der Romantik in ihre Werke integriert und weiterentwickelt.

Opernhäuser weltweit führen immer noch die klassischen Werke der romantischen Oper auf und ziehen ein breites Publikum an. Die Oper als Kunstform hat sich weiterentwickelt und bietet Raum für zeitgenössische Interpretationen und Innovationen.

Die Romantik in der Oper war eine Zeit der Leidenschaft, der Dramatik und der Suche nach emotionaler Intensität. Die Werke dieser Ära spiegelten die Sehnsüchte und Träume der romantischen Epoche wider und hatten einen tiefgreifenden Einfluss auf die Entwicklung der Oper als Kunstform. Die Themen der Liebe, des Schicksals und der Fantasie sind bis heute in der Oper präsent und zeigen die zeitlose Bedeutung der romantischen Oper für die Musikgeschichte.

5.10 Die Fortsetzung romantischer Einflüsse in der zeitgenössischen Musik

Die Romantik war eine der bedeutendsten Epochen in der Geschichte der Musik, und ihre Einflüsse sind bis heute in der zeitgenössischen Musikszene spürbar. In dieser ausführlichen Zusammenfassung werden wir die fortdauernden romantischen Einflüsse in der zeitgenössischen Musik beleuchten und wie sie die heutige musikalische Landschaft geprägt haben.

Die Romantik in der Musik war geprägt von einer radikalen Veränderung in der Art und Weise, wie Komponisten Musik betrachteten und komponierten. Während die vorherige klassische Ära oft von formalen Strukturen und Ausgewogenheit geprägt war, brachten die Romantiker eine neue Sinnlichkeit, Individualismus und Ausdruckskraft in die Musik ein.

Ein herausragendes Merkmal der Romantik in der Musik war die Betonung von Emotionen und Innerlichkeit. Komponisten suchten nach Wegen, tiefste menschliche Gefühle und Erfahrungen in Töne zu übersetzen. Dies führte zu einer erheblichen Erweiterung der musikalischen Ausdrucksmöglichkeiten.

Die großen Komponisten der romantischen Ära, wie Ludwig van Beethoven, Franz Schubert, Hector Berlioz und Richard Wagner, schufen Werke, die bis heute als Meisterwerke gelten. Beethovens neun Sinfonien, darunter die berühmte Neunte Sinfonie mit dem "Ode an die Freude," veränderten die sinfonische Musik für immer. Schubert brachte das Kunstlied (Lied) auf ein neues Niveau, indem er emotionale Tiefe und lyrische Schönheit in seine Kompositionen einbrachte. Berlioz experimentierte mit orchestralen Klangfarben und erweiterte die Dimensionen der sinfonischen Musik. Wagner entwickelte das Konzept des "Gesamtkunstwerks," bei dem Musik, Bühnenbild, Text und Regie zu einem Gesamterlebnis verschmolzen.

Die romantische Musik hinterließ auch einen bleibenden Eindruck in der Opernwelt. Die Werke von Giuseppe Verdi, Richard Strauss und Pjotr Tschaikowski zeugen von einer tiefen Emotionalität und einer starken narrativen Ausdruckskraft. Die Oper als Kunstform wurde in der Romantik zu einem Ort, an dem die menschliche Seele in all ihren Facetten erkundet wurde.

Die Einflüsse der Romantik sind bis heute in der zeitgenössischen Musik spürbar. Einige zeitgenössische Komponisten haben bewusst auf die Ideale der Romantik zurückgegriffen und schaffen Musik, die an die großen Romantiker erinnert. Arvo Pärt, ein estnischer Komponist, ist für seine meditative und spirituelle Musik bekannt, die tiefe emotionale Resonanzen hervorruft.

In der Filmmusik sind romantische Einflüsse allgegenwärtig. Komponisten wie John Williams, Hans Zimmer und Ennio Morricone nutzen romantische Motive, um Emotionen und Dramatik in Filmen zu verstärken. Liebesgeschichten, Abenteuer und epische Schlachten erhalten durch romantische Musik einen zusätzlichen emotionalen Schub.

Auch in der Popmusik und im Rock sind romantische Einflüsse zu finden. Balladen und Liebeslieder sind ein fester Bestandteil des Repertoires von Künstlern wie Adele, Coldplay und U2. Diese Songs greifen auf romantische Elemente zurück, um starke emotionale Botschaften zu vermitteln.

In der zeitgenössischen klassischen Musik und im Minimalismus sind romantische Einflüsse oft subtiler, aber dennoch präsent. Komponisten wie Philip Glass und Max Richter nutzen harmonische Fortschritte und emotionale Intensität, um zeitgenössische Klassik zu schaffen, die an die Romantik erinnert.

Auch in der elektronischen Musik sind romantische Einflüsse zu finden. Künstler wie Jean-Michel Jarre und Vangelis haben orchestrale Elemente in ihre elektronischen Werke integriert, um epische Klanglandschaften zu schaffen.

Die anhaltende Anziehungskraft der romantischen Musik liegt in ihrer Fähigkeit, Emotionen und menschliche Erfahrungen in Töne zu übersetzen. Die Romantik suchte nach der tiefsten Wahrheit der menschlichen Seele und drückte sie durch Musik aus. Dieser Ansatz bleibt zeitlos und universell, da er die grundlegenden Gefühle und Sehnsüchte des Menschen anspricht.

Romantische Komponisten verstanden die Musik als eine Sprache der Gefühle und als einen Ausdruck des Innersten. Diese Vorstellung ist in der zeitgenössischen Musik weiterhin relevant, da Künstler nach wie vor nach Wegen suchen, die menschliche Erfahrung in Klang zu übersetzen.

Insgesamt haben die romantischen Einflüsse die zeitgenössische Musik bereichert und erweitert. Sie haben die Vielfalt der musikalischen Ausdrucksmöglichkeiten erweitert und einen reichen Schatz an Emotionen und Ideen hinterlassen. Die Romantik in der Musik wird immer ein wichtiger Teil des musikalischen Erbes sein und auch in Zukunft die Kreativität von Komponisten und Musikern inspirieren.

Kapitel 6: Die Romantik in der Philosophie

6.1 Die Aufklärung und ihr Einfluss auf die Philosophie

Die Aufklärung war eine intellektuelle Bewegung des 18. Jahrhunderts, die die westliche Welt grundlegend veränderte. Sie legte den Grundstein für eine Reihe von Ideen und Werten, die bis heute die Philosophie und das Denken über die Welt beeinflussen. In dieser ausführlichen Zusammenfassung werden wir die Aufklärung und ihren Einfluss auf die Philosophie eingehend untersuchen.

Die Aufklärung, auch als Zeitalter der Vernunft bekannt, war eine intellektuelle Bewegung, die im 17. Jahrhundert in Europa begann und im 18. Jahrhundert ihren Höhepunkt erreichte. Sie zeichnete sich durch die Betonung von Vernunft, Wissenschaft, Individualismus und Freiheit aus. Die Aufklärer glaubten an die Macht der Vernunft, um die Welt zu verstehen und zu verbessern. Sie hinterfragten traditionelle Autoritäten und verlangten nach mehr Freiheit und Gleichheit.

Die Aufklärung hatte einen tiefgreifenden Einfluss auf die Philosophie und trug zur Entstehung neuer philosophischer Strömungen bei.

Die Aufklärung führte zu einem intensiven Interesse an der Erkenntnistheorie, insbesondere am Rationalismus und Empirismus. Rationalisten wie René Descartes betonten die Macht der Vernunft und argumentierten, dass sie die Grundlage für wahre Erkenntnis sei. Empiristen wie John Locke hingegen betonten die Erfahrung und die Sinne als Quelle unseres Wissens.

Die Ideen der Aufklärung hatten auch einen erheblichen Einfluss auf die politische Philosophie. Denker wie John Locke, Jean-Jacques Rousseau und Thomas Hobbes entwickelten Theorien über den sozialen Vertrag und die Natur des Staates. Sie argumentierten über die Rechte und Pflichten des Individuums in der Gesellschaft und beeinflussten damit die Entwicklung moderner politischer Systeme.

Ein wichtiger Aspekt der Aufklärung war die Forderung nach der Trennung von Kirche und Staat. Philosophen wie Voltaire und Denis Diderot kritisierten die Macht und den Einfluss der Kirche auf die Politik und das tägliche Leben. Sie betonten die Bedeutung der Religionsfreiheit und der Meinungsfreiheit.

Die Aufklärung führte zu einer intensiven Diskussion über Ethik und Moral. Immanuel Kant entwickelte seine kategorische Imperativ, eine ethische Theorie, die auf rationalen Prinzipien beruht und die moralischen Pflichten des Einzelnen betont. Die Aufklärung trug auch zur Entwicklung von Utilitarismus und Deontologie bei, zwei wichtigen ethischen Theorien.

Die Aufklärung förderte die Wissenschaft und den Glauben an den Fortschritt. Philosophen wie Voltaire und Denis Diderot unterstützten die Verbreitung wissenschaftlicher Erkenntnisse und betonten die Bedeutung von Bildung und Aufklärung für die Gesellschaft.

Die Aufklärung betonte den Wert des Individuums und seine Freiheit. Sie forderte die Rechte des Einzelnen gegenüber der Tyrannei von Monarchen und absolutistischen Regimen. Diese Ideen trugen zur Entwicklung moderner Konzepte von Menschenrechten und individueller Freiheit bei.

Die Aufklärung legte den Grundstein für die Moderne, und ihre Ideen sind bis heute präsent. Die Betonung von Vernunft, Freiheit, Individualismus und Fortschritt hat die westliche Welt geprägt und beeinflusst nach wie vor unsere Denkweise und unsere Gesellschaft. Sie hat die Entwicklung von Demokratie, Menschenrechten, Wissenschaft und Bildung vorangetrieben.

Die Aufklärung war eine intellektuelle Bewegung von großer Bedeutung, die die Philosophie nachhaltig beeinflusste. Ihre Ideen von Vernunft, Freiheit, individuellen Rechten und sozialem Fortschritt haben die Grundlage für moderne philosophische Denkrichtungen gelegt. Die Aufklärung hinterließ ein bleibendes Erbe, das nicht nur die Philosophie, sondern auch Politik, Wissenschaft, Ethik und die Gesellschaft insgesamt geprägt hat. Ihr Einfluss auf die Moderne ist unübersehbar und wird auch in Zukunft weiterhin eine bedeutende Rolle spielen.

6.2 Jean-Jacques Rousseaus Naturphilosophie

Jean-Jacques Rousseaus Naturphilosophie war ein bedeutender Teil seines umfangreichen philosophischen Werkes und hat einen nachhaltigen Einfluss auf das Verständnis der Beziehung zwischen Mensch und Natur in der Romantik und darüber hinaus. Rousseau, ein französischer Schriftsteller, Philosoph und politischer Denker der Aufklärung, lebte von 1712 bis 1778 und befand sich in einer Zeit des intellektuellen Umbruchs, in der traditionelle Denkmuster und Autoritäten zunehmend in Frage gestellt wurden.

Rousseaus Naturphilosophie ist eng mit seinem Leben und den zeitgenössischen gesellschaftlichen Entwicklungen verbunden. Er wurde in Genf geboren, verließ jedoch seine Heimatstadt in jungen Jahren und lebte ein unstetes Leben in verschiedenen europäischen Städten. In seinen Schriften, darunter "Emile" und "Der Gesellschaftsvertrag", entwickelte er eine kritische Sichtweise auf die modernen Gesellschaften seiner Zeit.

Ein zentrales Element von Rousseaus Philosophie ist seine Auffassung von der Natur. Er betonte die Bedeutung eines naturgemäßen Lebensstils und lehnte die zunehmende Zivilisation und Industrialisierung ab.

Rousseau prägte den Begriff des "edlen Wilden", um den Menschen in seinem natürlichen Zustand zu beschreiben. In diesem Zustand sah er den Menschen als frei und unabhängig von den Zwängen der Zivilisation. Die Entfremdung von der Natur begann aus seiner Sicht mit der Entwicklung von Eigentum und gesellschaftlichen Hierarchien.

Rousseau glaubte, dass die Natur an sich unschuldig und gut sei. Er sah die negativen Eigenschaften und Konflikte in der Gesellschaft als Ergebnis kultureller und zivilisatorischer Einflüsse. Für ihn war die Rückkehr zur Natur der Weg zur moralischen Erneuerung und zum Glück.

Obwohl Rousseau die Rückkehr zur Natur propagierte, betonte er auch die Bedeutung einer richtigen Erziehung. In seinem Werk "Emile" entwickelte er eine pädagogische Theorie, die darauf abzielte, das Kind in Einklang mit seiner natürlichen Entwicklung zu erziehen, ohne die schädlichen Einflüsse der Gesellschaft.

Rousseau war ein scharfer Kritiker des Privateigentums und der sozialen Ungleichheit. Er argumentierte, dass der Ursprung von Ungerechtigkeit und Konflikten in der Gesellschaft auf die Einführung des Privateigentums zurückzuführen sei. Sein Werk "Der Gesellschaftsvertrag" präsentierte Ideen zur Schaffung einer gerechteren Gesellschaft.

Rousseaus Ideen hatten einen erheblichen Einfluss auf die romantische Bewegung des 19. Jahrhunderts. Romantische Dichter und Denker wie William Wordsworth und Samuel Taylor Coleridge teilten seine Vorstellung von der Natur als spirituelle und moralische Quelle. Die romantische Vorstellung des "erhabenen" in der Natur, die Bewunderung von unberührten Landschaften und die Betonung von Emotion und Intuition sind von Rousseaus Naturphilosophie geprägt.

Rousseaus Betonung der Natur als unschuldig und wertvoll hat auch in der modernen Umweltethik Spuren hinterlassen. Seine Ideen haben dazu beigetragen, das Bewusstsein für Umweltprobleme zu schärfen und die Notwendigkeit des Schutzes der natürlichen Welt hervorgehoben.

Zusammenfassend lässt sich sagen, dass Rousseaus Naturphilosophie eine tiefgreifende Wirkung auf das Verständnis der Beziehung zwischen Mensch und Natur hatte. Seine Betonung der Rückkehr zur Natur, seine Kritik an sozialer Ungleichheit und Privateigentum sowie seine Ideen zur Erziehung haben die romantische Bewegung und die moderne Umweltethik nachhaltig geprägt. Rousseaus Vision einer harmonischen Beziehung zwischen Mensch und Natur bleibt eine relevante Quelle philosophischer Diskussionen über Umweltfragen und die menschliche Natur.

6.3 Immanuel Kant und die Subjektivität des Geschmacks

Immanuel Kant (1724-1804), einer der bedeutendsten Philosophen der Aufklärung, hinterließ einen bleibenden Einfluss auf die Ästhetik und das Verständnis von Geschmack in der Philosophie. Seine Schriften zur Ästhetik, insbesondere die "Kritik der Urteilskraft", sind grundlegend für das Verständnis von Schönheit, Geschmack und Kunst. In dieser ausführlichen Zusammenfassung werden wir uns eingehend mit Kants Ansichten zur Subjektivität des Geschmacks und seiner Bedeutung für die Ästhetik und Kunstphilosophie auseinandersetzen.

Immanuel Kant wurde in Königsberg, Preußen, geboren und verbrachte dort den Großteil seines Lebens. Er lebte in einer Zeit des intellektuellen Umbruchs und der Aufklärung, in der traditionelle Autoritäten und dogmatische Überzeugungen zunehmend in Frage gestellt wurden. Kant lehrte Philosophie an der Universität Königsberg und veröffentlichte eine Reihe von bahnbrechenden Werken in den Bereichen Metaphysik, Ethik, Erkenntnistheorie und Ästhetik.

Kants Überlegungen zur Ästhetik sind vor allem in seiner Schrift "Kritik der Urteilskraft" von 1790 zu finden. In diesem Werk untersuchte er das Urteilsvermögen und die Fähigkeit des Menschen, über Schönheit und Geschmack zu urteilen. Dabei betonte er die Subjektivität des Geschmacks und die Idee, dass ästhetische Urteile nicht objektiv, sondern subjektiv sind.

Ein zentrales Konzept in Kants Ästhetik ist die Subjektivität des Geschmacks. Kant argumentierte, dass ästhetische Urteile keine objektiven Eigenschaften in den Objekten selbst widerspiegeln, sondern das Ergebnis eines subjektiven Urteilsprozesses sind. Das bedeutet, dass Schönheit im Auge des Betrachters liegt und von individuellen Empfindungen und Vorlieben abhängt.

Kant unterschied zwischen zwei Arten von Urteilen: Urteilen über das Schöne und Urteilen über das Erhabene. Urteile über das Schöne beziehen sich auf Objekte oder Werke, die angenehme ästhetische Empfindungen hervorrufen, während Urteile über das Erhabene sich auf das erhebende und erhabene Gefühl beziehen, das durch gewaltige oder majestätische Naturerscheinungen oder moralische Ideen ausgelöst wird. Beide Arten von Urteilen sind subjektiv, aber für Kant sind Urteile über das Schöne diejenigen, die am meisten die Subjektivität des Geschmacks reflektieren.

Kant prägte den Begriff des "ästhetischen Wohlgefallens", um das spezifische Gefühl oder die Empfindung zu beschreiben, die beim Betrachten eines schönen Objekts entsteht. Dieses Wohlgefallen ist frei von jedem praktischen oder zielgerichteten Interesse und ist rein ästhetisch. Es entsteht, wenn das Objekt in einer Weise präsentiert wird, die die harmonische Interaktion von Einbildungskraft und Verstand ermöglicht.

Ein wichtiger Aspekt von Kants Theorie des Geschmacks ist das Konzept des "ästhetischen Urteils". Kant argumentierte, dass ästhetische Urteile nicht nur subjektiv, sondern auch allgemein sind. Das bedeutet, dass sie nicht nur für den Einzelnen gelten, sondern auch beanspruchen, von anderen geteilt werden zu können. Dies geschieht, weil das ästhetische Urteil auf der Fähigkeit zur "Mitteilung von Gefühl" basiert. Kant argumentierte, dass, wenn ein Individuum ein ästhetisches Urteil fällt und es als schön bezeichnet, es erwartet, dass andere, die das gleiche Objekt betrachten, ähnliche ästhetische Empfindungen haben.

Kant entwickelte auch den Begriff des "Genießens" in Bezug auf die Kunst. Genießen ist die Fähigkeit eines Künstlers, originelle und schöpferische Werke zu schaffen, die ästhetische Freude beim

Betrachter hervorrufen. Kant betonte die Einzigartigkeit und Originalität des Genies und argumentierte, dass es Kunstwerke schafft, die "Regeln" für ästhetische Urteile setzen, anstatt ihnen zu folgen.

Kant sah die Kunst als eine der bedeutendsten Formen der ästhetischen Erfahrung und betonte ihre Rolle bei der Entwicklung des ästhetischen Urteilsvermögens. Er argumentierte, dass ästhetische Erziehung und die Fähigkeit, ästhetische Urteile zu fällen, die Fähigkeit zur moralischen Urteilsbildung fördern. Kunst ermöglicht es den Menschen, ihre ästhetischen Fähigkeiten zu entwickeln und gleichzeitig ihre Sensibilität für Schönheit und Harmonie zu schärfen.

Kants Ideen zur Subjektivität des Geschmacks und zur ästhetischen Erfahrung hatten einen erheblichen Einfluss auf die Ästhetik und Kunstphilosophie des 19. und 20. Jahrhunderts. Die Betonung der Subjektivität des Geschmacks führte zu neuen Ansätzen zur Kunstkritik und zur Anerkennung verschiedener ästhetischer Traditionen und Stile. Die Idee des ästhetischen Urteils als allgemeines, aber subjektives Phänomen prägt immer noch die Diskussionen über Kunst und Schönheit.

Kants Überlegungen zur Kunst als Ausdruck des Genies und zur ästhetischen Erziehung haben auch die Entwicklung der Kunsttheorie beeinflusst. Künstler wie Johann Wolfgang von Goethe und Friedrich Schiller wurden von Kants Ideen inspiriert und trugen zur Weiterentwicklung der deutschen Romantik bei.

Immanuel Kants Philosophie der Subjektivität des Geschmacks hat die Art und Weise, wie wir Schönheit und ästhetische Erfahrung verstehen, tiefgreifend beeinflusst. Seine Betonung der Subjektivität, die Unterscheidung zwischen ästhetischem Wohlgefallen und praktischem Interesse sowie seine Anerkennung des ästhetischen Urteils als allgemeines Phänomen haben die Grundlagen für die moderne Ästhetik und Kunstphilosophie gelegt. Kants Ideen haben dazu beigetragen, das Verständnis von Kunst,

Schönheit und Geschmack in der Philosophie und der Kunstwelt zu erweitern und sind auch heute noch relevant für die Diskussionen über ästhetische Fragen und die Rolle der Kunst in der Gesellschaft.

6.4 Georg Wilhelm Friedrich Hegel und die Dialektik der Romantik

Georg Wilhelm Friedrich Hegel (1770-1831) war ein deutscher Philosoph, der einen enormen Einfluss auf die Philosophie des 19. Jahrhunderts ausübte. Seine Werke, darunter die "Wissenschaft der Logik" und die "Phänomenologie des Geistes", haben die moderne Philosophie in vielerlei Hinsicht geprägt. In dieser ausführlichen Zusammenfassung werden wir uns eingehend mit Hegels Philosophie und ihrer Beziehung zur Romantik befassen, insbesondere mit Blick auf die Dialektik der Romantik.

Georg Wilhelm Friedrich Hegel wurde in Stuttgart, Deutschland, geboren und lebte in einer Zeit tiefgreifender politischer und intellektueller Umwälzungen. Er studierte Philosophie und Theologie in Tübingen und erlebte die turbulenten Jahre der Französischen Revolution und der napoleonischen Herrschaft. Hegel unterrichtete später an verschiedenen Universitäten, darunter in Jena, Heidelberg und Berlin, und entwickelte seine einflussreiche Philosophie im Kontext der romantischen Bewegung und der deutschen Idealismus.

Hegels Beziehung zur Romantik ist komplex und widersprüchlich. Er war ein Zeitgenosse der romantischen Schriftsteller und Philosophen wie Novalis, Friedrich Schlegel und Friedrich Hölderlin, die einen wichtigen Teil der romantischen Bewegung in Deutschland ausmachten. Trotzdem hatte er eine ambivalente Einstellung zur Romantik und entwickelte seine eigene philosophische Dialektik, die sowohl Elemente der Romantik aufgriff als auch kritisierte.

Hegels Philosophie ist vor allem für seine Dialektik bekannt, eine Methode, die darauf abzielt, die Entwicklung von Ideen und

Konzepten durch dialektische Prozesse zu beschreiben. Die Dialektik besteht aus drei Hauptstufen: These, Antithese und Synthese. In diesem Prozess werden Widersprüche und Spannungen aufgedeckt und schließlich auf einer höheren Ebene aufgelöst.

Hegel betrachtete die Romantik als eine der wichtigsten Entwicklungen seiner Zeit und sah sie als Ausdruck eines zutiefst subjektiven und individualistischen Geistes. Die Romantik betonte die Bedeutung von Gefühl, Intuition und innerer Erfahrung und wandte sich gegen die rationalistische Aufklärung und den Idealismus. Romantische Schriftsteller und Philosophen suchten nach einer umfassenden Verbindung mit der Natur, der Kunst und der eigenen inneren Welt.

Hegel selbst war stark von der Aufklärung geprägt, insbesondere von Immanuel Kant. Er sah die Romantik als eine Reaktion auf die Rationalität der Aufklärung und kritisierte ihre Subjektivität und ihre Tendenz zur Abkehr von der objektiven Realität. Während die Romantik die Individualität und das Gefühl betonte, betonte die Aufklärung die Vernunft und die objektive Wahrheit.

Hegel versuchte, die Spannung zwischen der Romantik und der Aufklärung in seiner eigenen Philosophie aufzulösen. Er argumentierte, dass die Romantik zwar wichtige Einsichten in die Individualität und die innere Erfahrung des Menschen lieferte, aber auch dazu neigte, in Subjektivismus und Nihilismus abzurutschen. Er sah die Aufklärung als notwendigen Gegenpol, der die rationalen und objektiven Aspekte des Denkens betonte.

In Hegels Sicht konnte die Dialektik zwischen Romantik und Aufklärung dazu führen, dass die Vorzüge beider Bewegungen in einer höheren Synthese aufgehoben wurden. Er strebte danach, eine Philosophie zu entwickeln, die sowohl die individuelle Subjektivität als auch die objektive Realität berücksichtigte. Dies führte zu seiner berühmten Konzeption des absoluten Geistes, der die höchste Form des Wissens und der Realität darstellt.

Die Kunst spielte in Hegels Philosophie eine zentrale Rolle. Er sah die Kunst als einen Weg, die Spannung zwischen Subjektivität und Objektivität zu überwinden. In der Kunst konnten individuelle Künstler ihre subjektive Vision ausdrücken, gleichzeitig aber auch universelle Ideen und Wahrheiten vermitteln. Hegel betonte die Bedeutung der klassischen Kunst, die er als eine Synthese von Form und Inhalt betrachtete.

Hegels Philosophie hatte einen bedeutenden Einfluss auf die romantische Ästhetik und die Kunst des 19. Jahrhunderts. Romantische Künstler und Schriftsteller wie Caspar David Friedrich und Ludwig Tieck waren mit Hegels Ideen vertraut und setzten sie in ihren Werken um. Hegels Betonung der Synthese und des absoluten Geistes inspirierte auch die Entwicklung der deutschen Idealismus und der Romantik.

Hegels Philosophie und seine Beziehung zur Romantik waren nicht ohne Kritik. Einige Romantiker, darunter Novalis und Friedrich Schlegel, kritisierten Hegels rationalistischen Ansatz und seine Betonung der Objektivität. Sie argumentierten, dass die Romantik die subjektive Erfahrung betonen sollte, ohne sie durch die objektive Vernunft zu beschränken.

Georg Wilhelm Friedrich Hegels Philosophie der Dialektik der Romantik bleibt ein wichtiger Beitrag zur Ästhetik und zur Beziehung zwischen Subjektivität und Objektivität in der Kunst und Philosophie. Seine Versuche, die Spannung zwischen Romantik und Aufklärung zu überwinden, haben die Entwicklung der deutschen Romantik und der deutschen Idealismus beeinflusst und sind auch heute noch relevant für die Diskussionen über Kunst, Ästhetik und die Natur der philosophischen Erkenntnis.

6.5 Existenzialismus und die Romantik

Die Beziehung zwischen dem Existenzialismus und der Romantik ist ein faszinierendes und komplexes Thema, das die philosophische und literarische Entwicklung des 19. und 20. Jahrhunderts stark geprägt hat. In dieser ausführlichen

Zusammenfassung werden wir uns eingehend mit dieser Verbindung befassen, indem wir die zentralen Ideen und Vertreter beider Bewegungen erkunden.

Die Romantik war eine geistige Bewegung, die sich im späten 18. Jahrhundert in Europa entwickelte und in der ersten Hälfte des 19. Jahrhunderts ihren Höhepunkt erreichte. Sie betonte die Bedeutung von Individualismus, Emotionen und subjektiver Erfahrung und widersetzte sich den rationalistischen Idealen der Aufklärung. Romantische Autoren und Künstler, darunter Johann Wolfgang von Goethe, William Wordsworth und Caspar David Friedrich, erforschten die menschliche Seele, die Natur und das Übernatürliche in ihren Werken.

Der Existenzialismus, der im 19. Jahrhundert in Europa aufkam, kann als eine Weiterentwicklung der romantischen Ideale angesehen werden. Während die Romantik die individuelle Erfahrung und den subjektiven Ausdruck betonte, konzentrierte sich der Existenzialismus auf die Fragen der Existenz, der Freiheit und der Verantwortung des Einzelnen in einer oft absurden und sinnlosen Welt. Existenzialistische Philosophen wie Søren Kierkegaard, Friedrich Nietzsche, Jean-Paul Sartre und Albert Camus erweiterten die romantischen Themen und wandten sie auf die existenziellen Fragen des modernen Lebens an.

Søren Kierkegaard, ein dänischer Philosoph des 19. Jahrhunderts, wird oft als Vorläufer des Existenzialismus betrachtet. Er betonte die Bedeutung der individuellen Existenz und des subjektiven Glaubens. Kierkegaard argumentierte, dass die menschliche Existenz von Angst und Ungewissheit geprägt ist und dass der Einzelne in einer Welt, die von Rationalität und Konventionen geprägt ist, authentisch leben muss, indem er eine persönliche Beziehung zu Gott eingeht.

Friedrich Nietzsche, ein deutscher Philosoph des späten 19. Jahrhunderts, forderte die traditionellen Werte und Überzeugungen der westlichen Kultur heraus. Er proklamierte das "Gott ist tot"-Motiv und argumentierte, dass die Menschheit die religiösen und moralischen Grundlagen verloren hatte, die ihr früher Halt gegeben hatten. Nietzsche betonte die Idee des "Übermenschen", der seine eigenen Werte schafft und die Welt ohne Illusionen betrachtet.

Jean-Paul Sartre, ein französischer Existenzialist des 20. Jahrhunderts, entwickelte eine Philosophie der radikalen Freiheit und Verantwortung. Er argumentierte, dass der Mensch dazu verurteilt ist, frei zu sein und dass er in einer sinnlosen Welt seine eigenen Werte schaffen muss. Sartre prägte den Begriff "Existenz geht der Essenz voraus", um die Idee zu verdeutlichen, dass der Mensch zuerst existiert und dann seine Identität durch seine Handlungen und Entscheidungen definiert.

Albert Camus, ein französischer Schriftsteller und Philosoph, untersuchte das Konzept des Absurden in der Existenz. Er argumentierte, dass die Welt an sich keinen Sinn hat und dass die Suche nach einem ultimativen Zweck sinnlos ist. Camus' berühmter Essay "Der Mythos des Sisyphos" beschäftigt sich mit der Frage, wie man in einer absurden Welt dennoch einen Sinn im Leben finden kann.

Trotz der Unterschiede zwischen der Romantik und dem Existenzialismus gibt es auch gemeinsame Themen und Anliegen. Beide Bewegungen beschäftigten sich intensiv mit der menschlichen Existenz, der Suche nach Identität und Sinn, der Freiheit des Individuums und der Rolle der Emotionen. Sie hinterfragten die Konventionen und Normen ihrer jeweiligen Zeit und betonten die Bedeutung der subjektiven Erfahrung.

Die Verbindung zwischen dem Existenzialismus und der Romantik hatte auch einen erheblichen Einfluss auf die Literatur des 20. Jahrhunderts. Schriftsteller wie Franz Kafka, Jean-Paul Sartre, Albert Camus und Hermann Hesse griffen existenzielle Themen in ihren Werken auf und erkundeten die Abgründe der menschlichen Psyche. Kafka's "Der Prozess" und Camus' "Der Fremde" sind

Beispiele für Romane, die die Absurdität der Existenz thematisieren.

Die Beziehung zwischen dem Existenzialismus und der Romantik ist komplex und facettenreich. Während die Romantik die individuelle Erfahrung und die emotionale Tiefe betonte, konzentrierte sich der Existenzialismus auf die existenziellen Fragen des modernen Lebens und die radikale Freiheit des Individuums. Dennoch gibt es gemeinsame Themen wie die Betonung der Subjektivität, die Suche nach Identität und Sinn sowie die kritische Hinterfragung gesellschaftlicher Normen. Diese Verbindung zwischen zwei so unterschiedlichen Bewegungen zeigt die Vielfalt und die tiefe Relevanz philosophischer und literarischer Ideen für die menschliche Existenz und die Suche nach Bedeutung in einer oft unverständlichen Welt.

6.6 Friedrich Schleiermacher und die Religion in der Romantik

Die Beziehung zwischen Religion und Romantik ist ein faszinierendes und tiefgreifendes Thema, das die geistige Landschaft des 19. Jahrhunderts stark geprägt hat. Friedrich Schleiermacher, ein deutscher Theologe, Philosoph und Schriftsteller, spielte eine bedeutende Rolle bei der Entwicklung und Formulierung dieser Verbindung. In dieser ausführlichen Zusammenfassung werden wir uns eingehend mit Schleiermachers Leben, seinen Ideen und seinem Einfluss auf die romantische Bewegung beschäftigen.

Friedrich Daniel Ernst Schleiermacher wurde 1768 in Breslau, Preußen (heute Wrocław, Polen), geboren. Er war der Sohn eines reformierten Pfarrers und wurde frühzeitig mit religiösen Fragen und theologischen Debatten konfrontiert. Schleiermacher besuchte die Universitäten von Halle und Berlin, wo er sich intensiv mit Philosophie, Theologie und Literatur beschäftigte.

Die Romantik war eine geistige Bewegung, die sich im späten 18. Jahrhundert in Europa entwickelte und in der ersten Hälfte des 19. Jahrhunderts ihren Höhepunkt erreichte. Sie betonte die Bedeutung von Individualismus, Emotionen und subjektiver Erfahrung und widersetzte sich den rationalistischen Idealen der Aufklärung. Romantische Autoren und Künstler erforschten die menschliche Seele, die Natur und das Übernatürliche in ihren Werken.

Friedrich Schleiermacher gilt als einer der bedeutendsten Denker der deutschen Romantik, obwohl er in erster Linie ein Theologe und Philosoph war. Seine Werke und Ideen hatten einen erheblichen Einfluss auf die romantische Bewegung und trugen dazu bei, die Beziehung zwischen Religion und Romantik zu definieren.

Schleiermacher entwickelte eine einflussreiche theologische und philosophische Position, die oft als "Religiöser Subjektivismus" oder "Religiöser Idealismus" bezeichnet wird. In seinem berühmten Werk "Reden über die Religion an die Gebildeten unter ihren Verächtern" (1799) argumentierte er, dass Religion in erster Linie eine subjektive Erfahrung sei, die auf dem individuellen Gefühl des Abhängigkeitsbewusstseins gegenüber dem Unendlichen beruhe. Für Schleiermacher war Religion keine Frage von Dogmen oder Institutionen, sondern ein Ausdruck der tiefsten Empfindungen und Intuitionen des Menschen.

Ein zentrales Element von Schleiermachers Theologie war die Betonung des Gefühls oder der inneren Empfindung als Grundlage religiöser Erfahrung. Er argumentierte, dass das religiöse Gefühl das Gefühl der Abhängigkeit von etwas Größerem sei, das er als "das Unendliche" oder "das Absolute" bezeichnete. Dieses Gefühl des Abhängigkeitsbewusstseins sei der Ursprung aller religiösen Überzeugungen und Praktiken.

Die Betonung des Gefühls und der subjektiven Erfahrung in Schleiermachers Theologie harmonierte gut mit den zentralen Ideen der Romantik. Romantische Autoren und Künstler, darunter Johann Wolfgang von Goethe, William Wordsworth und Caspar David Friedrich, erforschten die Welt der Emotionen und der inneren Erfahrung in ihren Werken. Sie betonten die Bedeutung von Individualismus und persönlicher Gefühlswelt.

In einer Zeit des sozialen Wandels und der politischen Umwälzungen suchten viele Romantiker nach einer tiefen spirituellen Erfahrung und einer Verbindung zur Natur und zur Vergangenheit. Dies spiegelt sich in Werken wie Goethes "Faust", in dem Faust nach Wissen und Sinn in der Welt sucht, und in Wordsworths Naturgedichten wider, die eine tiefe Verbundenheit zur natürlichen Welt ausdrücken.

Schleiermachers Ideen hatten einen direkten Einfluss auf einige der führenden Köpfe der Romantik. Der Philosoph Friedrich Schlegel beispielsweise war von Schleiermachers religiösem Subjektivismus stark beeinflusst. In seinen Schriften betonte er die Bedeutung des inneren Gefühls und der subjektiven Erfahrung als Grundlage für Kunst und Literatur.

Es ist wichtig zu betonen, dass die romantische Bewegung keine einheitliche religiöse Position vertrat. Während einige Romantiker, wie Schleiermacher, eine betonte Spiritualität und Religiosität pflegten, gab es auch skeptische und säkulare Strömungen innerhalb der Bewegung. Die Romantik war vielfältig und widersprüchlich, und die Beziehung zwischen Religion und Romantik nahm verschiedene Formen an.

Schleiermachers theologischer Einfluss erstreckte sich über die romantische Bewegung hinaus. Seine Ideen trugen zur Entwicklung des liberalen Protestantismus bei, der die Bedeutung individueller Glaubenserfahrung und persönlicher Freiheit betonte. Sie beeinflussten auch spätere Denker wie Søren Kierkegaard und Friedrich Nietzsche, die die religiösen Fragen des 19. Jahrhunderts weiter untersuchten.

Friedrich Schleiermacher spielte eine bedeutende Rolle bei der Definition der Beziehung zwischen Religion und Romantik im 19. Jahrhundert. Seine Betonung des religiösen Gefühls und der subjektiven Erfahrung fand in der romantischen Bewegung einen fruchtbaren Boden und beeinflusste das Denken vieler Romantiker. Trotz der verschiedenen religiösen Positionen innerhalb der

Romantik trug Schleiermacher dazu bei, die Bedeutung von Individualismus, Emotionen und innerer Erfahrung in der geistigen Landschaft des 19. Jahrhunderts zu betonen.

6.7 Die Romantik als Gegenbewegung zur Rationalität

Die Romantik war eine der bedeutendsten geistigen Bewegungen des 18. und 19. Jahrhunderts und entwickelte sich als Reaktion auf die Rationalität und die Ideale der Aufklärung. Diese ausführliche Zusammenfassung wird die Romantik als Gegenbewegung zur Rationalität betrachten und ihre wichtigsten Merkmale sowie ihren Einfluss auf verschiedene künstlerische Disziplinen wie Literatur, Kunst und Musik untersuchen.

Die Aufklärung war eine geistige Bewegung des 17. und 18. Jahrhunderts, die die Vernunft und die rationale Analyse als die wesentlichen Instrumente zur Lösung von Problemen und zur Verbesserung der Gesellschaft ansah. Die Aufklärer glaubten an die Macht der Vernunft, die wissenschaftliche Methode und die Anerkennung der Menschenrechte. Diese rationalen Ideale führten zu Fortschritten in Wissenschaft, Politik und Technologie.

Die Romantik entwickelte sich als Reaktion auf die Ideen und Ideale der Aufklärung. Sie nahm in der zweiten Hälfte des 18. Jahrhunderts Gestalt an und erreichte in der ersten Hälfte des 19. Jahrhunderts ihren Höhepunkt. Die Romantiker betonten die Bedeutung von Emotionen, Individualismus und subjektiver Erfahrung. Sie sahen die Rationalität der Aufklärung als zu begrenzt an und strebten nach einer umfassenderen und tieferen Verbindung zur Welt.

Ein zentrales Merkmal der Romantik war die Betonung des Subjektiven. Die Romantiker glaubten, dass die individuelle Erfahrung und die persönlichen Gefühle einen höheren Wert haben als objektive Rationalität. Sie sahen die Welt durch die Linse des eigenen Selbst und betonten die Einzigartigkeit und die Tiefe der menschlichen Seele.

Die Romantiker fanden Inspiration in der Natur. Sie sahen die Natur als Spiegelbild der menschlichen Seele und als Ausdruck des Göttlichen. Romantische Autoren wie William Wordsworth und Johann Wolfgang von Goethe schrieben Gedichte, die die Schönheit und die Erhabenheit der Natur feierten. Die Natur wurde zu einer Quelle der Inspiration und zur Kulisse für viele romantische Werke.

Ein weiteres Merkmal der Romantik war die Suche nach dem Unbekannten und dem Mysteriösen. Die Romantiker waren fasziniert von Geheimnissen und dem Übersinnlichen. Dies spiegelte sich in Werken wie E.T.A. Hoffmanns "Der Sandmann" wider, in dem das Unheimliche und das Irrationale eine zentrale Rolle spielen. Die Romantik betonte das Unfassbare und das Unerklärliche.

In der Literatur manifestierte sich die Romantik in verschiedenen Formen und Stilen. Goethes "Die Leiden des jungen Werthers" ist ein Schlüsselwerk der deutschen Romantik und erzählt die Geschichte eines jungen Mannes, der von unerfüllter Liebe und Melancholie geplagt wird. Mary Shelleys "Frankenstein" ist ein weiteres Beispiel für romantische Literatur, das die dunklen Seiten der Wissenschaft und die Isolation des Individuums erkundet.

Die romantische Kunst drückte sich in der Malerei, der Skulptur und der Architektur aus. Caspar David Friedrich, ein deutscher Maler, schuf Werke, die die Stille und die Erhabenheit der Natur einfingen. Seine Gemälde, wie "Der Wanderer über dem Nebelmeer", zeigen einzelne Gestalten, die in der majestätischen Naturwelt verloren sind. Die romantische Architektur, die oft als Neugotik bezeichnet wird, griff auf mittelalterliche Stilelemente zurück und betonte die Mystik und die Spiritualität.

Die romantische Musik brachte bedeutende Veränderungen in der musikalischen Komposition und Aufführung mit sich. Komponisten wie Ludwig van Beethoven, Franz Schubert und Richard Wagner schufen Werke, die emotionale Intensität und dramatische

Ausdruckskraft betonten. Die Romantik führte auch zur Entwicklung des romantischen Klaviers und der Programmmusik, bei der Musik eine erzählerische oder bildliche Funktion erfüllte.

Die romantische Bewegung war nicht auf ein bestimmtes Land oder eine bestimmte Region beschränkt, sondern breitete sich über Europa und in die Vereinigten Staaten aus. Sie hatte Einfluss auf die Literatur, die Kunst und die Musik in vielen Ländern und prägte die kulturelle Landschaft des 19. Jahrhunderts.

Die romantischen Ideen und Ideale setzten sich auch im 20. Jahrhundert fort und beeinflussten die moderne Kunst, die Literatur und die Musik. Der Existentialismus, Surrealismus und Expressionismus sind Bewegungen, die von romantischen Ideen beeinflusst wurden. Die Betonung des Subjektiven und der individuellen Erfahrung bleibt ein wichtiger Aspekt der zeitgenössischen Kultur.

Die Romantik war eine bedeutende geistige Bewegung, die als Reaktion auf die Rationalität der Aufklärung entstand. Sie betonte die Bedeutung von Emotionen, Individualismus und subjektiver Erfahrung. Die Romantik manifestierte sich in Literatur, Kunst und Musik und prägte die kulturelle Landschaft des 19. Jahrhunderts und darüber hinaus. Ihre Ideen und Ideale haben auch in der modernen Kultur Spuren hinterlassen und bleiben relevant für die heutige Zeit. Die Romantik ist ein wichtiger Teil der geistigen Geschichte der Menschheit, der die Vielfalt und die Tiefe der menschlichen Erfahrung feiert.

6.8 Die Romantik und die Entstehung der deutschen Idealismus

Die Romantik und der deutsche Idealismus sind zwei der wichtigsten geistigen Strömungen des späten 18. und frühen 19. Jahrhunderts in Deutschland. Diese ausführliche Zusammenfassung wird die Beziehung zwischen der Romantik und dem deutschen Idealismus untersuchen, ihre wichtigsten Merkmale erläutern und den Einfluss dieser Bewegungen auf die Philosophie, die Literatur und die Kunst darstellen.

Die Romantik entstand als Reaktion auf die Ideale der Aufklärung, die die Vernunft und die rationale Analyse als die wichtigsten Instrumente zur Erkenntnis und zur Verbesserung der Gesellschaft ansahen. Die Romantiker hingegen betonten die Bedeutung von Emotionen, Individualismus und subjektiver Erfahrung. Sie sahen die Welt durch die Linse des eigenen Selbst und betonten die Einzigartigkeit und die Tiefe der menschlichen Seele.

Ein zentrales Merkmal der Romantik war die enge Beziehung zur Natur. Die Romantiker sahen die Natur als Spiegelbild der menschlichen Seele und als Ausdruck des Göttlichen. In der Kunst und der Literatur der Romantik wurde die Natur oft als Inspirationsquelle verwendet, und ihre Schönheit und Erhabenheit wurden gefeiert.

Ein weiteres Schlüsselmerkmal der Romantik war die Faszination für das Übersinnliche und das Mysteriöse. Die Romantiker glaubten an die Existenz von Geheimnissen und dem Unbekannten. Dies spiegelte sich in Werken wie E.T.A. Hoffmanns "Der Sandmann" wider, in dem das Unheimliche und das Irrationale eine zentrale Rolle spielen. Die Romantik betonte das Unfassbare und das Unerklärliche.

In der Literatur manifestierte sich die Romantik in verschiedenen Formen und Stilen. Goethes "Die Leiden des jungen Werthers" ist ein Schlüsselwerk der deutschen Romantik und erzählt die Geschichte eines jungen Mannes, der von unerfüllter Liebe und Melancholie geplagt wird. Mary Shelleys "Frankenstein" ist ein weiteres Beispiel für romantische Literatur, das die dunklen Seiten der Wissenschaft und die Isolation des Individuums erkundet.

Die romantische Kunst drückte sich in der Malerei, der Skulptur und der Architektur aus. Caspar David Friedrich, ein deutscher Maler, schuf Werke, die die Stille und die Erhabenheit der Natur einfingen.

Seine Gemälde, wie "Der Wanderer über dem Nebelmeer", zeigen einzelne Gestalten, die in der majestätischen Naturwelt verloren sind. Die romantische Architektur, die oft als Neugotik bezeichnet wird, griff auf mittelalterliche Stilelemente zurück und betonte die Mystik und die Spiritualität.

Die romantische Musik brachte bedeutende Veränderungen in der musikalischen Komposition und Aufführung mit sich. Komponisten wie Ludwig van Beethoven, Franz Schubert und Richard Wagner schufen Werke, die emotionale Intensität und dramatische Ausdruckskraft betonten. Die Romantik führte auch zur Entwicklung des romantischen Klaviers und der Programmmusik, bei der Musik eine erzählerische oder bildliche Funktion erfüllte.

Der deutsche Idealismus war eine philosophische Bewegung, die sich während der späten Aufklärung und der romantischen Ära in Deutschland entwickelte. Sie war eng mit der Romantik verwoben und teilte einige ihrer zentralen Ideen, wie die Betonung des Subjektiven und der individuellen Erfahrung.

Zu den bedeutendsten Philosophen des deutschen Idealismus gehören Immanuel Kant, Johann Gottlieb Fichte, Friedrich Schelling und Georg Wilhelm Friedrich Hegel. Jeder von ihnen trug zur Entwicklung dieser philosophischen Bewegung bei und entwickelte seine eigenen Ideen zur Natur der Realität, des Bewusstseins und der Erkenntnis.

Der deutsche Idealismus betonte die Suche nach der absoluten Wahrheit und die Entwicklung einer umfassenden metaphysischen Philosophie. Die Philosophen dieser Bewegung versuchten, die Natur der Realität und die Beziehung zwischen Geist und Welt zu verstehen. Sie glaubten an die Existenz eines transzendentalen Ichs, das die Grundlage für alle Erkenntnis und Erfahrung bildet.

Der deutsche Idealismus versuchte, die Ideale der Rationalität und der Romantik zu synthetisieren. Die Philosophen dieser Bewegung glaubten, dass die Vernunft und die Emotionen in einer höheren

Synthese vereint werden könnten. Hegel entwickelte beispielsweise seine Dialektik, um die Entwicklung des Geistes und die Bewegung der Geschichte zu erklären.

Der deutsche Idealismus hatte auch einen großen Einfluss auf die Literatur und die Kunst der Romantik. Die romantischen Schriftsteller und Künstler waren von den philosophischen Ideen dieser Bewegung inspiriert und integrierten sie in ihre Werke. Dies führte zu einer Vertiefung und Erweiterung der romantischen Ästhetik und zu einer tieferen Reflexion über die Natur der Realität und des Bewusstseins.

Die Beziehung zwischen der Romantik und dem deutschen Idealismus war eng und komplex. Beide Bewegungen betonten die Bedeutung von Emotionen, Individualismus und subjektiver Erfahrung, und sie beeinflussten sich gegenseitig in vielerlei Hinsicht. Die Romantik brachte die ästhetischen Ideale hervor, die den deutschen Idealismus inspirierten, während der deutsche Idealismus philosophische Grundlagen für die romantische Ästhetik schuf. Diese beiden Bewegungen trugen wesentlich zur Entwicklung der deutschen Kultur und zur geistigen Geschichte der Menschheit bei und hinterließen einen bleibenden Einfluss auf die Literatur, die Kunst und die Philosophie.

6.9 Die Beziehung zwischen Philosophie und Kunst in der Romantik

Die Romantik war eine kulturelle Bewegung des späten 18. und 19. Jahrhunderts, die sich in verschiedenen Bereichen wie Literatur, Kunst, Philosophie und Musik manifestierte. Ein zentrales Merkmal dieser Epoche war die enge Verbindung zwischen Philosophie und Kunst. Diese Beziehung war komplex und vielschichtig, da sie die gemeinsamen Ideale und Prinzipien der Romantik widerspiegelte. In dieser ausführlichen Zusammenfassung werden wir die Beziehung zwischen Philosophie und Kunst in der Romantik näher betrachten, ihre wichtigsten Vertreter und Ideen diskutieren und die Auswirkungen dieser Verbindung auf die kulturelle Entwicklung dieser Epoche beleuchten.

Um die Beziehung zwischen Philosophie und Kunst in der Romantik zu verstehen, ist es wichtig, die Romantik selbst in ihrem historischen Kontext zu betrachten. Die Romantik entstand als Reaktion auf die Ideale der Aufklärung, die die Vernunft, die Wissenschaft und die rationale Analyse als die wichtigsten Instrumente zur Erkenntnis und zur Verbesserung der Gesellschaft ansahen. Die Romantiker hingegen betonten die Bedeutung von Emotionen, Individualismus und subjektiver Erfahrung. Sie glaubten, dass die Welt durch die Linse des eigenen Selbst betrachtet werden sollte, und schätzten die Einzigartigkeit und die Tiefe der menschlichen Seele.

In der Romantik spielte die Philosophie eine zentrale Rolle bei der Entwicklung von Ideen und Konzepten, die in der Kunst und der Literatur dieser Zeit zum Ausdruck kamen. Philosophen wie Immanuel Kant, Johann Gottlieb Fichte, Friedrich Schelling und Georg Wilhelm Friedrich Hegel trugen zur Entwicklung des romantischen Denkens bei und beeinflussten die Ästhetik der Epoche.

Immanuel Kant war einer der einflussreichsten Philosophen der Romantik. Seine Schriften zur Ästhetik, insbesondere die "Kritik der Urteilskraft", hatten einen tiefgreifenden Einfluss auf die romantische Kunsttheorie. Kant betonte die Subjektivität des ästhetischen Urteils und argumentierte, dass die Schönheit eines Kunstwerks im Auge des Betrachters liegt. Dieser Ansatz eröffnete den Weg für die Betonung der individuellen Erfahrung und der persönlichen Empfindungen in der Kunst.

Johann Gottlieb Fichte, ein weiterer wichtiger Vertreter des deutschen Idealismus, trug zur Entwicklung des romantischen Individualismus bei. Er betonte die Freiheit des Einzelnen und die Möglichkeit der Selbstbestimmung. Diese Ideen spiegelten sich in der romantischen Literatur und Kunst wider, in der oft die Suche nach Identität und Selbstfindung im Mittelpunkt stand.

Friedrich Schelling war ein Philosoph, der die Beziehung zwischen Natur und Geist erforschte. Er entwickelte eine Naturphilosophie, die die Einheit von Natur und Geist betonte und die Natur als Ausdruck des Göttlichen ansah. Diese Ideen flossen in die romantische Kunst ein, in der die Natur oft als Inspirationsquelle und als Spiegelbild der menschlichen Seele diente.

Georg Wilhelm Friedrich Hegel, einer der bedeutendsten Philosophen des deutschen Idealismus, entwickelte eine umfassende Dialektik, um die Entwicklung des Geistes und die Bewegung der Geschichte zu erklären. Seine Ideen beeinflussten die romantische Geschichtsschreibung und die Auffassung von Fortschritt und Entwicklung in der Kunst und der Literatur.

Die Verbindung zwischen Philosophie und Kunst in der Romantik war eng und vielschichtig. Die Romantiker glaubten, dass Kunst eine Form der Philosophie sei, die tiefere Wahrheiten und Emotionen vermitteln könne, die mit rationalen Mitteln nicht erreichbar seien. Kunst wurde als ein Weg zur Erkenntnis und zur Erforschung der menschlichen Existenz betrachtet.

Ein zentrales Anliegen der Romantik war die Betonung der Individualität und der Emotionen. Die Romantiker glaubten, dass jeder Mensch eine einzigartige innere Welt habe, die in der Kunst und der Literatur zum Ausdruck gebracht werden sollte. Dies führte zur Entwicklung von Charakteren und Geschichten, die die Tiefe und die Komplexität der menschlichen Psyche erforschten.

In der romantischen Kunst wurde die Idee des Künstlers als Genie gefeiert, der in der Lage ist, seine innersten Gedanken und Gefühle in seinen Werken auszudrücken. Künstler wie Caspar David Friedrich und William Turner schufen Gemälde, die die Einsamkeit, die Melancholie und die Erhabenheit der Natur einfingen und gleichzeitig die inneren Konflikte und Sehnsüchte des Menschen darstellten.

Die Romantiker suchten auch nach dem Transzendenten, nach etwas, das über die materielle Welt hinausging. Diese Suche spiegelte sich in Werken wider, die das Übersinnliche, das Mysteriöse und das Spirituelle erkundeten. Die Romantik war geprägt von einer Sehnsucht nach dem Unbekannten und nach einer Verbindung zum Göttlichen.

Die Beziehung zwischen Philosophie und Kunst in der Romantik hatte einen tiefgreifenden Einfluss auf die zeitgenössische Kultur. Die Ideen der Romantik beeinflussten nicht nur die Kunst und die Literatur, sondern auch die Musik, die Architektur und die Gesellschaft. Die Betonung der Individualität und der Emotionen prägte die romantische Ästhetik und führte zu einer neuen Wertschätzung für das Individuum.

Die Beziehung zwischen Philosophie und Kunst in der Romantik war eine enge und fruchtbare, die die kulturelle Entwicklung dieser Epoche maßgeblich beeinflusste. Die Romantiker glaubten an die transformative Kraft der Kunst und sahen sie als einen Weg zur Erkenntnis der inneren und äußeren Welt. Die Ideen der deutschen Idealisten, wie Kant, Fichte, Schelling und Hegel, trugen dazu bei, die romantische Ästhetik und die Betonung der Individualität und der Emotionen zu formen. Diese Beziehung zwischen Philosophie und Kunst bleibt ein wichtiges Erbe der Romantik und hat die Kunst und die Philosophie bis heute nachhaltig beeinflusst.

6.10 Die Aktualität romantischer Philosophie in der modernen Denkwelt

Die Romantik war eine kulturelle Bewegung des späten 18. und frühen 19. Jahrhunderts, die sich in verschiedenen Bereichen wie Literatur, Kunst, Musik und Philosophie manifestierte. Während die Romantik historisch gesehen eine vergangene Epoche darstellt, sind ihre Ideen und Philosophien bis heute von Bedeutung und haben einen nachhaltigen Einfluss auf die moderne Denkwelt. In dieser ausführlichen Zusammenfassung werden wir die Aktualität romantischer Philosophie in der heutigen Zeit betrachten, die wichtigsten Ideen und Vertreter der romantischen Philosophie diskutieren und aufzeigen, wie diese Ideen immer noch in unserer modernen Welt präsent sind.

Um die Aktualität romantischer Philosophie zu verstehen, ist es wichtig, die Romantik selbst und ihren historischen Kontext zu betrachten. Die Romantik entstand als Reaktion auf die Ideale der Aufklärung, die Vernunft, Wissenschaft und Rationalität als die vorherrschenden Prinzipien zur Erkenntnis und Verbesserung der Gesellschaft ansahen. Die Romantiker hingegen betonten die Bedeutung von Emotionen, Individualismus und subjektiver Erfahrung. Sie glaubten, dass die Welt nicht nur durch rationale Analyse, sondern auch durch emotionale Resonanz und Intuition verstanden werden sollte.

Die romantische Philosophie war von einer Vielzahl von Ideen und Konzepten geprägt, die auch in der heutigen Zeit von Bedeutung sind.

Die Romantiker glaubten an die Einzigartigkeit eines jeden Menschen und die Notwendigkeit, die individuelle Erfahrung und Perspektive zu würdigen. Diese Idee findet sich heute in Konzepten wie Selbstverwirklichung und Individualismus wieder. Die Romantiker schätzten die emotionalen Erfahrungen und sahen sie als einen Schlüssel zur Wahrnehmung der Welt. In der modernen Psychologie und Psychiatrie spielt die Bedeutung von Emotionen eine entscheidende Rolle. Die Romantiker betrachteten die Natur als eine Quelle der Inspiration und der spirituellen Erhebung. Diese Vorstellung hat bis heute einen Einfluss auf Umweltbewegungen und die Suche nach einem tieferen Verständnis der Natur. Die Romantiker waren auf der Suche nach etwas Jenseitigem, nach dem Transzendenten, das über die materielle Welt hinausging. Dies spiegelt sich in modernen philosophischen Debatten über Religion und Spiritualität wider.

Die Romantik hat einen nachhaltigen Einfluss auf die Literatur der Moderne. Die Betonung von Emotionen, Individualität und der

Suche nach dem Transzendenten sind weiterhin zentrale Themen in der zeitgenössischen Literatur. Autoren wie Franz Kafka, Virginia Woolf und Gabriel García Márquez haben in ihren Werken romantische Elemente aufgegriffen und weiterentwickelt.

Die romantische Kunst hat die moderne Kunst nachhaltig geprägt. Künstler wie Jackson Pollock, Mark Rothko und Frida Kahlo haben romantische Elemente in ihre Werke integriert und die Betonung von Emotionen und Individualität fortgesetzt.

Die romantische Musik hat einen dauerhaften Einfluss auf die moderne Musikwelt. Komponisten wie Igor Strawinsky, Dmitri Schostakowitsch und John Williams haben romantische Elemente in ihre Kompositionen aufgenommen und weiterentwickelt.

In der modernen Philosophie sind die Ideen der Romantik ebenfalls präsent. Die Betonung der Individualität und der subjektiven Erfahrung findet sich in den Arbeiten von Existenzialisten wie Jean-Paul Sartre und Albert Camus wieder. Die Suche nach dem Transzendenten und die Bedeutung von Emotionen sind Themen in der Religionsphilosophie und der Phänomenologie.

In der Psychologie haben die Ideen der Romantik einen dauerhaften Einfluss auf die Erforschung von Emotionen, Persönlichkeit und individueller Erfahrung. Die humanistische Psychologie, die die Würdigung der individuellen Erfahrung betont, wurde von romantischen Ideen inspiriert.

Die romantische Vorstellung von der Natur als einer inspirierenden und spirituellen Kraft hat die moderne Umweltbewegung geprägt. Die Suche nach einem tieferen Verständnis der Natur und die Betonung ihrer Bedeutung für das menschliche Wohlbefinden sind zentrale Themen in Umweltdebatten.

Die romantische Philosophie bleibt in der modernen Denkwelt äußerst relevant. Ihre Ideen und Konzepte, die die Bedeutung von Emotionen, Individualität und der Suche nach dem Transzendenten betonen, haben einen nachhaltigen Einfluss auf Literatur, Kunst, Musik, Philosophie, Psychologie und die Umweltbewegung. Die Romantik erinnert uns daran, dass die menschliche Erfahrung reichhaltig, vielfältig und tiefgründig ist und dass es wichtig ist, sie in all ihrer Komplexität zu würdigen und zu erforschen.

Kapitel 7: Die Romantik und die Natur

7.1 Die Bedeutung der Natur als Inspirationsquelle

Die Natur spielte eine zentrale Rolle in der romantischen Bewegung des späten 18. und frühen 19. Jahrhunderts. Die Romantiker empfanden eine tiefe Verbundenheit zur Natur und sahen sie nicht nur als äußere, sondern auch als innere Realität. In dieser ausführlichen Zusammenfassung werden wir die Bedeutung der Natur als Inspirationsquelle in der Romantik beleuchten und aufzeigen, wie diese Idee bis heute in verschiedenen Bereichen der Kunst, Literatur und Philosophie präsent ist.

Die Romantik war geprägt von einem starken Interesse an der Natur und einem tiefen Verständnis für ihre Schönheit und Mysterien. Die Romantiker sahen in der Natur nicht nur eine ästhetische Quelle der Inspiration, sondern auch eine spirituelle und emotionale.

Für die Romantiker war die Natur ein Spiegelbild der menschlichen Seele. Sie glaubten, dass die äußere Natur die inneren Empfindungen und Gedanken des Menschen widerspiegelt. In der Natur konnten sie ihre eigenen Emotionen und inneren Konflikte erkennen und reflektieren.

Die Romantiker sahen in der Natur Symbole und Metaphern für menschliche Gefühle und Erfahrungen. Zum Beispiel wurde der stürmische Ozean oft als Symbol für Leidenschaft und innere Unruhe verwendet, während der ruhige Wald für Frieden und Einsamkeit stand.

Die Romantiker glaubten, dass die Natur eine Quelle der Erkenntnis war, die es den Menschen ermöglichte, die Geheimnisse des Universums zu verstehen. In der Beobachtung und Kontemplation der Natur fanden sie Einsicht und Weisheit.

Die romantische Literatur war stark von der Natur inspiriert. Autoren wie William Wordsworth und Samuel Taylor Coleridge schrieben Gedichte, die die Schönheit und Erhabenheit der Natur hervorhoben. Wordsworths berühmtes Gedicht "Lines Composed a Few Miles Above Tintern Abbey" beschreibt seine spirituelle Verbindung zur Natur und wie sie ihm Trost und Erleuchtung bietet.

Auch in der Prosa war die Natur ein wichtiger Schauplatz. In Mary Shelleys "Frankenstein" dient die wilde und einsame Natur als Hintergrund für die tragische Geschichte von Viktor Frankenstein und seinem Geschöpf. Die Natur wird in diesem Roman oft als bedrohlich und unkontrollierbar dargestellt, was die Stimmung der Geschichte verstärkt.

Die romantische Malerei war stark von der Natur inspiriert, insbesondere in der Landschaftsmalerei. Künstler wie Caspar David Friedrich, John Constable und J.M.W. Turner schufen Werke, die die Schönheit und Erhabenheit der Natur einfingen. Friedrichs Gemälde "Wanderer über dem Nebelmeer" zeigt einen einsamen Wanderer auf einem Berggipfel, der auf ein bewegtes Nebelmeer blickt. Das Gemälde drückt das Gefühl der Erhabenheit und der spirituellen Verbindung zur Natur aus.

Auch in der romantischen Musik spielte die Natur eine wichtige Rolle. Komponisten wie Ludwig van Beethoven und Franz Schubert drückten ihre Liebe zur Natur in ihren Werken aus. Beethovens "Pastorale Symphonie" ist ein Beispiel für ein Musikstück, das die Schönheit der Natur feiert. Die verschiedenen Sätze der Symphonie repräsentieren verschiedene Aspekte der Natur, von der ruhigen Landschaft bis zum Sturm.

In der Philosophie hatte die romantische Auffassung von Natur ebenfalls einen Einfluss. Die Idee, dass die Natur eine spirituelle und emotionale Dimension hat, fand Eingang in die Philosophie von Friedrich Wilhelm Joseph Schelling. Er argumentierte, dass die Natur eine lebendige und sich entwickelnde Entität ist, die eng mit dem Geist verbunden ist.

Die Bedeutung der Natur als Inspirationsquelle endet nicht in der Romantik. Auch in der heutigen Zeit spielt die Natur eine wichtige Rolle in der Kunst, der Literatur und der Philosophie.

Die moderne Umweltbewegung beruht auf der Vorstellung, dass die Natur geschützt und bewahrt werden muss. Die Romantiker legten den Grundstein für diese Denkweise, indem sie die Natur als wertvoll und erhaben ansahen.

Die Idee der Biophilie besagt, dass Menschen eine natürliche Verbindung zur Natur haben und dass diese Verbindung wichtig für unser Wohlbefinden ist. Diese Idee wurde von dem Biologen E.O. Wilson geprägt und spiegelt die romantische Auffassung von der Natur als Inspirationsquelle wider.

Die Ökopsychologie erforscht die Verbindung zwischen Mensch und Natur und wie die Natur unsere psychische Gesundheit beeinflusst. Diese Disziplin basiert auf der romantischen Vorstellung, dass die Natur eine wichtige Rolle in unserem emotionalen und geistigen Leben spielt.

Auch in der zeitgenössischen Kunst ist die Natur ein häufig verwendetes Motiv. Künstlerinnen und Künstler auf der ganzen Welt finden Inspiration in der Natur und verwenden sie als Medium, um ihre Ideen und Emotionen auszudrücken.

In der Philosophie gibt es eine wachsende Bewegung, die sich mit Umweltethik und der Beziehung zwischen Mensch und Natur befasst. Diese Bewegung ist von der romantischen Vorstellung beeinflusst, dass die Natur eine spirituelle und emotionale Dimension hat.

Die Bedeutung der Natur als Inspirationsquelle in der Romantik hatte einen tiefgreifenden Einfluss auf die Kunst, die Literatur, die Philosophie und die moderne Denkwelt. Die romantische Vorstellung von der Natur als Spiegel der Seele, als Symbol und als Quelle der Erkenntnis hat bis heute Bestand und findet sich in verschiedenen Bereichen unserer Kultur und Gesellschaft wieder. Die Aktualität der romantischen Auffassung von Natur unterstreicht die Zeitlosigkeit und die tiefe Bedeutung dieser Idee für das menschliche Leben und die menschliche Kreativität.

7.2 Romantische Darstellungen von Landschaften und Orten

Die Romantik war eine kulturelle Bewegung des 18. und 19. Jahrhunderts, die in Kunst, Literatur, Musik und Philosophie eine bedeutende Rolle spielte. Eine der zentralen Ideen dieser Epoche war die Faszination für Landschaften und Orte, die in vielfältiger Weise in den Werken romantischer Künstler und Schriftsteller zum Ausdruck kam. In dieser ausführlichen Zusammenfassung werden wir uns mit der Bedeutung romantischer Darstellungen von Landschaften und Orten befassen und untersuchen, wie diese in verschiedenen Kunstformen der Romantik dargestellt wurden.

Die Romantik war geprägt von einer tiefen Sehnsucht nach der Natur und einer Faszination für die Schönheit und Erhabenheit der Landschaften. Die Romantiker sahen in der Natur nicht nur eine äußere Realität, sondern auch einen Spiegel der eigenen Gefühle und Gedanken. Dies führte zu einer intensiven Auseinandersetzung mit Landschaften und Orten, die in den Kunstwerken der Romantik häufig thematisiert wurden.

Eine zentrale Idee der romantischen Landschaftsdarstellung war die Erhabenheit der Natur. Romantische Künstler versuchten, die majestätische Schönheit und die überwältigenden Dimensionen der Natur in ihren Werken einzufangen. Dies sollte beim Betrachter Ehrfurcht und Bewunderung auslösen. Neben der erhabenen Natur wurde auch die malerische Schönheit der Landschaften geschätzt. Romantische Künstler waren auf der Suche nach pittoresken Szenen, die von harmonisch angeordneten Elementen geprägt waren. Diese malerischen Landschaften dienten oft als Kulisse für romantische Geschichten und Gedichte. Für einige Romantiker war die Natur ein Ort des Mystischen und Übersinnlichen. Sie glaubten, dass bestimmte Orte spirituelle Energien ausstrahlten und dass man dort besondere Erfahrungen machen konnte. Dies führte zur Entstehung von Mythen und Legenden um diese Orte.

Die romantische Landschaftsmalerei war eine der prominentesten Kunstformen der Romantik. Künstler wie Caspar David Friedrich, John Constable und J.M.W. Turner schufen Werke, die die Schönheit und Erhabenheit der Natur einfingen.

Caspar David Friedrich gilt als einer der bedeutendsten Vertreter der romantischen Landschaftsmalerei. Sein Gemälde "Wanderer über dem Nebelmeer" ist ein ikonisches Beispiel für die romantische Vorstellung von erhabener Natur. Es zeigt einen einsamen Wanderer auf einem Berggipfel, der auf ein bewegtes Nebelmeer blickt. Das Gemälde drückt das Gefühl der Erhabenheit und der spirituellen Verbindung zur Natur aus.

John Constable war ein englischer Landschaftsmaler, der die malerische Schönheit der englischen Landschaften in den Mittelpunkt seiner Werke stellte. Seine Gemälde von Wiesen, Flüssen und Wolkenformationen zeichnen sich durch ihre Detailtreue und ihre Liebe zur Natur aus.

J.M.W. Turner war ein Meister der Darstellung von Licht und Atmosphäre in seinen Landschaftsbildern. Seine Werke zeigen oft dramatische Himmelserscheinungen und stürmische Seeansichten. Turner experimentierte mit Farben und Techniken, um die Intensität der Naturerfahrung in seinen Bildern zu vermitteln.

Auch in der romantischen Literatur spielten Landschaften und Orte eine zentrale Rolle. Dichter wie William Wordsworth und Samuel Taylor Coleridge schrieben Gedichte, die die Schönheit und Erhabenheit der Natur hervorhoben.

William Wordsworths Gedicht "Lines Composed a Few Miles Above Tintern Abbey" beschreibt seine spirituelle Verbindung zur Natur und wie sie ihm Trost und Erleuchtung bietet. Er betonte die Bedeutung der Natur als Inspirationsquelle für die Dichtung.

Samuel Taylor Coleridges Gedicht "Kubla Khan" ist eine visionäre Darstellung eines exotischen Ortes, die von einem Traum inspiriert wurde. Es zeigt, wie die Romantiker die Fantasie und die Realität in ihren Werken miteinander verknüpften.

In der romantischen Literatur und Kunst wurden bestimmte Orte zu Symbolen für bestimmte Ideen und Emotionen.

Die Alpen waren ein häufig verwendetes Motiv in der romantischen Kunst und Literatur. Sie wurden als Inbegriff der Erhabenheit und der spirituellen Suche betrachtet. Künstler und Schriftsteller reisten in die Alpen, um die majestätische Landschaft zu erleben und sie in ihren Werken festzuhalten. Ruinen waren ein beliebtes Motiv in der romantischen Kunst. Sie symbolisierten Vergänglichkeit und das Vergehen der Zeit. Ruinen dienten oft als Kulisse für romantische Geschichten, in denen die Vergangenheit auf die Gegenwart trifft. Das Meer war ein häufig verwendetes Motiv in der romantischen Kunst und Literatur. Es symbolisierte die Unendlichkeit und die Geheimnisse der Natur. Das stürmische Meer konnte als Metapher für Leidenschaft und inneres Chaos dienen, während das ruhige Meer für Frieden und Sehnsucht stand.

Die romantische Vorstellung von Landschaften und Orten als Inspirationsquelle endete nicht in der Romantik. Auch in der heutigen Zeit finden sich romantische Elemente in der Kunst, der Literatur und der Kultur.

Naturfilme und Naturfotografie sind moderne Ausdrucksformen, die die Schönheit und Erhabenheit der Natur einfangen. Diese Medien setzen die romantische Tradition der Naturdarstellung fort. Die moderne Umweltbewegung hat ihre Wurzeln in der romantischen Vorstellung von der Natur als wertvoll und schützenswert. Der Schutz von Landschaften und Ökosystemen ist eine direkte Fortsetzung der romantischen Ideale. Romantische Themen und

Motive sind nach wie vor in Literatur und Film präsent. Geschichten von Abenteuern in der Wildnis, spirituellen Erfahrungen in der Natur und der Suche nach der eigenen Identität sind zeitlose Elemente, die auf romantischen Ideen basieren.

Die romantische Darstellung von Landschaften und Orten war ein zentrales Thema der Romantik in Kunst, Literatur und Kultur. Die Romantiker sahen in der Natur eine unerschöpfliche Quelle der Inspiration und setzten diese in ihren Werken auf vielfältige Weise um. Die romantische Landschaftsmalerei, die literarische Beschäftigung mit Natur und Orten sowie die Symbolik bestimmter Orte prägten die Romantik und haben bis heute in verschiedenen Formen und Medien Bestand. Die romantische Vorstellung von der Natur als erhaben, malerisch und mystisch beeinflusst auch heute noch unsere Wahrnehmung der Welt und spielt eine wichtige Rolle in der Umweltbewegung und der modernen Kunst.

7.3 Die Auseinandersetzung mit der Natur in der Literatur

Die Romantik war eine Epoche, die sich intensiv mit der Natur auseinandersetzte und sie in vielen literarischen Werken als zentrales Motiv und Quelle der Inspiration nutzte. In dieser ausführlichen Zusammenfassung werden wir uns mit der Bedeutung der Natur in der romantischen Literatur befassen und untersuchen, wie sie von verschiedenen Schriftstellern der Zeit dargestellt wurde.

Die Romantik war geprägt von einer tiefen Verbundenheit zur Natur. Romantische Schriftsteller sahen in der Natur nicht nur eine äußere Realität, sondern auch eine Reflexion der eigenen Gefühle und Gedanken. Sie betrachteten die Natur als eine Quelle der Inspiration und eine Möglichkeit, mit der eigenen inneren Welt in Einklang zu treten.

Eine der zentralen Ideen der romantischen Naturdarstellung war die Erhabenheit der Natur. Romantische Schriftsteller versuchten, die majestätische Schönheit und die überwältigenden Dimensionen der Natur in ihren Werken einzufangen. Dies sollte beim Leser

Ehrfurcht und Bewunderung auslösen. Neben der erhabenen Natur wurde auch die malerische Schönheit der Landschaften geschätzt. Romantische Schriftsteller waren auf der Suche nach pittoresken Szenen, die von harmonisch angeordneten Elementen geprägt waren. Diese malerischen Landschaften dienten oft als Kulisse für romantische Geschichten und Gedichte. Für einige Romantiker war die Natur ein Ort des Mystischen und Übersinnlichen. Sie glaubten, dass bestimmte Orte spirituelle Energien ausstrahlten und dass man dort besondere Erfahrungen machen konnte. Dies führte zur Entstehung von Mythen und Legenden um diese Orte.

Die romantische Literatur war geprägt von einer intensiven Auseinandersetzung mit der Natur und ihrer Darstellung in den Werken der Schriftsteller.

William Wordsworth, ein bedeutender englischer Romantiker, betonte die Bedeutung der Natur als Inspirationsquelle für die Dichtung. In seinem Gedicht "Lines Composed a Few Miles Above Tintern Abbey" beschreibt er seine spirituelle Verbindung zur Natur und wie sie ihm Trost und Erleuchtung bietet.

Samuel Taylor Coleridge, ein Zeitgenosse Wordsworths, schrieb das Gedicht "Kubla Khan," das von einem Traum inspiriert wurde und eine visionäre Darstellung eines exotischen Ortes zeigt. Dies zeigt, wie die Romantiker die Fantasie und die Realität in ihren Werken miteinander verknüpften.

Auch in Deutschland spielte die Natur eine wichtige Rolle in der romantischen Literatur. Goethes "Werther" ist ein Beispiel dafür, wie die Natur als Spiegelbild der inneren Gefühlswelt des Protagonisten dient. Die Beschreibungen der Natur in diesem Werk sind intensiv und emotional aufgeladen.

Lord Byron, ein britischer Dichter, war bekannt für seine Gedichte, die die Natur als Kulisse für emotionale Konflikte und persönliche Dramen nutzten. In Werken wie "Childe Harold's Pilgrimage" beschrieb er die Schönheit der Landschaften, die er auf seinen Reisen durch Europa erlebte.

In der romantischen Literatur wurden bestimmte Orte und Landschaften zu Symbolen für bestimmte Ideen und Emotionen.

Die Alpen waren ein häufig verwendetes Motiv in der romantischen Literatur. Sie wurden als Inbegriff der Erhabenheit und der spirituellen Suche betrachtet. Schriftsteller reisten in die Alpen, um die majestätische Landschaft zu erleben und sie in ihren Werken festzuhalten. Ruinen waren ein beliebtes Motiv in der romantischen Literatur. Sie symbolisierten Vergänglichkeit und das Vergehen der Zeit. Ruinen dienten oft als Kulisse für romantische Geschichten, in denen die Vergangenheit auf die Gegenwart trifft. Das Meer war ein häufig verwendetes Motiv in der romantischen Literatur. Es symbolisierte die Unendlichkeit und die Geheimnisse der Natur. Das stürmische Meer konnte als Metapher für Leidenschaft und inneres Chaos dienen, während das ruhige Meer für Frieden und Sehnsucht stand.

Auch in der heutigen Literatur finden sich immer wieder romantische Elemente und eine intensive Auseinandersetzung mit der Natur.

In der modernen Literatur gibt es eine wachsende Strömung, die sich mit ökologischen Themen und dem Naturschutz auseinandersetzt. Autoren nutzen die Natur als Kulisse, um auf Umweltprobleme aufmerksam zu machen und die Beziehung zwischen Mensch und Natur zu reflektieren. Reiseliteratur ist nach wie vor beliebt, und viele Reiseschriftsteller nehmen sich die Freiheit, die Natur als Inspirationsquelle zu nutzen. Reiseberichte können eine tiefe Auseinandersetzung mit fremden Landschaften und Kulturen bieten. Auch in der modernen Lyrik finden sich immer wieder Gedichte, die die Schönheit und Erhabenheit der Natur feiern. Dichter verwenden die Natur als Metapher für persönliche Erfahrungen und Emotionen.

Die Auseinandersetzung mit der Natur war ein zentrales Thema in der romantischen Literatur. Die Romantiker betrachteten die Natur als eine Quelle der Inspiration, eine Spiegelung der eigenen Gefühle und Gedanken sowie als Symbol für verschiedene Ideen und Emotionen. Diese intensive Beziehung zur Natur prägte die Werke vieler Schriftsteller der Zeit und hat bis heute in der Literatur Bestand. Die Natur dient nach wie vor als eine wichtige Inspirationsquelle für Autoren, die die Schönheit und Erhabenheit der Natur in ihren Werken einfangen möchten.

7.4 Naturwissenschaft und Romantik: Entdeckungen und Entwicklungen

Die Romantik war eine Epoche, die sich nicht nur in der Literatur und Kunst, sondern auch in der Naturwissenschaft manifestierte. In dieser ausführlichen Zusammenfassung werden wir uns mit der Beziehung zwischen Naturwissenschaft und Romantik befassen und die Entdeckungen und Entwicklungen in diesem Bereich während der romantischen Ära erkunden.

Die Romantik war geprägt von einer tiefen Faszination für die Natur und die Geheimnisse des Universums. Romantiker waren oft autodidaktische Wissenschaftler und fanden in der Naturwissenschaft eine Möglichkeit, die Schönheit und Komplexität der Welt zu erforschen.

Die Romantiker betrachteten die Natur als eine unerschöpfliche Quelle der Inspiration. Die Schönheit der Natur, die Vielfalt der Tier- und Pflanzenwelt und die Wunder des Universums faszinierten sie und fanden ihren Ausdruck in Gedichten, Gemälden und wissenschaftlichen Abhandlungen. Viele Romantiker sahen keine Trennung zwischen Poesie und Wissenschaft. Sie glaubten, dass die Poesie eine Möglichkeit war, die Geheimnisse der Natur zu enthüllen und ihre Schönheit zu feiern. So entstanden Gedichte, die wissenschaftliche Erkenntnisse und poetische Ausdrucksformen miteinander verbanden.

Die romantische Ära war eine Zeit großer Entdeckungen und Entwicklungen in der Naturwissenschaft. Einige dieser Fortschritte hatten einen erheblichen Einfluss auf die romantische Kultur und Weltanschauung.

Die Entdeckungen von Fossilien und die Entwicklung der Geologie führten zu neuen Vorstellungen über die Geschichte der Erde. Romantiker waren fasziniert von der Idee, dass die Erde ein lebendiger Organismus war und dass ihre Geschichte in den Gesteinsschichten aufgezeichnet war. Die Entdeckung neuer Planeten und Himmelskörper durch Teleskope führte zu einem vertieften Verständnis des Universums. Romantiker betrachteten den nächtlichen Himmel als eine Quelle der Inspiration und verarbeiteten astronomische Motive in ihren Werken. Die Entwicklung der Biologie und das Verständnis für die Vielfalt des Lebens auf der Erde beeinflussten die romantische Vorstellung von der Natur. Die Idee der Evolution und der Veränderung im Laufe der Zeit regte die Fantasie der Romantiker an. Die Chemie erlebte während der Romantik eine Blütezeit, und es wurden viele neue Elemente und Verbindungen entdeckt. Die Romantiker interessierten sich für die Alchemie, eine Vorläuferin der modernen Chemie, und sahen darin eine Möglichkeit, spirituelle und materielle Erkenntnisse zu verbinden.

Während der romantischen Ära gab es einige Naturwissenschaftler, die sowohl in ihrer Forschung als auch in ihrer Begeisterung für die Natur als Romantiker betrachtet werden können.

Alexander von Humboldt war ein deutscher Naturforscher, der während seiner Reisen in Südamerika und anderen Teilen der Welt umfangreiche Aufzeichnungen über die Natur und die Kulturen der besuchten Regionen machte. Seine Werke, wie "Kosmos," spiegeln seine romantische Vorstellung von der Einheit der Natur und der Bedeutung von Verbindungen zwischen allen Elementen des Universums wider.

Mary Anning war eine britische Fossiliensammlerin und Paläontologin, die wichtige Entdeckungen im Bereich der Paläontologie machte. Ihre Arbeit trug zur Entwicklung der Geologie und zur Vorstellung von einer viel älteren Erde bei.

Obwohl Charles Darwin erst gegen Ende der romantischen Ära seine berühmte Theorie der Evolution vorlegte, sind seine Ideen eng mit den romantischen Vorstellungen von der Natur verbunden. Die Idee der natürlichen Auslese und der Evolution wirkte sich auf das romantische Verständnis der Natur aus.

Die Beziehung zwischen Naturwissenschaft und Romantik hat auch heute noch Bestand. Die romantische Vorstellung von der Natur als einer Quelle der Inspiration und der Schönheit prägt weiterhin die Forschung und das Verständnis der Welt.

Die romantische Idee von der Natur als erhaben und wertvoll hat dazu beigetragen, das Bewusstsein für Umweltprobleme zu schärfen. Der Schutz der Natur und die Erhaltung der Artenvielfalt sind wichtige Anliegen, die von der romantischen Naturwissenschaft inspiriert sind. Die Erforschung des Universums und die Entdeckung neuer Himmelskörper setzen die romantische Tradition der Astronomie fort. Die Faszination für die Weiten des Weltraums und die Suche nach anderen bewohnbaren Planeten sind moderne Ausdrucksformen dieser romantischen Neugierde. Die moderne Biotechnologie, einschließlich der Gentechnik, setzt die romantische Idee der Veränderung und Entwicklung in der Natur fort. Die Manipulation von Organismen und die Möglichkeit, das Leben auf der Erde zu gestalten, sind Themen, die auf romantische Vorstellungen von der Natur zurückgehen.

Die Beziehung zwischen Naturwissenschaft und Romantik während der romantischen Ära war geprägt von einer intensiven Faszination für die Natur und die Geheimnisse des Universums. Die Entdeckungen und Entwicklungen in der Naturwissenschaft während dieser Zeit hatten einen tiefgreifenden Einfluss auf die romantische Kultur und Weltanschauung. Auch heute noch finden sich romantische Elemente in der Naturwissenschaft und im Verständnis der Welt, die auf die romantische Vorstellung von der Natur als einer Quelle der Inspiration und der Schönheit zurückgehen.

7.5 Die Romantik als Bewegung des Umweltschutzes

Die Romantik war nicht nur eine literarische und künstlerische Bewegung, sondern auch eine Vorläuferin der modernen Umweltschutzbewegung. In dieser ausführlichen Zusammenfassung werden wir uns mit der Romantik als Bewegung des Umweltschutzes befassen, die in der romantischen Ära ihren Ursprung hatte und bis heute nachwirkt.

Die Romantik war geprägt von einer tiefen Liebe zur Natur. Romantiker sahen die Natur als eine erhabene und heilige Kraft, die das Leben bereicherte und inspirierte. Die Schönheit der Landschaften, die majestätischen Berge, die ruhigen Seen und die wilden Wälder dienten als Quelle der Inspiration für Kunst, Literatur und Philosophie.

Die Romantiker betrachteten die Natur nicht nur als ästhetisches Objekt, sondern auch als eine spirituelle und moralische Kraft. Sie glaubten, dass die Natur eine Verbindung zwischen dem Individuum und dem Göttlichen herstellte und dass sie die Quelle von Trost, Erkenntnis und Sinn im Leben war.

Die romantische Liebe zur Natur führte zu einem erhöhten Bewusstsein für Umweltfragen. Die Romantiker waren besorgt über die Auswirkungen der Industrialisierung und der rasanten Urbanisierung auf die Natur. Sie erkannten, dass die Natur durch den Menschen bedroht war und dass es notwendig war, Maßnahmen zum Schutz der Umwelt zu ergreifen.

Die rasche Industrialisierung im 18. und 19. Jahrhundert führte zu Umweltproblemen wie Luftverschmutzung, Wasserverschmutzung und Waldrodungen. Die romantische Bewegung sah diese Entwicklungen mit Besorgnis und kritisierte die rücksichtslose

Ausbeutung der Natur. Ein zentrales Motiv in der romantischen Literatur und Kunst war die Sehnsucht nach der unberührten Natur. Romantiker verherrlichten ländliche Gemeinschaften, einfache Lebensweisen und die Rückkehr zu einem harmonischen Leben im Einklang mit der Natur. Einige Romantiker setzten sich aktiv für den Naturschutz ein. Sie engagierten sich für die Erhaltung von Naturgebieten und Tierarten. Ein bekanntes Beispiel ist Henry David Thoreau, der in seinem Buch "Walden" über sein Leben in der Natur und seine Gedanken zum Umweltschutz schrieb.

Die romantische Bewegung des Umweltschutzes hat bis heute eine starke Wirkung. Die romantische Vorstellung von der Natur als heilig und erhaben hat das moderne Umweltbewusstsein geprägt.

Die moderne Umweltschutzbewegung, die in den letzten Jahrzehnten entstanden ist, greift viele romantische Ideen auf. Der Schutz von Naturgebieten, die Erhaltung der Artenvielfalt und die Nachhaltigkeit sind zentrale Anliegen der Umweltaktivisten. Die romantische Vorstellung von der Natur als spirituelle und moralische Kraft hat die Entwicklung einer Umweltethik beeinflusst. Die Anerkennung der Rechte der Natur und die Verantwortung des Menschen gegenüber der Umwelt sind wichtige Elemente dieser Ethik. Auch in der modernen Kunst und Literatur finden sich romantische Motive und Themen, die mit dem Umweltschutz in Verbindung stehen. Künstler und Schriftsteller setzen sich mit der Schönheit und Verletzlichkeit der Natur auseinander und rufen dazu auf, sie zu schützen.

Die Romantik war nicht nur eine literarische und künstlerische Bewegung, sondern auch eine Vorläuferin der modernen Umweltschutzbewegung. Die romantische Liebe zur Natur führte zu einem gesteigerten Umweltbewusstsein und einem Engagement für den Schutz der Umwelt. Die romantischen Ideen von der Natur als heilig und erhaben sowie die Sehnsucht nach der unberührten Natur prägen das moderne Umweltbewusstsein und die Bemühungen um den Erhalt unserer natürlichen Lebensgrundlagen. Die romantische Umweltschutzbewegung hat bis heute einen tiefgreifenden Einfluss auf unsere Vorstellungen von Natur und Umwelt.

7.6 Die Romantik und die Tierwelt

Die Romantik war eine kulturelle Bewegung des 18. und 19. Jahrhunderts, die nicht nur die Beziehung zwischen Mensch und Natur, sondern auch die zwischen Mensch und Tier neu definierte. In dieser ausführlichen Zusammenfassung werden wir uns mit der Rolle der Tierwelt in der Romantik befassen und untersuchen, wie diese Bewegung die Art und Weise, wie Menschen Tiere betrachteten, veränderte.

Die Romantiker waren fasziniert von der Tierwelt und sahen in Tieren oft eine Quelle der Inspiration und des Verständnisses für die menschliche Natur. Tiere tauchten häufig in der romantischen Literatur, Kunst und Philosophie auf und wurden zu Symbolen und Metaphern für verschiedene Aspekte des menschlichen Lebens.

In der Romantik wurden Tiere oft als Symbole für Freiheit und Ungebundenheit betrachtet. Die Wildheit und Unabhängigkeit von Tieren beeindruckte die Romantiker, die diese Eigenschaften als Gegenbild zur zivilisierten Welt ansahen. Zudem betrachteten sie Tiere als einen integralen Bestandteil der natürlichen Umwelt und schätzten ihre Rolle in Ökosystemen.

In der romantischen Literatur und Kunst wurden menschliche Figuren oft mit Tieren in Verbindung gebracht, um bestimmte Charaktereigenschaften oder emotionale Zustände darzustellen. Tiere wurden als Spiegel der menschlichen Seele verwendet.

Die Tiermalerei erlebte während der Romantik eine Blütezeit. Künstler wie Eugène Delacroix, Théodore Géricault und Caspar David Friedrich schufen beeindruckende Gemälde von Tieren in verschiedenen Szenarien. Diese Werke zeigten nicht nur die äußere Schönheit der Tiere, sondern drückten auch tiefere Emotionen und Botschaften aus.

Eugène Delacroix' berühmtes Gemälde "Die Freiheit führt das Volk" zeigt eine Frau, die die französische Revolution anführt und eine Trikolore trägt. An ihrer Seite rennen Wildpferde, die die Ideale der Freiheit und des Aufbruchs verkörpern.

Théodore Géricaults Gemälde "Das Floß der Medusa" ist ein schockierendes Werk, das die grausame Realität eines Schiffbruchs darstellt. Es zeigt verzweifelte Überlebende auf einem improvisierten Floß, während sie von Haien umgeben sind. Das Gemälde thematisiert nicht nur die Grausamkeit der Natur, sondern auch die moralische Verderbtheit der Menschen.

Caspar David Friedrichs Gemälde "Landschaft mit dem Hirten" zeigt einen Schäfer, der seine Herde in einer malerischen Landschaft hütet. Das Bild strahlt Ruhe und Harmonie aus und symbolisiert die Sehnsucht nach einer unberührten Natur.

In der romantischen Literatur wurden Tiere oft symbolisch verwendet, um menschliche Eigenschaften oder Gefühle darzustellen.

In Edgar Allan Poes Gedicht "Der Rabe" symbolisiert der schwarze Rabe den Schatten des Todes und die unüberwindliche Trauer. In William Blakes Gedicht "Der Tyger" repräsentiert der Tyger den stolzen und zerstörerischen Aspekt der menschlichen Natur. In John Keats' Gedicht "Ode an eine Nachtigall" steht die Nachtigall für die Schönheit und die Flüchtigkeit des Lebens.

Einige romantische Denker beschäftigten sich intensiv mit der Frage nach dem Verhältnis zwischen Mensch und Tier. Einer der einflussreichsten war der deutsche Philosoph Friedrich Schelling, der in seiner Schrift "Philosophie der Mythologie" die Idee entwickelte, dass Tiere einen eigenen "mythologischen Sinn" besitzen und eine unmittelbare Verbindung zur Natur und zum Göttlichen haben.

Schelling argumentierte, dass Tiere nicht nur passive Objekte der menschlichen Wahrnehmung sind, sondern aktive Subjekte mit einer eigenen inneren Welt. Er betrachtete Tiere als "Grenzwächter des Geheimnisses" und als Vermittler zwischen der sichtbaren Welt der Erscheinungen und der unsichtbaren Welt des Absoluten.

Die romantische Vorstellung von der Tierwelt als Quelle der Inspiration und des Verständnisses für die menschliche Natur hat bis heute einen Einfluss auf unsere Beziehung zu Tieren. Die romantische Idee der Tierliebe und des Respekts vor der Natur hat zur Entstehung von Tierschutzorganisationen und zum Aufkommen von Tierrechten beigetragen. Auch in der modernen Literatur und Kunst werden Tiere oft symbolisch verwendet, um menschliche Eigenschaften oder soziale Zustände zu veranschaulichen. Die romantische Tierphilosophie von Denkern wie Schelling hat zur Entwicklung einer Tierethik beigetragen, die die Rechte und das Wohlergehen von Tieren in den Mittelpunkt stellt.

Die Romantik hatte einen tiefgreifenden Einfluss auf die Art und Weise, wie Menschen Tiere betrachteten und mit ihnen interagierten. Die romantische Bewegung würdigte die Tierwelt als Quelle der Inspiration, des Verständnisses und der moralischen Erkenntnis. Dieser Einfluss ist bis heute in unserer Beziehung zu Tieren und unserer Vorstellung von ihrer Rolle in der Natur spürbar. Die Romantik hat dazu beigetragen, das Bewusstsein für den Wert der Tierwelt zu schärfen und den Weg für den modernen Tierschutz und die Tierethik geebnet.

7.7 Die Romantik und die Spiritualität der Natur

Die Romantik war eine kulturelle Bewegung des 18. und 19. Jahrhunderts, die die Beziehung zwischen Mensch und Natur in den Mittelpunkt rückte. In dieser ausführlichen Zusammenfassung werden wir uns mit der spirituellen Dimension der Natur in der Romantik befassen und untersuchen, wie diese Bewegung die Wahrnehmung der Natur als spirituelle Kraft geprägt hat.

Die Romantiker waren fasziniert von der Natur und sahen in ihr nicht nur eine ästhetische, sondern auch eine spirituelle Dimension. Für sie war die Natur mehr als nur eine materielle Welt – sie war ein Ausdruck des Göttlichen, eine Quelle der Inspiration und eine Verbindung zur inneren Seele.

Die Romantiker betonten die Mystik der Natur und glaubten, dass sie eine direkte Verbindung zur spirituellen Welt ermögliche. Die Natur wurde als heilig angesehen, und die Romantiker strebten danach, ihre spirituelle Bedeutung zu erkunden.

Die Romantiker empfanden Ehrfurcht vor der Natur und vor ihrer erhabenen Größe. Sie suchten in der Natur nach dem Erhabenen – einem Gefühl der Überwältigung und des Staunens, das eine spirituelle Erfahrung ermöglichte.

Einige Romantiker neigten zum Pantheismus, einer philosophischen Strömung, die Gott in allem sah, einschließlich der Natur. Sie glaubten, dass die Natur der unmittelbare Ausdruck Gottes sei und dass die gesamte Schöpfung göttliche Präsenz beherberge.

Goethe, einer der bedeutendsten Vertreter der deutschen Romantik, war ein begeisterter Naturforscher und Schriftsteller. Sein Werk "Faust" enthält eine berühmte Szene, in der Faust in der Natur eine spirituelle Offenbarung erfährt.

Die romantische Literatur war geprägt von Naturpoesie, in der die Schönheit und die spirituelle Tiefe der Natur besungen wurden. Dichter wie William Wordsworth, Samuel Taylor Coleridge und John Keats schufen Werke, die die Natur als Quelle der Inspiration und der Spiritualität feierten.

In der romantischen Landschaftsmalerei wurde die Natur oft als erhaben und spirituell dargestellt. Künstler wie Caspar David Friedrich und Joseph Mallord William Turner schufen Gemälde, die die Natur als Ort der spirituellen Erfahrung darstellten.

In den USA entwickelte sich in dieser Zeit die Bewegung der Transzendentalisten, die von der Romantik beeinflusst war. Sie betonten die spirituelle Bedeutung der Natur und glaubten an die Möglichkeit direkter spiritueller Erfahrungen durch die Natur.

Einige Romantiker ließen sich von östlichen Philosophien wie dem Buddhismus und dem Hinduismus inspirieren, die eine enge Verbindung zwischen Mensch und Natur betonen. Diese Einflüsse spiegelten sich in der romantischen Spiritualität der Natur wider.

Die romantische Vorstellung von der Natur als heilig und spirituell hat bis heute Einfluss auf das Umweltbewusstsein. Die Idee, dass die Natur eine spirituelle Dimension hat und geschützt werden sollte, ist ein wichtiger Teil der modernen Umweltbewegung.

Die Romantik hat die Wahrnehmung der Natur als spirituelle Kraft und Quelle der Inspiration nachhaltig geprägt. Sie hat dazu beigetragen, das Bewusstsein für die heilige Natur zu schärfen und die Verbindung zwischen Mensch und Natur in den Fokus gerückt. Die Romantik hat die Idee geprägt, dass die Natur mehr ist als nur Materie, sondern auch eine Quelle der Spiritualität und der inneren Erfüllung. Diese spirituelle Dimension der Natur, wie sie in der Romantik entwickelt wurde, hat bis heute einen tiefgreifenden Einfluss auf unsere Vorstellung von der Welt und auf unsere Beziehung zur Natur.

7.8 Romantische Gärten und ihre Symbole
In der Romantik erlebten Gärten eine bemerkenswerte Transformation. Sie wurden nicht mehr nur als bloße Anordnungen von Pflanzen betrachtet, sondern als symbolische Orte, die reich an Bedeutung und Emotionen waren. In dieser ausführlichen Zusammenfassung werden wir die Welt der romantischen Gärten erkunden, ihre Symbole und die Bedeutung, die sie in der romantischen Bewegung hatten.

Die romantischen Gärten waren geprägt von einer Vielzahl von Symbolen und Elementen, die auf tiefe emotionale und spirituelle

Erfahrungen hinwiesen. Diese Gärten waren oft von einer Aura des Geheimnisvollen umgeben und luden die Besucher ein, in eine Welt der Fantasie und der Träume einzutauchen.

Ein häufiges Motiv in romantischen Gärten war der verzauberte Wald. Dieser Wald symbolisierte oft das Unbekannte, das Geheimnisvolle und das Abenteuerliche. Er lud die Besucher ein, in die Tiefen der Natur einzutauchen und die Wunder der Welt zu entdecken. Romantische Gärten enthielten oft Ruinen und Tempel, die auf vergangene Zeiten hinwiesen. Diese Bauwerke symbolisierten die Vergänglichkeit des Lebens und die Sehnsucht nach einer idealisierten Vergangenheit. Wasser spielte eine wichtige Rolle in romantischen Gärten. Es symbolisierte oft die Flüchtigkeit des Lebens und die Reinigung der Seele. Teiche, Bäche und Wasserfälle schufen eine Atmosphäre der Ruhe und der Kontemplation. Die Brücke war ein häufiges Element in romantischen Gärten. Sie symbolisierte die Verbindung zwischen verschiedenen Welten, zwischen dem Diesseits und dem Jenseits. Das Überqueren einer Brücke konnte als spirituelle Erfahrung gesehen werden. In der Romantik gab es eine Faszination für das Exotische und das Fremde. Exotische Pflanzen und Gartenstile wurden in romantischen Gärten integriert, um eine Atmosphäre der Entdeckung und des Abenteuers zu schaffen. Grotten waren in romantischen Gärten beliebt und wurden oft mit geheimnisvollen Höhlen und verborgenen Schätzen in Verbindung gebracht. Sie symbolisierten das Unbekannte und das Unerforschte. Romantische Gärten wurden oft so gestaltet, dass sie einen bestimmten Blickpunkt hatten, der die Aufmerksamkeit der Besucher auf sich zog. Dieser Blickpunkt konnte ein malerischer Ausblick, eine Skulptur oder ein besonderes Element im Garten sein.

Die romantischen Gärten waren nicht nur reine Dekoration, sondern hatten eine tiefere Bedeutung in der romantischen Bewegung. Sie spiegelten die Sehnsucht der Romantiker nach einer tiefen emotionalen Verbindung zur Natur und zur spirituellen Welt wider. In den romantischen Gärten konnten die Besucher die Natur in ihrer ganzen Pracht erleben und gleichzeitig ihre eigenen inneren Gefühle und Gedanken erkunden.

Die romantischen Gärten dienten auch als Orte der Flucht aus der modernen Welt. In einer Zeit des gesellschaftlichen Wandels und der Industrialisierung boten diese Gärten einen Rückzugsort, an dem die Besucher sich der Hektik des Alltags entziehen und in die Welt der Natur und der Fantasie eintauchen konnten.

Ein bedeutendes Beispiel für einen romantischen Garten ist der berühmte Schlossgarten von Schloss Sanssouci in Potsdam, Deutschland. Dieser Garten wurde im 18. Jahrhundert von König Friedrich II. von Preußen angelegt und repräsentiert die Ideale der Aufklärung und der Romantik. Er ist ein Meisterwerk der Gartenkunst und enthält zahlreiche romantische Elemente wie Tempel, Ruinen, Teiche und verzauberte Wälder.

Die romantischen Gärten hatten auch einen Einfluss auf die Literatur und die Kunst der Romantik. Dichter wie William Wordsworth, Samuel Taylor Coleridge und Johann Wolfgang von Goethe beschrieben in ihren Werken die Schönheit und die Bedeutung der Natur. Maler wie Caspar David Friedrich ließen sich von romantischen Gärten inspirieren und schufen Gemälde, die die spirituelle Dimension der Natur hervorhoben.

Die Bedeutung romantischer Gärten reicht bis in die heutige Zeit. Sie sind nicht nur historische Sehenswürdigkeiten, sondern auch Orte der Inspiration und der Erholung. Die Idee, dass Gärten mehr sind als nur Pflanzen und Blumen, sondern Orte der Bedeutung und der Emotionen, hat bis heute Bestand und beeinflusst die Gestaltung moderner Gärten und Parks.

Insgesamt spielten romantische Gärten eine bedeutende Rolle in der romantischen Bewegung, da sie die Beziehung zwischen Mensch und Natur in den Mittelpunkt rückten und die Sehnsucht nach einer tiefen Verbindung zur Natur und zur spirituellen Welt zum Ausdruck brachten. Sie sind ein faszinierendes Zeugnis der

Romantik und ihrer Suche nach emotionaler Erfüllung und spiritueller Bedeutung in einer sich verändernden Welt.

7.9 Die Romantik und die Entdeckung exotischer Welten

Die Romantik war eine Epoche der Sehnsucht nach dem Unbekannten und dem Exotischen. In dieser ausführlichen Zusammenfassung werden wir die Beziehung zwischen der romantischen Bewegung und der Entdeckung exotischer Welten untersuchen. Die Romantiker waren von der Vorstellung fasziniert, dass es noch unerforschte und geheimnisvolle Teile der Welt gab, die es zu erkunden galt. Dieser Drang nach Entdeckung und Abenteuer spiegelte sich in der Literatur, der Kunst und der Philosophie der Romantik wider.

Die Entdeckung exotischer Welten war ein bedeutendes Thema in der romantischen Literatur. Romantische Dichter und Schriftsteller wie Johann Wolfgang von Goethe, E.T.A. Hoffmann und Lord Byron ließen sich von den Geschichten und Berichten über ferne Länder und Kulturen inspirieren. Ihre Werke spiegeln die Neugier und die Faszination der Romantiker für das Exotische wider.

Ein bemerkenswertes Beispiel ist Goethes "Wilhelm Meisters Wanderjahre". In diesem Werk reist der Protagonist durch verschiedene Länder, darunter auch exotische Orte wie Ägypten und Persien. Diese Reisen ermöglichen ihm nicht nur äußere Abenteuer, sondern auch eine innere Reise der Selbstentdeckung und der spirituellen Erkenntnis. Die Romantik betonte die Bedeutung der Selbstreflexion und der inneren Erfahrung, und die Entdeckung exotischer Welten bot die Möglichkeit, diese Ideale zu verfolgen.

Auch die Kunst der Romantik wurde von der Entdeckung exotischer Welten beeinflusst. Maler wie Eugène Delacroix und Théodore Géricault reisten in ferne Länder und ließen sich von den dortigen Kulturen und Landschaften inspirieren. Ihre Gemälde zeigten oft dramatische und exotische Szenen, die die Vorstellungskraft der Betrachter anregten.

Die Philosophie der Romantik betonte die Bedeutung des Individuums und der subjektiven Erfahrung. Die Entdeckung exotischer Welten ermöglichte es den Romantikern, ihre eigene Identität und ihre innersten Gefühle zu erkunden. Die Vorstellung von fremden Kulturen und Traditionen forderte die Romantiker heraus, ihre eigenen Überzeugungen und Vorurteile zu hinterfragen und neue Perspektiven zu gewinnen.

Die Entdeckung exotischer Welten hatte auch Auswirkungen auf die Gesellschaft und die Politik der Romantik. Die Romantiker waren oft von sozialen und politischen Themen fasziniert, die mit der Entdeckung und Eroberung exotischer Länder zusammenhingen. Die Auswirkungen des Kolonialismus und des Imperialismus auf die indigenen Völker und Kulturen führten zu Diskussionen über die Natur des Menschen und die ethischen Fragen der Zeit.

Ein bedeutendes Beispiel für die Auseinandersetzung mit diesen Fragen ist Lord Byrons Gedicht "The Giaour". In diesem Gedicht wird die Geschichte eines britischen Offiziers erzählt, der sich in eine muslimische Frau verliebt. Die Beziehung zwischen den beiden wird von religiösen und kulturellen Konflikten überschattet. Das Gedicht thematisiert die Spannungen zwischen verschiedenen Kulturen und Religionen und wirft Fragen nach Toleranz und Verständigung auf.

Die Entdeckung exotischer Welten hatte auch einen Einfluss auf die wissenschaftliche Forschung der Romantik. Die Romantiker waren an den Entdeckungen und Erkenntnissen der Naturforscher und Geografen ihrer Zeit interessiert. Die Forschungsreisen von Alexander von Humboldt und Charles Darwin faszinierten die Romantiker und erweiterten ihr Verständnis von der Welt und ihrer Geschichte.

In der Musik der Romantik finden sich ebenfalls Einflüsse der Entdeckung exotischer Welten. Komponisten wie Hector Berlioz und Nikolai Rimski-Korsakow integrierten exotische Instrumente und Melodien in ihre Werke. Die Verwendung von orientalischen und asiatischen Motiven in der Musik schuf eine mystische und exotische Atmosphäre.

Die Entdeckung exotischer Welten hatte auch einen Einfluss auf die Architektur und die Gestaltung von Gebäuden und Gärten. Orientalische und asiatische Einflüsse waren in der romantischen Architektur weit verbreitet. Die Verwendung von orientalischen Mustern und Elementen in der Gestaltung von Gebäuden und Gärten schuf eine exotische und geheimnisvolle Atmosphäre.

Die Entdeckung exotischer Welten beeinflusste auch die Mode der Romantik. Exotische Stoffe und Muster wurden in der Kleidung der Romantiker verwendet, um eine exotische und romantische Atmosphäre zu schaffen. Die Romantiker waren von der Idee fasziniert, sich in die Kulturen und Traditionen anderer Länder einzufühlen und sie in ihrem eigenen Leben zu integrieren.

Die Romantik als Bewegung war geprägt von der Sehnsucht nach dem Unbekannten und dem Exotischen. Die Entdeckung exotischer Welten spielte eine wichtige Rolle in der romantischen Literatur, der Kunst, der Philosophie und der Musik. Sie inspirierte die Romantiker zu neuen Ideen und Erkenntnissen und erweiterte ihr Verständnis von der Welt und der menschlichen Natur. Die Faszination für das Exotische und das Fremde war ein zentrales Element der romantischen Bewegung und bleibt ein faszinierendes Erbe der Romantik bis heute.

7.10 Die Nachhaltigkeit romantischer Naturbilder in der Gegenwart

Die Romantik, als literarische, künstlerische und philosophische Bewegung des 18. und 19. Jahrhunderts, hatte einen tiefgreifenden Einfluss auf die Wahrnehmung und Darstellung der Natur. Die Romantiker schufen ein Bild der Natur als Ort der Schönheit, Inspiration und Erhabenheit, das bis heute nachwirkt. Diese ausführliche Zusammenfassung untersucht die Nachhaltigkeit romantischer Naturbilder in der Gegenwart und wie sie unsere moderne Auffassung von Natur und Umwelt beeinflussen.

Die Romantik war geprägt von einer intensiven Beziehung zur Natur. Die Romantiker sahen in der Natur nicht nur eine äußere Welt, sondern auch einen Spiegel der inneren Gefühle und Gedanken des Menschen. Die Natur wurde zum Symbol für die menschliche Seele und die menschliche Erfahrung. Diese tiefe Verbundenheit mit der Natur spiegelt sich in der romantischen Literatur, der Malerei und der Musik wider.

In der romantischen Literatur finden wir zahlreiche Beispiele für die Darstellung der Natur als Spiegel der menschlichen Gefühle und Gedanken. Ein herausragendes Beispiel ist William Wordsworths Gedicht "Lines Composed a Few Miles Above Tintern Abbey". In diesem Gedicht beschreibt Wordsworth seine Rückkehr zu einem Ort in der Natur, den er in seiner Jugend besucht hatte. Die Natur dient ihm als Quelle der Erinnerung und der Inspiration. Er betont die heilende und erhebende Wirkung der Natur auf die menschliche Seele und wie sie Trost und Kraft spenden kann.

Auch in der modernen Literatur sind die Einflüsse der Romantik auf die Naturdarstellung spürbar. Autoren wie Annie Dillard, Wendell Berry und Mary Oliver greifen die romantische Idee auf, dass die Natur eine Quelle der Inspiration und spirituellen Erfahrung sein kann. Ihre Werke laden den Leser dazu ein, die Schönheit und Bedeutung der natürlichen Welt zu entdecken und zu schätzen.

Die romantische Naturdarstellung hat auch die moderne Umweltbewegung beeinflusst. Die Idee, dass die Natur eine Quelle der Erhabenheit und des Staunens ist, hat dazu beigetragen, das Bewusstsein für Umweltfragen zu schärfen. Die Romantiker betonten die Einzigartigkeit und den Wert der Natur und forderten dazu auf, sie zu schützen und zu bewahren. Diese Ideen haben in der heutigen Umweltbewegung eine wichtige Rolle gespielt.

In der romantischen Malerei finden wir ebenfalls eine intensive Auseinandersetzung mit der Natur. Maler wie Caspar David Friedrich und J.M.W. Turner schufen beeindruckende Landschaftsbilder, die die Erhabenheit und die Schönheit der Natur hervorhoben. Diese Gemälde regten die Betrachter dazu an, über die Bedeutung und den Wert der Natur nachzudenken.

Die romantische Malerei hatte auch einen Einfluss auf die moderne Landschaftsfotografie. Fotografen wie Ansel Adams und Galen Rowell haben die romantische Tradition fortgesetzt, indem sie die Natur in all ihrer Pracht und Schönheit festgehalten haben. Ihre Fotografien erinnern daran, wie wichtig es ist, die natürliche Umwelt zu schätzen und zu schützen.

In der modernen Musik finden wir ebenfalls Spuren der romantischen Naturdarstellung. Komponisten wie John Williams und Ludovico Einaudi haben die Idee der Natur als Quelle der Inspiration in ihrer Musik aufgegriffen. Ihre Werke sind oft von natürlichen Klängen und Melodien geprägt, die die Schönheit und die Erhabenheit der Natur widerspiegeln.

Die romantische Naturdarstellung hat auch die moderne Philosophie beeinflusst. Die Romantiker betonten die Bedeutung der individuellen Erfahrung und der subjektiven Wahrnehmung. Diese Ideen haben dazu beigetragen, das moderne Verständnis von Natur und Umwelt zu prägen. Die Umweltethik und die Ökophilosophie sind von der romantischen Idee der Natur als Quelle der Erkenntnis und der Inspiration beeinflusst.

Die Nachhaltigkeit romantischer Naturbilder in der Gegenwart zeigt sich auch in der Popkultur. Filme wie "Into the Wild" und "The Revenant" zeigen die Schönheit und die Herausforderungen der Natur. Sie erzählen Geschichten von Menschen, die sich auf eine Reise in die Wildnis begeben, um sich selbst und die Natur neu zu entdecken.

Die romantische Naturdarstellung hat auch in der Werbung und im Marketing Einzug gehalten. Unternehmen verwenden oft Bilder von unberührter Natur, um ihre Produkte als umweltfreundlich und nachhaltig zu präsentieren. Diese Darstellungen vermitteln den

Eindruck, dass die Natur etwas ist, das geschützt und bewahrt werden muss.

Die romantische Idee der Natur als Quelle der Inspiration und der Erkenntnis bleibt in der Gegenwart lebendig. Menschen suchen weiterhin nach Möglichkeiten, sich mit der Natur zu verbinden und sie zu schätzen. Die Natur dient als Ort der Ruhe und der Erholung, als Inspirationsquelle für Kunst und Kreativität und als Ort der spirituellen Erfahrung.

Die romantische Naturdarstellung erinnert uns daran, wie wichtig es ist, die natürliche Umwelt zu schätzen und zu schützen. Sie ermutigt uns, die Schönheit und die Erhabenheit der Natur zu erkennen und uns mit ihr zu verbinden. Die Romantik lehrt uns, dass die Natur nicht nur eine äußere Welt ist, sondern auch ein Spiegel unserer inneren Gefühle und Gedanken.

In der Gegenwart sind die romantischen Naturbilder nach wie vor relevant und inspirierend. Sie erinnern uns daran, dass die Natur ein kostbares Gut ist, das es zu bewahren gilt. Sie ermutigen uns, die Natur zu erkunden, ihre Schönheit zu genießen und uns von ihr inspirieren zu lassen. Die romantische Naturdarstellung hat eine nachhaltige Wirkung auf unsere moderne Auffassung von Natur und Umwelt und wird auch in Zukunft eine wichtige Rolle spielen.

Kapitel 8: Die Romantik und die Liebe

8.1 Die verschiedenen Facetten romantischer Liebe

Romantische Liebe ist ein Thema, das in der Literatur, der Musik, der Kunst und der Philosophie seit Jahrhunderten erkundet wird. Die romantische Ära des 18. und 19. Jahrhunderts hat dieses Thema besonders intensiv erforscht und geprägt. In dieser Zusammenfassung werden die verschiedenen Facetten romantischer Liebe untersucht und wie sie in verschiedenen künstlerischen und philosophischen Kontexten dargestellt wurden.

Romantische Liebe ist ein komplexes und vielschichtiges Thema, das in der Literatur der Romantik eine zentrale Rolle spielte. Die Romantiker erforschten die verschiedenen Aspekte der Liebe, von der Sehnsucht und dem Verlangen bis hin zur Enttäuschung und zum Schmerz. Ein herausragendes Werk, das diese Facetten der romantischen Liebe beleuchtet, ist Johann Wolfgang von Goethes "Die Leiden des jungen Werthers". Der Roman erzählt die tragische Geschichte von Werther, einem jungen Mann, der sich unsterblich in die verheiratete Charlotte verliebt. Goethe erforscht die Intensität der romantischen Liebe und wie sie das Leben und die Entscheidungen der Protagonisten beeinflusst. Der Roman verdeutlicht auch die Dunkelheit und Verzweiflung, die mit einer unerfüllten Liebe einhergehen können.

In der romantischen Lyrik finden sich zahlreiche Gedichte, die die verschiedenen Facetten der Liebe erkunden. Ein Beispiel ist Lord Byrons Gedicht "She Walks in Beauty", das die Schönheit und Anmut der geliebten Frau preist. Das Gedicht drückt die Bewunderung und die Anziehungskraft aus, die in der romantischen Liebe eine wichtige Rolle spielen.

Auch in der Musik der Romantik spiegeln sich die verschiedenen Facetten der Liebe wider. Komponisten wie Ludwig van Beethoven und Franz Schubert komponierten Lieder und Sonaten, die die Emotionen der Liebe auf eindringliche Weise einfingen. Beethovens

"Für Elise" ist ein Beispiel für ein Stück, das die zärtliche und sehnsüchtige Seite der romantischen Liebe verkörpert.

Die romantische Kunst beschäftigte sich ebenfalls intensiv mit dem Thema Liebe. Caspar David Friedrichs Gemälde "Wanderer über dem Nebelmeer" zeigt einen einzelnen Wanderer, der über eine nebelverhangene Landschaft blickt. Das Gemälde vermittelt ein Gefühl der Einsamkeit und der Sehnsucht, das oft mit romantischer Liebe verbunden ist.

Die Philosophie der Romantik trug ebenfalls zur Erforschung der verschiedenen Facetten der Liebe bei. Jean-Jacques Rousseau betonte die Natürlichkeit und Authentizität der Liebe und argumentierte, dass sie im Einklang mit den inneren Empfindungen und Emotionen stehen sollte. Diese Idee hatte einen nachhaltigen Einfluss auf das romantische Verständnis von Liebe als einer tiefen und wahren Verbindung zwischen Menschen.

Die romantische Liebe wurde jedoch nicht nur in positiven und idealisierten Formen dargestellt. Die dunklen Seiten der Liebe, wie Eifersucht, Besessenheit und Schmerz, wurden ebenfalls erforscht. Ein Beispiel ist Emily Brontës Roman "Sturmhöhe", der die destruktiven Auswirkungen einer unerfüllten Liebe zwischen den Hauptcharakteren Heathcliff und Catherine zeigt. Dieses Werk zeigt, wie Liebe auch zu Leid und Tragödie führen kann.

In der modernen Literatur und Kunst sind die verschiedenen Facetten der romantischen Liebe weiterhin ein bedeutendes Thema. Autoren wie Haruki Murakami erkunden die Einsamkeit und das Verlangen in der Liebe, während Künstler wie Tracey Emin die Intensität der Leidenschaft und der Lust darstellen. Die moderne Musik, von Pop bis Hip-Hop, setzt sich ebenfalls mit der romantischen Liebe auseinander und drückt sie in vielfältigen Formen aus.

Die romantische Liebe hat auch einen Einfluss auf die heutige Vorstellung von Beziehungen und Partnerschaften. Die Idee, dass die Liebe eine emotionale und spirituelle Verbindung zwischen Menschen ist, hat in der modernen Gesellschaft weiterhin Bestand. Beziehungen werden oft als eine Quelle der Erfüllung und des Glücks betrachtet, die jedoch auch Herausforderungen und Konflikte mit sich bringen kann.

Die verschiedenen Facetten romantischer Liebe haben auch Einfluss auf die psychologische Forschung. Die Psychologie der Liebe untersucht die emotionalen, sozialen und psychologischen Aspekte von Liebesbeziehungen und hat dazu beigetragen, unser Verständnis von Liebe zu vertiefen. Die Erforschung von Themen wie Vertrauen, Intimität und Bindung hat gezeigt, wie komplex und vielschichtig romantische Liebe sein kann.

In der modernen Gesellschaft sind die verschiedenen Facetten der romantischen Liebe nach wie vor präsent. Sie werden in Literatur, Film, Musik und Kunst weiterhin erforscht und dargestellt. Die romantische Liebe bleibt ein universelles Thema, das die menschliche Erfahrung in all ihren Höhen und Tiefen widerspiegelt.

Die romantische Liebe ist ein facettenreiches und komplexes Thema, das in der Kunst, der Literatur, der Musik und der Philosophie der Romantik ausführlich erforscht wurde. Von der Sehnsucht und dem Verlangen bis hin zur Enttäuschung und zum Schmerz, die romantische Liebe hat viele Gesichter. Sie wurde in literarischen Werken wie Goethes "Die Leiden des jungen Werthers" und in Gedichten von Lord Byron thematisiert. In der Musik schufen Komponisten wie Beethoven und Schubert Lieder, die die verschiedenen Emotionen der Liebe ausdrückten. In der romantischen Kunst finden sich Gemälde, die die romantische Liebe in all ihren Facetten darstellen.

Aber die romantische Liebe wurde nicht nur idealisiert. Emily Brontës "Sturmhöhe" zeigt die destruktiven Auswirkungen einer unerfüllten Liebe, während andere Werke die dunklen Seiten der Liebe, wie Eifersucht und Besessenheit, erkunden. Trotzdem bleibt die romantische Liebe ein zentrales Thema in der modernen Kunst und Kultur. Sie wird in der Literatur, im Film, in der Musik und in der Philosophie immer noch ausführlich erforscht und dargestellt.

Die romantische Liebe hat auch einen tiefen Einfluss auf die moderne Vorstellung von Beziehungen und Partnerschaften. Die Idee, dass Liebe eine emotionale und spirituelle Verbindung zwischen Menschen ist, ist nach wie vor präsent. Beziehungen werden oft als eine Quelle der Erfüllung und des Glücks betrachtet, obwohl sie auch Herausforderungen und Konflikte mit sich bringen können.

Die verschiedenen Facetten romantischer Liebe haben auch die psychologische Forschung beeinflusst. Die Psychologie der Liebe untersucht die emotionalen, sozialen und psychologischen Aspekte von Liebesbeziehungen und hat dazu beigetragen, unser Verständnis von Liebe zu vertiefen. Die Erforschung von Themen wie Vertrauen, Intimität und Bindung hat gezeigt, wie komplex und vielschichtig romantische Liebe sein kann.

In der modernen Gesellschaft sind die verschiedenen Facetten der romantischen Liebe nach wie vor präsent. Sie werden in Literatur, Film, Musik und Kunst weiterhin erforscht und dargestellt. Die romantische Liebe bleibt ein universelles Thema, das die menschliche Erfahrung in all ihren Höhen und Tiefen widerspiegelt.

8.2 Die Rolle der Liebe in Gedichten und Erzählungen

Die Liebe ist ein zeitloses und universelles Thema in der Literatur. Gedichte und Erzählungen haben seit jeher die verschiedenen Facetten und Nuancen der Liebe erkundet. In dieser Zusammenfassung werden wir uns mit der Rolle der Liebe in Gedichten und Erzählungen auseinandersetzen, angefangen von den klassischen Werken der Literaturgeschichte bis hin zur modernen Literatur.

Die Liebe als zentrales Motiv in Gedichten und Erzählungen ist ein Thema, das in der Literatur seit Jahrhunderten präsent ist. Von den klassischen griechischen Tragödien bis zu den zeitgenössischen

Liebesromanen und Gedichten erforschen Autoren die verschiedenen Aspekte der Liebe, von der romantischen und idealisierten Liebe bis zur tragischen und unerfüllten Liebe.

Ein Beispiel für die frühe literarische Auseinandersetzung mit der Liebe findet sich in den Werken von William Shakespeare, einem der bekanntesten Dramatiker und Dichter der englischen Literatur. Shakespeares Sonette sind berühmt für ihre tiefgründigen und emotionalen Betrachtungen der Liebe. In Sonett 18, auch als "Shall I Compare Thee to a Summer's Day?" bekannt, preist der Dichter die Schönheit und Zeitlosigkeit seiner Geliebten. Dieses Gedicht verdeutlicht, wie die Liebe in der Literatur als Quelle der Inspiration und Bewunderung dargestellt wird.

Die Romantik, eine literarische Bewegung des späten 18. und frühen 19. Jahrhunderts, brachte eine intensive Auseinandersetzung mit der Liebe hervor. Eines der bekanntesten Werke dieser Epoche ist Johann Wolfgang von Goethes "Die Leiden des jungen Werthers". Der Roman erzählt die Geschichte von Werther, einem jungen Mann, der sich leidenschaftlich in Charlotte verliebt, die jedoch bereits mit einem anderen Mann verlobt ist. Die unerfüllte Liebe zwischen Werther und Charlotte führt zu einer Tragödie, die das Werk zu einem Meilenstein der romantischen Literatur macht. "Die Leiden des jungen Werthers" thematisiert die Intensität der romantischen Liebe und ihre Fähigkeit, das Leben eines Menschen zu prägen.

Die Liebe ist jedoch nicht immer von Glück und Erfüllung geprägt. Emily Brontës Roman "Sturmhöhe" ist ein Beispiel für eine düstere und destruktive Form der Liebe. Die Hauptcharaktere Heathcliff und Catherine erleben eine leidenschaftliche, aber auch zerstörerische Liebe, die zu tragischen Konsequenzen führt. Dieses Werk erforscht die dunklen und komplexen Aspekte der Liebe, wie Eifersucht, Besessenheit und Rache.

Neben der romantischen Liebe werden in der Literatur auch andere Formen der Liebe thematisiert. Die Liebe zwischen Familie und

Freunden ist ein häufiges Motiv in Erzählungen. Charles Dickens' "Eine Weihnachtsgeschichte" zeigt die Veränderung des geizigen Ebenezer Scrooge durch die Liebe und Fürsorge seiner Familie und Freunde. Dieses Werk verdeutlicht, wie die Liebe nicht nur romantisch, sondern auch sozial und moralisch wirksam sein kann.

Die moderne Literatur hat die Darstellung der Liebe weiterentwickelt und erweitert. Autoren wie Gabriel García Márquez erforschen in Werken wie "Die Liebe in den Zeiten der Cholera" die Liebe als eine langanhaltende und komplizierte Emotion. Dieses Buch erzählt die Geschichte von Florentino Ariza, der ein Leben lang auf seine erste Liebe Fermina Daza wartet. Die Liebe wird hier als eine Kraft dargestellt, die über Jahrzehnte hinweg bestehen kann und tiefe emotionale Verbindungen schafft.

In der Lyrik bleibt die Liebe ein beliebtes Thema, das von Dichtern auf der ganzen Welt erforscht wird. Rainer Maria Rilkes "Duineser Elegien" sind ein Beispiel für Gedichte, die die metaphysische Dimension der Liebe erforschen. Diese Elegien erkunden die Idee der Liebe als eine spirituelle Verbindung zwischen den Menschen und dem Göttlichen.

Die Liebe in Gedichten und Erzählungen kann auch politisch und gesellschaftlich aufgeladen sein. In Toni Morrisons Roman "Die Augen des Waldes" wird die Liebe als eine transformative Kraft dargestellt, die Rassismus und Unterdrückung überwinden kann. Die Geschichte von Sethe und ihrer Liebe zu ihren Kindern verdeutlicht, wie die Liebe eine Quelle von Stärke und Widerstand sein kann.

Neben der romantischen Liebe wird auch die Liebe zu Natur und Umwelt in der Literatur thematisiert. Henry David Thoreaus Buch "Walden" ist ein Beispiel für eine literarische Auseinandersetzung mit der Liebe zur Natur. Thoreau verbrachte zwei Jahre in einer abgelegenen Hütte im Wald und beschreibt seine tiefe Verbindung zur Natur und wie sie sein Leben bereichert. Dieses Werk verdeutlicht, wie die Liebe nicht nur zwischen Menschen, sondern auch zwischen Mensch und Natur existiert.

Die Rolle der Liebe in Gedichten und Erzählungen ist vielfältig und komplex. Sie kann die Höhen und Tiefen menschlicher Erfahrung erkunden, von der leidenschaftlichen Romanze bis zur tragischen Enttäuschung. Die Literatur bietet einen Raum, in dem die verschiedenen Facetten der Liebe erforscht werden können, und sie spiegelt die Vielschichtigkeit dieses grundlegenden menschlichen Gefühls wider. In Gedichten und Erzählungen wird die Liebe als eine treibende Kraft des Lebens dargestellt, die die Menschen inspiriert, verändert und herausfordert. Sie ist ein Thema, das die Leserinnen und Leser auf vielfältige Weise berührt und fasziniert.

8.3 Die Liebesbeziehungen von Schriftstellern und Künstlern

Die Liebesbeziehungen von Schriftstellern und Künstlern haben oft eine besondere Faszination für die Öffentlichkeit. Sie bieten Einblicke in das persönliche Leben von Menschen, die für ihre kreativen Werke bekannt sind, und werfen Fragen auf über die Verbindung zwischen Liebe, Leidenschaft und künstlerischer Inspiration. In dieser Zusammenfassung werden wir uns mit einigen berühmten Liebesbeziehungen von Schriftstellern und Künstlern aus verschiedenen Epochen und Kulturen befassen.

Die mexikanischen Maler Frida Kahlo und Diego Rivera führten eine turbulente und leidenschaftliche Liebesbeziehung. Beide waren prominente Künstler des 20. Jahrhunderts und teilten eine tiefe Verbundenheit zur mexikanischen Kunst und Kultur. Ihre Ehe war jedoch von zahlreichen Affären und Konflikten geprägt. Trotzdem inspirierten sie sich gegenseitig in ihrer Kunst, und Kahlos Selbstporträts sind oft von ihren emotionalen Erfahrungen und Schmerzen geprägt.

Die britische Schriftstellerin Virginia Woolf und die Dichterin und Schriftstellerin Vita Sackville-West führten eine komplexe und intime Beziehung. Obwohl Woolf mit Leonard Woolf verheiratet war, fühlte sie sich stark zu Sackville-West hingezogen. Diese Liebe inspirierte Woolf zu ihrem berühmten Roman "Orlando", in dem sie die Themen Geschlecht und Identität erforschte. Die Briefwechsel zwischen den beiden Frauen sind ein faszinierendes Dokument ihrer Beziehung.

Die französischen Existenzialisten Jean-Paul Sartre und Simone de Beauvoir führten eine einzigartige Liebesbeziehung, die von Offenheit und Freiheit geprägt war. Obwohl sie nie geheiratet haben, blieben sie ihr Leben lang eng verbunden und führten intensive intellektuelle und romantische Beziehungen zu anderen Menschen. Ihre Schriften, darunter "Das Sein und das Nichts" von Sartre und "Das andere Geschlecht" von de Beauvoir, haben das Denken über Liebe, Existenz und Freiheit maßgeblich beeinflusst.

Die amerikanische Dichterin Sylvia Plath und der britische Dichter Ted Hughes führten eine stürmische Liebesbeziehung, die von kreativer Leidenschaft und tragischem Ende geprägt war. Ihre Ehe endete in Trennung und Plaths Suizid. Dennoch hatten sie einen erheblichen Einfluss auf die moderne Poesie. Plaths Werk, darunter "Die Glasglocke", erforscht Themen wie Depression und weibliche Identität. Hughes' Gedichte und Prosa wurden ebenfalls von der Beziehung zu Plath geprägt.

Die französische Schriftstellerin George Sand und der polnische Komponist Frédéric Chopin führten eine ungewöhnliche Liebesbeziehung. Sand war eine bemerkenswerte Figur des 19. Jahrhunderts und lebte in einer Zeit, in der Frauen in der Kunstwelt wenig Anerkennung fanden. Die Beziehung zwischen Sand und Chopin war von kreativer Zusammenarbeit und Unterstützung geprägt. Sand schrieb Romane, die von ihrer Liebe zu Chopin inspiriert waren, während er einige seiner bedeutendsten Musikstücke komponierte. Ihre Beziehung war komplex und endete schließlich in Trennung.

Die französisch-kubanisch-amerikanische Schriftstellerin Anaïs Nin und der amerikanische Schriftsteller Henry Miller führten eine leidenschaftliche und erotische Beziehung, die in ihren Tagebüchern und Briefen ausführlich dokumentiert ist. Ihre Beziehung war von einer intensiven künstlerischen Zusammenarbeit und gegenseitiger Bewunderung geprägt. Nin war bekannt für ihre freizügigen und ehrlichen Schriften über Sexualität und Begehren, die einen Einfluss auf die feministische Literatur hatten.

Die Beziehung zwischen dem britischen Dichter Lord Byron und Lady Caroline Lamb war eine der skandalösesten und dramatischsten Liebesgeschichten des 19. Jahrhunderts. Lamb war eine verheiratete Frau, als sie sich in Byron verliebte, und ihre Obsession führte zu einem öffentlichen Skandal. Byron selbst war eine kontroverse Figur seiner Zeit, bekannt für seine poetischen Werke und sein exzessives Leben. Die Beziehung endete in Tragödie und Herzschmerz.

Diese Liebesbeziehungen von Schriftstellern und Künstlern sind nur einige Beispiele für die Komplexität und Vielfalt von romantischen Beziehungen in der Welt der Kunst und Literatur. Sie werfen Fragen auf über die Wechselwirkung von Liebe und Kreativität, die Rolle von Leidenschaft und Obsession in der Kunst, und die Art und Weise, wie persönliche Beziehungen das künstlerische Schaffen beeinflussen können. Diese Geschichten zeigen, dass Liebe und Kunst oft untrennbar miteinander verbunden sind und eine wichtige Rolle in der menschlichen Erfahrung spielen.

8.4 Romantische Idealisierung von Liebe und Leidenschaft

Die Romantik war eine literarische, künstlerische und intellektuelle Bewegung, die sich in Europa im späten 18. und frühen 19. Jahrhundert entwickelte. Sie zeichnete sich durch eine Betonung von Emotionen, Individualismus und der Sehnsucht nach Freiheit aus. In dieser Bewegung spielten Liebe und Leidenschaft eine zentrale Rolle, und sie wurden oft auf eine idealisierte Weise dargestellt.

Die romantische Idealisierung von Liebe und Leidenschaft fand ihren Ausdruck in Gedichten, Romanen, Gemälden und Musikstücken. Diese Darstellungen spiegelten oft das intensive Gefühlsleben der Künstler und Schriftsteller wider und vermittelten die Vorstellung von einer Liebe, die stark, leidenschaftlich und oft tragisch war.

In der Romantik wurde die Liebe oft als eine Quelle der Inspiration für Künstler und Schriftsteller betrachtet. Sie glaubten, dass starke Gefühle wie Liebe die Kreativität anregen und zu bedeutenden Werken führen könnten. Diese Vorstellung von der Liebe als treibender Kraft für die Kunst war besonders in der Lyrik weit verbreitet. Dichter wie William Wordsworth, Lord Byron und John Keats schrieben über die Natur der Liebe und ihre Auswirkungen auf das individuelle Selbst.

Die romantische Liebe war eng mit der Natur verbunden. Viele romantische Dichter und Maler verwendeten die Natur als Metapher für die menschliche Leidenschaft und Sehnsucht. Die unberührte Natur wurde oft als ein Ort der reinen Emotionen und der Freiheit dargestellt, während wilde Landschaften die Intensität der romantischen Liebe symbolisierten. Ein berühmtes Beispiel dafür ist die Verwendung der Natur in William Wordsworths Gedicht "Lines Composed a Few Miles Above Tintern Abbey".

Obwohl die romantische Liebe oft idealisiert wurde, wurde auch ihre dunkle Seite erkundet. Die Leidenschaft konnte in tragischem Liebeskummer enden, wie es in Werken wie Goethes "Die Leiden des jungen Werthers" und Shakespeares "Romeo und Julia" dargestellt wird. Diese Werke betonten die Tragik und das Leiden, das mit der intensiven Liebe einhergehen kann.

In der Romantik wurde die Liebe oft als eine Form der Rebellion gegen gesellschaftliche Konventionen und Normen dargestellt. Viele romantische Helden und Heldinnen waren Außenseiter, die sich gegen die Erwartungen ihrer Zeit stellten, um ihre Liebe zu leben. Ein Beispiel hierfür ist Emily Brontës "Sturmhöhe", in der die

Protagonisten Heathcliff und Catherine sich über soziale Schranken hinwegsetzen, um ihre Liebe zu verwirklichen.

Die romantische Liebe war geprägt von der Vorstellung von der Seelenverwandtschaft, bei der zwei Menschen das Gefühl haben, füreinander bestimmt zu sein. Diese Vorstellung wurde in Werken wie Samuel Taylors Coleridges "Kubla Khan" und in der Musik von Ludwig van Beethoven aufgegriffen. Die Idee, dass die Liebe zwei Menschen auf tiefster Ebene verbindet, war ein zentrales Thema in der romantischen Literatur und Kunst.

Die Romantik war auch von einer Liebe zur Vergangenheit geprägt, insbesondere zur mittelalterlichen Vergangenheit. Diese Liebe zur Vergangenheit manifestierte sich in der romantischen Kunst, Architektur und Literatur. Künstler und Schriftsteller suchten nach einer idealisierten Vergangenheit, die als edler und rein betrachtet wurde. Dies spiegelte sich auch in romantischen Liebesgeschichten wider, in denen oft Ritter und Prinzessinnen in mittelalterlichen Settings auftauchten.

Die romantische Musik, insbesondere die Klaviermusik von Komponisten wie Frédéric Chopin und Robert Schumann, drückte die Vielschichtigkeit der romantischen Liebe aus. Chopins Nocturnes und Schumanns "Dichterliebe" sind Beispiele für Musik, die die Emotionen und die Intimität romantischer Beziehungen einfängt.

Die romantische Idealisierung von Liebe und Leidenschaft prägte die Kunst und Literatur des 19. Jahrhunderts und beeinflusst noch heute unsere Vorstellung von Liebe und Begehren. Sie betonte die Rolle der Emotionen und der Individualität in der menschlichen Erfahrung und schuf Werke von zeitloser Schönheit und Tiefe. Die romantische Liebe bleibt eine der faszinierendsten und inspirierendsten Facetten der Romantik.

8.5 Die Rolle der Geschlechter in der romantischen Literatur

In der romantischen Literatur des 18. und 19. Jahrhunderts spielten Geschlechterrollen und -beziehungen eine bedeutende Rolle. Die Romantik war geprägt von einer Auseinandersetzung mit den gesellschaftlichen Erwartungen und Normen in Bezug auf Geschlecht und Liebe. Die Literatur dieser Zeit reflektierte und beeinflusste die Vorstellungen von Weiblichkeit und Männlichkeit, Liebe und Leidenschaft. In dieser Zusammenfassung werden die verschiedenen Facetten der Geschlechterrollen in der romantischen Literatur beleuchtet.

In der romantischen Literatur wurde oft das Bild der idealen Frau gezeichnet. Sie wurde als zart, unschuldig, tugendhaft und opferbereit dargestellt. Ein bekanntes Beispiel ist die Figur der Ophelia in Shakespeares "Hamlet". Diese idealisierte Vorstellung von Weiblichkeit entsprach den gesellschaftlichen Erwartungen und war oft mit der Vorstellung von der romantischen Liebe verbunden.

Eine weitere häufig vorkommende Darstellung der Weiblichkeit in der romantischen Literatur war die "femme fragile", die verletzliche Frau. Diese Figuren waren oft von Melancholie und Schwermut gezeichnet und wurden von männlichen Protagonisten gerettet oder idealisiert. Ein Beispiel ist die Figur der Margarete in Goethes „Faust".

Auf der anderen Seite gab es auch Darstellungen von Frauen als verführerische und gefährliche "femme fatale". Diese Figuren verkörperten die dunklen und leidenschaftlichen Seiten der Weiblichkeit. Ein berühmtes Beispiel ist die Figur der Carmen in Prosper Mérimées gleichnamiger Novelle, die später von Georges Bizet in eine berühmte Oper adaptiert wurde.

Trotz der vorherrschenden idealisierten Vorstellungen von Weiblichkeit gab es auch Darstellungen von starken und unabhängigen Frauen in der romantischen Literatur. Diese Frauen brachen mit den konventionellen Geschlechterrollen und kämpften für ihre Freiheit und Selbstbestimmung. Ein Beispiel ist die Figur der Jane Eyre in Charlotte Brontës gleichnamigem Roman.

Der romantische Held war oft ein einsamer, rebellischer Individualist, der sich gegen gesellschaftliche Normen auflehnte. Er wurde als leidenschaftlich, tiefgründig und oft von inneren Konflikten geplagt dargestellt. Ein bekanntes Beispiel ist der Werther in Goethes "Die Leiden des jungen Werthers".

In vielen romantischen Werken wurde die Vorstellung von ritterlicher Männlichkeit aufgegriffen. Die Helden wurden als tapfer, edel und beschützend dargestellt und kämpften oft für die Ehre und die Liebe. Ein Beispiel ist Sir Walter Scotts Ivanhoe.

Neben den idealisierten Darstellungen der Männlichkeit gab es auch die Darstellung der dunklen Seite der männlichen Natur. Dies manifestierte sich in Figuren, die von Leidenschaft, Eifersucht und Aggression getrieben wurden. Ein Beispiel ist Heathcliff in Emily Brontës „Sturmhöhe".

Viele romantische Helden waren auf der Suche nach ihrer Identität und versuchten, ihre inneren Konflikte und Widersprüche zu lösen. Diese Suche nach Identität war oft mit einer spirituellen oder existenziellen Krise verbunden. Ein Beispiel ist der Protagonist in Fjodor Dostojewskis "Der Doppelgänger".

Die romantische Literatur war geprägt von intensiven Darstellungen von Liebe und Leidenschaft. Diese Gefühle wurden oft als lebensentscheidend und existenziell betrachtet. Die romantischen Helden und Heldinnen erlebten starke emotionale Höhen und Tiefen, die in ihren Werken ausführlich beschrieben wurden.

Die romantische Literatur betonte die Sehnsucht nach Liebe und die Vorstellung von der idealen romantischen Beziehung. Die Protagonisten strebten nach einer tiefen, leidenschaftlichen Liebe, die oft als erfüllend und gleichzeitig quälend dargestellt wurde.

In vielen romantischen Werken spielten Liebesbriefe und Poesie eine wichtige Rolle. Die Protagonisten drückten ihre Gefühle oft in poetischen Worten aus und schrieben sich leidenschaftliche Liebesbriefe. Diese Briefe dienten nicht nur der Kommunikation, sondern auch der Vertiefung der emotionalen Bindung.

Die romantische Literatur betonte oft die Tragik der Liebe, die mit Schmerz, Leid und Verlust verbunden sein konnte. Die Protagonisten kämpften gegen gesellschaftliche Hindernisse, persönliche Konflikte und äußere Widrigkeiten, um ihre Liebe zu leben.

Die Darstellung der Leidenschaft in der romantischen Literatur war vielschichtig. Sie reichte von der euphorischen Verliebtheit bis zur zerstörerischen Besessenheit. Diese Bandbreite der Leidenschaft spiegelte die menschliche Natur und die Komplexität der Liebe wider.

Die romantische Literatur des 18. und 19. Jahrhunderts war geprägt von einer intensiven Auseinandersetzung mit Geschlechterrollen, Liebe und Leidenschaft. Sie beeinflusste die Vorstellungen von Weiblichkeit und Männlichkeit und prägte die Art und Weise, wie diese Themen in der Literatur und Kunst bis heute behandelt werden. Die romantische Literatur bleibt ein reiches und faszinierendes Erbe, das die menschlichen Emotionen und Beziehungen in all ihren Facetten erkundet.

8.6 Ehe und Familie in der Romantik

Die Ehe und Familie spielten eine bedeutende Rolle in der romantischen Literatur und Kultur des 18. und 19. Jahrhunderts. Die Romantik prägte die Vorstellungen von Partnerschaft, Liebe, Elternschaft und häuslichem Leben auf vielfältige Weisen. In dieser Zusammenfassung werden die verschiedenen Facetten von Ehe und Familie in der romantischen Ära beleuchtet.

Die Ehe wurde in der romantischen Literatur oft als die höchste Form der Liebe und Partnerschaft idealisiert. Sie galt als der Ort, an dem wahre Liebe und Leidenschaft gefunden werden konnten. Die Protagonisten strebten nach einer Ehe, die von tiefen emotionalen Bindungen und gegenseitiger Hingabe geprägt war.

Die Romantik betonte die Bedeutung von romantischer Liebe in der Ehe. Partner sollten nicht nur Lebenspartner, sondern auch Seelenverwandte sein. Die Vorstellung von der romantischen Liebe führte dazu, dass Ehepaare sich gegenseitig in Briefen und Gedichten ihre Gefühle ausdrückten und die Liebe als zentrales Element ihrer Beziehung betrachteten.

Die Familie wurde als Quelle von Glück und Trost dargestellt. Das Familienleben wurde als idyllisch und harmonisch beschrieben, und die Eltern-Kind-Beziehungen wurden als innig und bedingungslos beschrieben.

Für viele romantische Figuren war die Ehe und Familie eine Flucht vor der rauen Realität der Welt. Sie suchten in der häuslichen Umgebung und in der Liebe ihrer Partner Zuflucht vor gesellschaftlichen Konflikten und persönlichen Krisen.

Gesellschaftliche Erwartungen und Konventionen spielten trotz der Betonung der romantischen Liebe in der Ehe immer noch eine wichtige Rolle. Arrangierte Ehen und soziale Hierarchien waren nach wie vor relevant, und Paare mussten oft zwischen ihren eigenen Gefühlen und den Erwartungen der Gesellschaft jonglieren.

Die Geschlechterrollen waren in der romantischen Ära stark ausgeprägt. Frauen wurden oft auf die Rolle der Mutter und Hausfrau reduziert, während Männer die Hauptverdiener waren. Dies führte zu Spannungen und Konflikten in vielen Ehen, insbesondere wenn Frauen nach mehr Autonomie und Selbstverwirklichung strebten.

Die romantische Vorstellung von Liebe in der Ehe konnte auch zu unrealistischen Erwartungen führen. Paare, die nach der intensiven

Liebe der Romantik strebten, gerieten oft in Schwierigkeiten, wenn die Realität der langfristigen Partnerschaft nicht mit ihren Vorstellungen übereinstimmte.

Das Familienleben brachte seine eigenen Herausforderungen mit sich, einschließlich der Versorgung der Kinder, finanzieller Belastungen und alltäglicher Konflikte.

"Stolz und Vorurteil" von Jane Austen zeigt die verschiedenen Facetten von Ehe und Familie in der Regency-Ära Englands. Er beleuchtet die Erwartungen an Frauen, ihre Rolle in der Gesellschaft und die Suche nach wahrer Liebe in der Ehe.

"Die Buddenbrooks" von Thomas Mann erzählt die Geschichte einer Familie über mehrere Generationen hinweg. Es thematisiert die gesellschaftlichen Veränderungen im 19. Jahrhundert und die Auswirkungen auf die familiären Beziehungen.

"Jane Eyre" von Charlotte Brontë erzählt die Geschichte einer jungen Frau, die nach Selbstbestimmung und Liebe in der Ehe strebt. Er thematisiert auch die gesellschaftlichen Erwartungen an Frauen und die Suche nach Identität.

"Anna Karenina" von Leo Tolstoi beleuchtet die Komplexität von Ehe und Familie in der russischen Gesellschaft des 19. Jahrhunderts. Er untersucht die Beziehung zwischen Anna Karenina und Graf Wronski sowie die gesellschaftlichen Konventionen, die ihre Liebe beeinflussen.

Die romantische Literatur und Kultur des 18. und 19. Jahrhunderts prägten maßgeblich die Vorstellungen von Ehe und Familie. Sie idealisierte die romantische Liebe in der Ehe, betonte die Bedeutung von häuslichem Glück und Trost, und thematisierte gleichzeitig die gesellschaftlichen Herausforderungen und Konventionen, die diese Vorstellungen beeinflussten. Die romantische Ära hinterließ ein reiches Erbe in der Literatur und

Kunst, das die Fragen nach Liebe, Partnerschaft und häuslichem Leben noch heute prägt.

8.7 Die Darstellung unerfüllter Liebe und Sehnsucht

Die Darstellung unerfüllter Liebe und Sehnsucht war ein zentrales Thema in der romantischen Literatur und Kunst des 18. und 19. Jahrhunderts. In dieser Zusammenfassung werden die verschiedenen Aspekte dieser Thematik in der romantischen Ära beleuchtet.

Die Sehnsucht, das Verlangen nach etwas Unerreichbarem oder Verlorenem, war ein zentrales Motiv in der romantischen Literatur. Sie drückte das grundlegende Gefühl der Unvollständigkeit und des Verlusts aus, das viele romantische Figuren empfanden.

Die Sehnsucht konnte sich auf verschiedene Arten manifestieren: Sehnsucht nach Liebe, nach der Natur, nach dem Göttlichen oder nach einer idealen Welt. Diese Formen der Sehnsucht wurden oft miteinander verknüpft und spiegelten das Streben nach einer höheren Wirklichkeit wider.

Unerfüllte Liebe, sei es aufgrund von gesellschaftlichen Barrieren, unglücklichen Umständen oder tragischen Schicksalsschlägen, war ein häufiges Thema in romantischen Erzählungen und Gedichten.

Die romantische Literatur zeigte die schmerzliche Erfahrung von unerfüllter Liebe und die Konflikte, die daraus entstehen können. Oftmals waren die Protagonisten in unglückliche Dreiecksbeziehungen verstrickt oder mussten sich zwischen Pflicht und Leidenschaft entscheiden.

Das Leiden der Liebenden wurde in der romantischen Literatur oft intensiv und ausdrucksstark dargestellt. Die unerfüllte Liebe führte zu inneren Konflikten, Melancholie und existenzieller Einsamkeit.

"Die Leiden des jungen Werther" von Johann Wolfgang von Goethe ist ein zentrales Werk der romantischen Literatur und zeigt die unerfüllte Liebe des jungen Werther zu Lotte. Goethe beschreibt auf eindrucksvolle Weise Werthers leidenschaftliche Sehnsucht und seinen tragischen Selbstmord.

"Romeo und Julia" von William Shakespeare ist ein zeitloses Beispiel für unerfüllte Liebe. Die beiden jungen Liebenden, Romeo und Julia, gehören verfeindeten Familien an und ihre Liebe endet in einem tragischen Doppelselbstmord.

"Heinrich von Ofterdingen" von Novalis beschäftigt sich mit der Suche nach einem idealen blauen Blumen und symbolisiert die Sehnsucht nach einer höheren Wirklichkeit. Es zeigt die Verbindung zwischen ästhetischer und metaphysischer Sehnsucht.

In der romantischen Ära entwickelte sich auch eine starke Sehnsucht nach der Natur. Die Natur wurde als Ort der Erholung, der Inspiration und der spirituellen Erhebung angesehen.

Dichter wie William Wordsworth und Samuel Taylor Coleridge betonten die Bedeutung der Natur als Quelle der Poesie und der inneren Erneuerung. Sie beschrieben die Natur als heiligen Raum, in dem die Seele zur Ruhe kommen konnte.

Die Sehnsucht nach der Natur führte zu einer intensiven Auseinandersetzung mit der Landschaft und ihren symbolischen Bedeutungen. Die Romantiker sahen in der Natur oft Spiegelbilder ihrer eigenen inneren Zustände und Gefühle.

Die Romantiker hatten auch eine starke Sehnsucht nach dem Göttlichen und nach einer höheren Wirklichkeit. Viele von ihnen waren von mystischen Erfahrungen und religiösen Visionen geprägt.

Die Sehnsucht nach dem Göttlichen führte zu einer intensiven religiösen Suche und zu einer Vertiefung der Spiritualität. Dichter wie William Blake und Johann Baptist von Eichendorff schufen

Werke, die von mystischer Ekstase und spiritueller Erleuchtung geprägt waren.

Die romantische Ära war geprägt von der Sehnsucht nach einer idealen Welt, in der die menschliche Existenz vollkommen und harmonisch war. Dies führte zu utopischen Visionen und zur Vorstellung von einer besseren Zukunft.

Die unerfüllte Sehnsucht nach einer idealen Welt konnte auch zu Enttäuschung und Desillusionierung führen. Viele Romantiker waren zutiefst enttäuscht von den sozialen und politischen Realitäten ihrer Zeit und sehnten sich nach einer besseren Gesellschaft.

Die Darstellung unerfüllter Liebe und Sehnsucht war ein zentrales Thema in der romantischen Literatur und Kunst. Die Sehnsucht nach der Natur, dem Göttlichen, einer idealen Welt und der unerfüllten Liebe prägte das romantische Denken und führte zu intensiven künstlerischen Ausdrucksformen. Diese Thematik spiegelt die zentralen Fragen der Romantik nach Identität, Sinn und Transzendenz wider und bleibt auch heute noch ein wichtiger Aspekt in der Literatur und Kunst.

8.8 Die Bedeutung von Romantik und Erotik
Die Romantik als literarische und künstlerische Bewegung des 18. und 19. Jahrhunderts war von einer starken Betonung der Gefühle und Emotionen geprägt. In dieser Zusammenfassung wird die Bedeutung von Romantik und Erotik in dieser Epoche eingehend untersucht.

Die Romantik zeichnete sich durch eine intensive Auseinandersetzung mit den menschlichen Gefühlen aus. Die Romantiker waren fasziniert von der Vielschichtigkeit und Intensität der menschlichen Emotionen, und diese Faszination spiegelte sich in ihrer Kunst und Literatur wider.

Die Erotik, insbesondere die sinnliche und sexuelle Anziehung zwischen Menschen, war ein wichtiger Aspekt der romantischen Ära. Die Romantiker interessierten sich für die dunklen und leidenschaftlichen Seiten der Liebe und betonten die Bedeutung von Leidenschaft und Erotik als Triebkräfte menschlichen Verhaltens.

Die Auseinandersetzung mit der Erotik war jedoch komplex und widersprüchlich. Einerseits wurde die Erotik als Ausdruck der menschlichen Natur und Sinnlichkeit gefeiert, andererseits wurde sie oft mit moralischen Bedenken und Schuldgefühlen belastet.

Die romantische Literatur war geprägt von einer intensiven Auseinandersetzung mit der Erotik. Dichter und Schriftsteller wie Lord Byron, John Keats und Heinrich Heine schrieben Gedichte und Erzählungen, die die sinnlichen und leidenschaftlichen Aspekte der Liebe erforschten.

Byrons berühmtes Gedicht "Don Juan" ist ein herausragendes Beispiel für die romantische Betonung der Erotik. Es erzählt die Geschichte des Frauenhelden Don Juan und erkundet die vielfältigen Facetten menschlicher Beziehungen, von der romantischen Liebe bis zur sexuellen Anziehung.

John Keats' Gedichte, insbesondere seine Oden, sind von einer sinnlichen und ästhetischen Sinnlichkeit geprägt. Er beschrieb die Schönheit des menschlichen Körpers und der Natur auf eine Weise, die die sinnliche Erfahrung in den Mittelpunkt stellte.

Heinrich Heine, ein deutscher Romantiker, erkundete in seinen Gedichten und Erzählungen die Verbindung zwischen Liebe und Tod. Er beschäftigte sich intensiv mit der Erotik als Ausdruck von Leidenschaft und Sehnsucht.

Trotz der betonten Sinnlichkeit und Leidenschaft in der romantischen Literatur gab es auch eine dunkle Seite der Erotik. Die Romantiker waren sich der Ambivalenz von Liebe und

Leidenschaft bewusst und thematisierten auch die Schattenseiten der Erotik.

Eifersucht, Besessenheit und die Gefahr der Selbstzerstörung waren wiederkehrende Motive in der romantischen Literatur. Die unerfüllte Liebe und die Leiden, die aus unerwiderten Gefühlen resultierten, wurden oft detailliert und einfühlsam beschrieben.

Die Erotik wurde auch mit gesellschaftlichen Normen und moralischen Zwängen konfrontiert. Viele romantische Werke zeigten die Konflikte zwischen individueller Freiheit und gesellschaftlichen Erwartungen in Bezug auf Liebe und Sexualität.

Die Betonung von Erotik und Leidenschaft in der Romantik war eng mit der Vorstellung von der Entfaltung der individuellen Persönlichkeit verbunden. Die Romantiker sahen in der Liebe und in den emotionalen Erfahrungen einen Weg zur Selbsterkenntnis und zur Entfaltung des eigenen Potenzials.

Die Auseinandersetzung mit den eigenen Gefühlen und die Suche nach Identität waren zentrale Themen in der romantischen Literatur. Die Romantiker glaubten, dass die Liebe und die Leidenschaft den Menschen helfen könnten, sich selbst besser zu verstehen und ihre innersten Wünsche und Sehnsüchte zu erkennen.

Die Betonung von Erotik und Emotionen in der Romantik kann auch als Reaktion auf die Aufklärung betrachtet werden. Während die Aufklärung die Vernunft und die Rationalität betonte, hob die Romantik die Rolle der Gefühle und der emotionalen Erfahrungen hervor.

Die Romantiker sahen die Begrenzungen der rationalen Erklärungen und suchten nach einem tieferen Verständnis der menschlichen Natur. Sie glaubten, dass die Liebe und die Leidenschaft wichtige Quellen der Erkenntnis und der Inspiration sein könnten.

Die Betonung der Erotik und der sinnlichen Erfahrung war auch in der romantischen Malerei und Skulptur deutlich sichtbar. Künstler wie Eugène Delacroix und Francisco Goya schufen Werke, die die Leidenschaft und die Dunkelheit der Erotik darstellten.

Delacroix' Gemälde "Die Freiheit führt das Volk" zeigt die sinnliche Verbindung zwischen einer nackten Frau und einem Mann, die Seite an Seite kämpfen. Das Bild symbolisiert die Verbindung von Liebe und Freiheit, die in der romantischen Ära eine wichtige Rolle spielte.

Goyas berühmte Serie der "Schwarzen Gemälde" enthält Werke, die die dunklen Seiten der Erotik und der menschlichen Leidenschaften darstellen. Die Bilder sind geprägt von einer düsteren und verstörenden Atmosphäre.

Die Romantik hatte einen tiefgreifenden Einfluss auf die kulturelle Entwicklung des 19. und 20. Jahrhunderts. Die Betonung von Erotik, Leidenschaft und individuellen Gefühlen prägte nicht nur die Literatur und die bildende Kunst, sondern auch die Musik, die Philosophie und die gesellschaftlichen Normen.

Die Romantik veränderte die Art und Weise, wie Liebe und Erotik in der Gesellschaft betrachtet wurden. Sie betonte die Bedeutung von emotionaler Intensität und persönlicher Erfahrung in der zwischenmenschlichen Beziehung.

Die Romantik führte auch zu einer Erweiterung der sexuellen Diskurse und zur Auseinandersetzung mit Tabus und gesellschaftlichen Normen. Künstler und Schriftsteller wagten es, die Erotik und die Leidenschaft in ihren Werken offen zu thematisieren.

Die Themen der Romantik, einschließlich der Erotik, haben auch in der modernen Kultur und Kunst eine relevante Rolle gespielt. Die Auseinandersetzung mit den menschlichen Gefühlen und der

Sinnlichkeit ist nach wie vor ein wichtiger Aspekt der zeitgenössischen Literatur, Musik und bildenden Kunst.

Die Romantik hat dazu beigetragen, die Vorstellung von Liebe und Erotik als komplexe und facettenreiche Erfahrungen zu formen. Sie hat die Bedeutung von Emotionen und Leidenschaft in der menschlichen Existenz betont und einen tiefgreifenden Einfluss auf die Art und Weise gehabt, wie wir uns selbst und unsere Beziehungen verstehen.

Die Romantik als literarische und künstlerische Bewegung war von einer starken Betonung der Erotik und der menschlichen Gefühle geprägt. Die Romantiker erforschten die sinnlichen und leidenschaftlichen Aspekte der Liebe und betonten die Bedeutung von Emotionen und individueller Erfahrung. Die Erotik wurde als Ausdruck der menschlichen Natur und Sinnlichkeit gefeiert, aber auch mit moralischen und gesellschaftlichen Konflikten in Verbindung gebracht. Die Romantik hatte einen tiefgreifenden Einfluss auf die kulturelle Entwicklung und prägte die Vorstellung von Liebe und Erotik bis in die moderne Zeit.

8.9 Liebe und Schmerz: Die dunklen Seiten der Romantik

Die Romantik, als literarische und künstlerische Bewegung des späten 18. und 19. Jahrhunderts, zeichnete sich durch eine intensive Auseinandersetzung mit den menschlichen Emotionen aus. Insbesondere die dunklen Seiten der Liebe und des Schmerzes wurden in dieser Epoche intensiv erforscht und künstlerisch verarbeitet. Diese Zusammenfassung widmet sich der Bedeutung von Liebe und Schmerz in der Romantik sowie den kulturellen und philosophischen Einflüssen, die diese Themen geprägt haben.

Die Romantik war eine Reaktion auf die Aufklärung und deren Betonung von Vernunft und Rationalität. Die Romantiker wandten sich stattdessen den Emotionen und der Intuition zu. Sie betrachteten die menschlichen Gefühle als Schlüssel zur Selbstfindung und als Quelle kreativer Inspiration. Liebe und

Schmerz wurden zu zentralen Themen, da sie die Bandbreite menschlicher Emotionen aufzeigten.

Die Romantiker betrachteten die Liebe als einen der mächtigsten und reinsten menschlichen Ausdrücke von Emotionen. Sie sahen in der Liebe nicht nur eine zwischenmenschliche Beziehung, sondern auch eine Verbindung zur Natur und zur Spiritualität. Liebe wurde oft als transzendentes Gefühl beschrieben, das über die Grenzen des Alltäglichen hinausging.

In der romantischen Literatur und Poesie wurden verschiedene Facetten der Liebe erkundet. Sie reichten von der romantischen, idealisierten Liebe bis zur leidenschaftlichen und unerfüllten Liebe. Die Werke von Dichtern wie Lord Byron, John Keats und Heinrich Heine sind Beispiele für die vielfältigen Darstellungen der Liebe in der romantischen Literatur.

Obwohl die Romantiker die Liebe oft idealisierten, wurde auch ihre dunkle und schmerzhafte Seite ausführlich untersucht. Unerwiderte Liebe, Eifersucht, Verlust und Trennung waren wiederkehrende Themen in romantischen Gedichten und Erzählungen.

Die Romantiker glaubten, dass Schmerz und Leid eine notwendige Erfahrung waren, um das volle Spektrum der menschlichen Gefühle zu verstehen. Der Schmerz der Liebe wurde oft als eine Art Initiation in die Geheimnisse des Lebens betrachtet.

Einer der bekanntesten romantischen Werke, das diese dunkle Seite der Liebe erforschte, ist Goethes "Die Leiden des jungen Werthers". In diesem Briefroman erlebt der Protagonist unerwiderte Liebe und endet tragisch. Das Werk wurde ein großer Erfolg und löste eine regelrechte "Werther-Fieber" in der Gesellschaft aus.

Die Romantiker verbanden den Schmerz oft mit der Natur. Sie sahen in der Natur ein Spiegelbild menschlicher Emotionen und fanden Trost und Erkenntnis in ihrer Betrachtung. In der Natur fanden sie eine Quelle der Inspiration und eine Metapher für die menschliche Seele.

Die Malerei der Romantik, insbesondere die Landschaftsmalerei, zeigt diese Verbindung zwischen Natur und Schmerz deutlich. Künstler wie Caspar David Friedrich malten düstere, einsame Landschaften, die die Melancholie und das Leiden des Menschen widerspiegelten.

Die Romantiker setzten sich auch philosophisch mit dem Schmerz auseinander. Friedrich Schelling, ein prominenter Vertreter der deutschen Romantik, betrachtete den Schmerz als einen zentralen Aspekt des menschlichen Daseins. Er argumentierte, dass der Schmerz eine Quelle der Selbsterkenntnis und der individuellen Entfaltung sein könne.

Die Romantiker beeinflussten auch die Existenzphilosophie des 19. Jahrhunderts. Philosophen wie Søren Kierkegaard und Arthur Schopenhauer griffen die romantische Vorstellung auf, dass der Schmerz eine unvermeidliche und sogar notwendige Erfahrung im Leben sei.

Schopenhauer sah im Schmerz den Kern des menschlichen Leidens und entwickelte eine pessimistische Philosophie, die den Verzicht und die Aufhebung des individuellen Willens als Ausweg aus dem Leiden empfahl.

Die Romantik hinterließ auch ihre Spuren in der Musik, besonders in der Programmmusik des 19. Jahrhunderts. Komponisten wie Hector Berlioz und Franz Liszt komponierten Musikstücke, die emotionale Geschichten erzählten und oft von schmerzhaften Erfahrungen handelten.

Die berühmte "Symphonie fantastique" von Berlioz ist ein Beispiel für ein Werk, das den Schmerz und die Leidenschaft des Protagonisten in Tönen ausdrückt. Die Musik wurde oft als eine Art musikalisches Tagebuch betrachtet, das die inneren Kämpfe des Komponisten widerspiegelt.

Die Themen von Liebe und Schmerz, die in der Romantik ausführlich behandelt wurden, haben bis heute nichts von ihrer Relevanz verloren. In der modernen Literatur, Musik und Kunst werden immer noch Geschichten von unerwiderten Gefühlen, schmerzhaften Trennungen und innerem Konflikt erzählt.

Die Dunkelheit der Liebe und des Schmerzes wird in der zeitgenössischen Popkultur weiterhin erforscht und dargestellt. Filme, Bücher und Songs erzählen von komplexen Liebesbeziehungen und den emotionalen Höhen und Tiefen, die damit einhergehen.

Die Romantik als Epoche der Emotionen hat die Themen von Liebe und Schmerz intensiv erforscht und künstlerisch verarbeitet. Sie hat die menschlichen Gefühle in all ihren Facetten beleuchtet und gezeigt, dass Liebe und Schmerz untrennbar miteinander verbunden sind. Die Romantik hat nicht nur die Kunst und die Philosophie ihrer Zeit geprägt, sondern auch die Vorstellung von Liebe und Schmerz bis in die moderne Kultur hinein beeinflusst. Diese dunklen Seiten der Romantik sind nach wie vor von großer Bedeutung und spiegeln die menschliche Erfahrung auf tiefgründige Weise wider.

8.10 Die anhaltende Faszination romantischer Liebesideale
Die Romantik, eine bedeutende literarische und kulturelle Bewegung des 18. und 19. Jahrhunderts, hat nicht nur die Kunst und Literatur ihrer Zeit geprägt, sondern auch unser modernes Verständnis von Liebe und Romantik nachhaltig beeinflusst. In dieser Zusammenfassung werden wir die anhaltende Faszination romantischer Liebesideale untersuchen, die bis heute in verschiedenen Aspekten unserer Gesellschaft und Kultur präsent ist.

Die Romantik war eine Reaktion auf die Aufklärung und ihre Betonung von Vernunft und Rationalität. Die Romantiker betonten stattdessen die Bedeutung von Emotionen, Intuition und Individualität. Dieser Paradigmenwechsel spiegelte sich auch in den Vorstellungen von Liebe und Romantik wider.

Während der Aufklärung wurde Liebe oft als rationale Entscheidung betrachtet, basierend auf gemeinsamen Interessen und Vernunft. Die Romantik brachte hingegen die Idee von Liebe als intensives Gefühl hervor, das das Individuum überwältigt und transzendiert. Diese romantische Vorstellung von Liebe als leidenschaftliche und emotionale Bindung hat bis heute überlebt.

Die literarischen Werke der Romantik, insbesondere die Gedichte und Romane, haben die romantischen Liebesideale auf eindrucksvolle Weise verkörpert. Die berühmte Dichtung von William Wordsworth, Samuel Taylor Coleridge, Lord Byron, John Keats und vielen anderen, ist von der intensiven, oft unerfüllten Liebe durchdrungen.

Ein herausragendes Beispiel ist das Werk "Sturm und Drang" von Johann Wolfgang von Goethe, in dem die unglückliche Liebe des Protagonisten Werther zu Charlotte auf dramatische Weise dargestellt wird. Dieser Roman wurde zu einer Art Blaupause für tragische Liebesgeschichten und prägte das Genre der romantischen Literatur nachhaltig.

Die Romantik betonte auch die Natur als Symbol und Spiegelbild menschlicher Gefühle. In der Natur fanden die romantischen Dichter und Schriftsteller Inspiration und Metaphern für die Liebe. Die malerischen Beschreibungen von Landschaften und die Verbindung von Natur und Gefühl sind charakteristisch für die romantische Literatur.

Die Romantik hatte auch einen erheblichen Einfluss auf die Musik des 19. Jahrhunderts. Große Komponisten wie Ludwig van Beethoven, Franz Schubert, Frédéric Chopin und Robert

Schumann schufen Musikstücke, die die romantischen Liebesideale in Tönen ausdrückten.

Beethovens "Mondscheinsonate" oder Chopins Klavierballaden sind Beispiele für Werke, die die romantische Vorstellung von Liebe und Leidenschaft in der Musik verkörpern. Die Verwendung von Musik, um Emotionen und Liebesgeschichten auszudrücken, wurde zu einem charakteristischen Merkmal der romantischen Musik.

Die romantische Malerei widmete sich ebenfalls intensiv der Darstellung von Liebe und Romantik. Künstler wie Eugène Delacroix, Caspar David Friedrich und John William Waterhouse schufen Gemälde, die die emotionalen und ästhetischen Aspekte der Liebe erforschten.

Die Darstellung von Liebespaaren in der Natur, oft vor dramatischen Landschaften, wurde zu einem beliebten Motiv in der romantischen Malerei. Diese Bilder vermitteln die Idee von Liebe als einer emotionalen Reise, die das Individuum in die Weite der Natur und der eigenen Gefühle führt.

Die romantischen Liebesideale der Romantik haben bis heute in der Popkultur überlebt. In Filmen, Büchern, Musik und Fernsehen finden sich zahlreiche Beispiele für die romantische Vorstellung von Liebe.

Die Idee von Liebe als leidenschaftlicher, intensiver Bindung, die alle Hindernisse überwindet, ist ein wiederkehrendes Motiv in Liebesromanen und romantischen Filmen. Das Konzept der "wahren Liebe" und der "Seelenverwandtschaft" wurde von der Romantik geprägt und ist ein beliebtes Thema in modernen Liebesgeschichten.

Auch die Vorstellung von Natur als romantischer Kulisse für Liebe und Romantik ist in der modernen Popkultur weit verbreitet. Filme, die Liebesgeschichten in malerischen Landschaften erzählen, bedienen sich dieses romantischen Bildes.

Die Idee von Liebe als Quelle der Inspiration und des kreativen Schaffens, die in der Romantik stark betont wurde, findet sich auch in der Musikindustrie. Zahlreiche Liebeslieder und Balladen drücken die romantische Vorstellung von Liebe als treibende Kraft des Lebens aus.

In der modernen Welt haben Technologie und soziale Medien die Art und Weise, wie Liebe und Beziehungen gelebt und ausgedrückt werden, verändert. Die Romantik hatte zwar keine Vorstellung von Dating-Apps oder Online-Beziehungen, aber sie betonte die Bedeutung von persönlichen Gefühlen und Verbindungen.

In der heutigen Zeit sind romantische Beziehungen oft digital vernetzt, und Liebeserklärungen werden per Textnachricht oder Videoanruf gemacht. Dennoch sind die grundlegenden romantischen Ideale, die die Romantik geprägt hat, nach wie vor relevant. Die Suche nach tiefer, bedingungsloser Liebe und die Sehnsucht nach emotionaler Erfüllung sind zeitlos.

Zusammenfassend lässt sich sagen, dass die romantischen Liebesideale, die in der Romantik entstanden sind, bis heute eine anhaltende Faszination ausüben. Die Vorstellung von Liebe als intensivem Gefühl, das das Leben bereichert und inspiriert, sowie die Betonung von Emotionen und Individualität, sind weiterhin zentrale Elemente unserer Vorstellung von romantischen Beziehungen. Die Romantik hat das Verständnis von Liebe in der Kunst, Musik, Literatur und Popkultur geprägt und bleibt eine wichtige Quelle der Inspiration für Liebesgeschichten und Liebesdarstellungen in der modernen Welt.

Kapitel 9: Politik und Gesellschaft in der Romantik

9.1 Die politischen Umwälzungen in Europa

Die Periode der Romantik war geprägt von tiefgreifenden politischen Umwälzungen in Europa, die das soziale und politische Gefüge des Kontinents veränderten und die kulturelle Landschaft maßgeblich beeinflussten. In dieser Zusammenfassung werden wir die politischen Ereignisse dieser Zeit beleuchten und ihren Einfluss auf die romantische Bewegung sowie auf die Gesellschaft im Allgemeinen analysieren.

Die Romantik erstreckte sich über das späte 18. und das 19. Jahrhundert und fiel zeitlich mit einer turbulenten Epoche in der Geschichte Europas zusammen. Die politischen Umwälzungen dieser Zeit hatten einen erheblichen Einfluss auf die romantische Bewegung und prägten die literarischen und künstlerischen Werke dieser Ära.

Ein Schlüsselereignis war die Französische Revolution (1789-1799), die die Monarchie in Frankreich stürzte und weitreichende soziale und politische Veränderungen auslöste. Die Ideale der Revolution, darunter Freiheit, Gleichheit und Brüderlichkeit, fanden in der romantischen Bewegung Resonanz. Die Romantiker waren oft von der Vorstellung einer idealisierten Gesellschaft und einer besseren Zukunft für die Menschheit durchdrungen.

Napoleon Bonaparte, der nach der Revolution die Macht übernahm und das französische Imperium ausdehnte, wurde zu einer Symbolfigur der Romantik. Seine militärischen Eroberungen und seine Fähigkeit, politische Grenzen zu verschieben, weckten das Interesse der Romantiker an nationaler Identität und dem Schicksal von Nationen.

Die politischen Veränderungen in Europa hatten auch erhebliche Auswirkungen auf Deutschland, das zu dieser Zeit in zahlreiche kleine Fürstentümer und Königreiche zersplittert war. Die Ideen der

Französischen Revolution und der romantische Nationalismus beeinflussten die Bestrebungen nach deutscher Einheit und nationalem Selbstbewusstsein.

Der Wiener Kongress (1814-1815), der die politische Ordnung Europas nach den napoleonischen Kriegen neu ordnete, führte zur Schaffung des Deutschen Bundes, einem Zusammenschluss von deutschen Staaten. Dies war ein Schritt in Richtung politischer Kooperation, der die Hoffnung auf eine zukünftige deutsche Nation weckte.

Der deutsche Dichter Johann Gottlieb Fichte betonte in seinen Schriften die Bedeutung der deutschen Sprache und Kultur als verbindendes Element für die Deutschen. Dies trug zur Entstehung des deutschen Nationalbewusstseins bei, das in der romantischen Bewegung stark ausgeprägt war.

Die Romantik hatte nicht nur eine ästhetische und kulturelle Dimension, sondern auch eine politische. Romantische Dichter und Schriftsteller wie Heinrich Heine und Georg Wilhelm Friedrich Hegel betrachteten politische Themen kritisch und äußerten sich zu den gesellschaftlichen Veränderungen ihrer Zeit.

Heinrich Heine, ein deutscher Dichter und Journalist, war ein scharfer Kritiker der politischen Zustände in Deutschland. In seinen Werken, insbesondere in seinen Gedichten und Essays, äußerte er sich kritisch zur Zensur und zum Mangel an politischer Freiheit. Sein Werk "Die schlesischen Weber" thematisierte die sozialen und politischen Unruhen in Schlesien und wurde zu einer politischen Anklage gegen die Unterdrückung.

Georg Wilhelm Friedrich Hegel, ein bedeutender deutscher Philosoph, entwickelte die Idee des Weltgeistes und betonte die Notwendigkeit von Veränderung und Fortschritt in der Geschichte. Hegel sah die Französische Revolution und die politischen Umwälzungen als Ausdruck des dialektischen Prozesses, der die Entwicklung der Welt vorantreibt.

Die romantischen Schriftsteller und Künstler suchten auch nach nationaler und kultureller Identität. In einer Zeit, in der politische Grenzen und nationale Einheiten neu definiert wurden, spielte die Frage nach der eigenen Herkunft und Zugehörigkeit eine wichtige Rolle.

Die Brüder Grimm, berühmt für ihre Sammlung von Märchen, trugen zur Erforschung und Bewahrung der deutschen Volkskultur bei. Ihre Märchensammlung war nicht nur eine literarische Errungenschaft, sondern auch ein Versuch, die deutsche Sprache und Traditionen zu bewahren.

Die romantische Bewegung trug zur Entstehung von Nationalismus und Nationalbewegungen in ganz Europa bei. In vielen Ländern wurden nationale Identitäten neu definiert, und die Romantik spielte eine Rolle bei der Betonung der Eigenheiten und des Erbes jeder Nation.

In Italien, das zu dieser Zeit in zahlreiche kleine Staaten aufgeteilt war, wurde die romantische Bewegung zu einem Impuls für die Risorgimento-Bewegung, die letztendlich zur Einigung Italiens führte.

In Polen, das unter der Teilung durch Preußen, Russland und Österreich litt, fand die romantische Bewegung Ausdruck im polnischen Nationalismus und der Sehnsucht nach Unabhängigkeit. Der polnische Dichter Adam Mickiewicz war eine wichtige Figur in dieser Bewegung.

Die romantische Literatur war auch geprägt von politischer Literatur und Schriften, die die sozialen und politischen Herausforderungen der Zeit ansprachen. Autoren wie Mary Shelley, die mit ihrem Werk "Frankenstein" die ethischen Fragen im Zusammenhang mit wissenschaftlichen Entwicklungen und sozialen Veränderungen aufwarf, trugen zur politischen Diskussion bei.

Die politischen Umwälzungen der Romantik gipfelten in den Revolutionen von 1848, als zahlreiche europäische Länder von politischen Unruhen und Aufständen erschüttert wurden. Die Forderungen nach politischer Freiheit, sozialer Gerechtigkeit und nationaler Unabhängigkeit erreichten einen Höhepunkt.

Die romantische Bewegung hatte in den Jahrzehnten zuvor den Boden für diese Ereignisse bereitet, indem sie Ideen der Freiheit und des Nationalismus gefördert hatte. Schriftsteller und Intellektuelle wie Giuseppe Mazzini, ein führender Kopf der italienischen Einheitsbewegung, wurden von romantischen Idealen inspiriert.

Die Revolutionen von 1848 hatten jedoch unterschiedliche Ausgänge in verschiedenen Ländern. In einigen Fällen führten sie zu politischen Veränderungen, in anderen wurden sie gewaltsam unterdrückt. Dennoch markierten sie einen wichtigen Wendepunkt in der europäischen Geschichte und verdeutlichten den Einfluss der romantischen Bewegung auf politische Entwicklungen.

Die politischen Umwälzungen in Europa während der Romantik prägten die literarische, künstlerische und intellektuelle Landschaft dieser Zeit. Die romantische Bewegung trug zur Entwicklung von Nationalismus, politischer Literatur und sozialem Bewusstsein bei. Die Ideale der Freiheit, der nationalen Identität und des Fortschritts, die in der Romantik gefördert wurden, hatten einen nachhaltigen Einfluss auf die politische Entwicklung Europas und prägen noch heute das kulturelle Erbe des Kontinents.

9.2 Nationalismus und die Suche nach nationaler Identität
Die Romantik, die im späten 18. und frühen 19. Jahrhundert ihren Höhepunkt erreichte, war eine Epoche, die von einer starken Betonung der nationalen Identität und des Nationalismus geprägt war. In dieser Zusammenfassung werden wir den Zusammenhang zwischen der romantischen Bewegung und dem aufkommenden Nationalismus in Europa näher untersuchen.

Die Romantik war geprägt von einem tiefen Interesse an der Kultur, der Geschichte und den Traditionen der jeweiligen Nationen Europas. Romantische Schriftsteller, Dichter und Künstler betonten die Einzigartigkeit ihrer eigenen Kultur und identifizierten sich stark mit ihrer Heimat.

In Deutschland, einem Land, das zu dieser Zeit in zahlreiche kleine Fürstentümer und Königreiche zersplittert war, spielte der Nationalismus eine herausragende Rolle. Die Ideale der Französischen Revolution, wie Freiheit, Gleichheit und Brüderlichkeit, fanden Resonanz unter den deutschen Romantikern. Sie begannen, sich intensiv mit ihrer eigenen Kultur, Sprache und Geschichte auseinanderzusetzen und trugen dazu bei, das Bewusstsein für eine gemeinsame deutsche Identität zu fördern.

Die Brüder Grimm, berühmt für ihre Sammlung von Märchen und Volksliedern, trugen zur Bewahrung und Erforschung der deutschen Volkskultur bei. Ihre Arbeit war nicht nur eine literarische Errungenschaft, sondern auch ein wichtiger Beitrag zur Schaffung einer deutschen Nationalidentität.

Italien, das zu dieser Zeit ebenfalls in zahlreiche kleine Staaten aufgeteilt war, war ein weiteres Land, in dem der Nationalismus stark aufkam. Die romantische Bewegung in Italien, bekannt als "Risorgimento", hatte zum Ziel, die verschiedenen italienischen Staaten zu vereinen und ein vereintes Italien zu schaffen. Der Dichter Giuseppe Mazzini war eine zentrale Figur dieser Bewegung und betonte die Idee eines vereinten Italiens.

Polen, das unter der Teilung durch Preußen, Russland und Österreich litt, sah sich ebenfalls von der romantischen Bewegung inspiriert, den polnischen Nationalismus zu stärken und die Sehnsucht nach Unabhängigkeit zu fördern. Der polnische Dichter Adam Mickiewicz war eine wichtige Figur in dieser Bewegung.

Die politischen Umwälzungen der Romantik, wie die Französische Revolution und die napoleonischen Kriege, beeinflussten die romantische Bewegung erheblich und trugen dazu bei, den Nationalismus zu fördern. Die Ideale der Freiheit und der nationalen Selbstbestimmung, die in dieser Zeit aufkamen, inspirierten die romantischen Dichter und Künstler.

Der Wiener Kongress von 1814-1815, der die politische Ordnung Europas nach den napoleonischen Kriegen neu ordnete, trug zur Schaffung des Deutschen Bundes bei, einem Zusammenschluss von deutschen Staaten. Dies war ein Schritt in Richtung politischer Kooperation und förderte die Hoffnung auf eine zukünftige deutsche Nation.

Die romantische Literatur war auch von politischen Schriften und Werken geprägt, die die sozialen und politischen Herausforderungen der Zeit ansprachen. Autoren wie Mary Shelley, die mit ihrem Werk "Frankenstein" die ethischen Fragen im Zusammenhang mit wissenschaftlichen Entwicklungen und sozialen Veränderungen aufwarf, trugen zur politischen Diskussion bei.

Die politischen Umwälzungen der Romantik kulminierten in den Revolutionen von 1848, als zahlreiche europäische Länder von politischen Unruhen und Aufständen erschüttert wurden. Die Forderungen nach politischer Freiheit, sozialer Gerechtigkeit und nationaler Unabhängigkeit erreichten einen Höhepunkt.

Die romantische Bewegung hatte in den Jahrzehnten zuvor den Boden für diese Ereignisse bereitet, indem sie Ideen der Freiheit und des Nationalismus gefördert hatte. Schriftsteller und Intellektuelle wie Giuseppe Mazzini und Adam Mickiewicz wurden von romantischen Idealen inspiriert.

Die Revolutionen von 1848 hatten jedoch unterschiedliche Ausgänge in verschiedenen Ländern. In einigen Fällen führten sie zu politischen Veränderungen, in anderen wurden sie gewaltsam unterdrückt. Dennoch markierten sie einen wichtigen Wendepunkt in der europäischen Geschichte und verdeutlichten den Einfluss der romantischen Bewegung auf politische Entwicklungen.

Die politischen Umwälzungen in Europa während der Romantik prägten die literarische, künstlerische und intellektuelle Landschaft dieser Zeit. Die romantische Bewegung trug zur Entwicklung von Nationalismus, politischer Literatur und sozialem Bewusstsein bei. Die Ideale der Freiheit, der nationalen Identität und des Fortschritts, die in der Romantik gefördert wurden, hatten einen nachhaltigen Einfluss auf die politische Entwicklung Europas und prägen noch heute das kulturelle Erbe des Kontinents.

9.3 Soziale Veränderungen und Klassenbewusstsein
Die Epoche der Romantik, die sich im späten 18. und frühen 19. Jahrhundert in Europa entfaltete, war nicht nur von kulturellen und ästhetischen Umwälzungen geprägt, sondern auch von tiefgreifenden sozialen Veränderungen und einem wachsenden Klassenbewusstsein. In dieser Zusammenfassung werden wir uns mit dem Einfluss der Romantik auf die soziale Struktur und das Klassenbewusstsein in dieser Zeit befassen.

Die Romantik war eine Zeit des Umbruchs und der Transformation in Europa. Dies war zum Teil auf die Auswirkungen der Französischen Revolution und die napoleonischen Kriege zurückzuführen, die die politische und soziale Landschaft radikal veränderten. Diese Veränderungen führten zu einem erhöhten sozialen Bewusstsein und einem stärkeren Fokus auf sozialen Fragen.

Während der Romantik begann die Industrialisierung in Europa Fahrt aufzunehmen. Dies führte zu einem dramatischen Wandel in der Arbeitswelt, da immer mehr Menschen von ländlichen Gebieten in die Städte zogen, um in Fabriken zu arbeiten. Die Industrialisierung brachte zwar wirtschaftlichen Fortschritt, führte jedoch auch zu Arbeitsbedingungen, die oft entbehrlich und ungesund waren. Diese Veränderungen in der Arbeitswelt wurden von romantischen Autoren und Künstlern aufgegriffen und kritisiert.

Die Romantik brachte ein wachsendes Bewusstsein für die sozialen Klassenschichten hervor. In dieser Zeit wurden die Gesellschaften in Europa von einer komplexen Hierarchie geprägt, die Adlige, Bürgertum, Bauern und Arbeiter umfasste. Diese sozialen Schichten hatten unterschiedliche Lebensstile, Werte und Perspektiven, die in der romantischen Literatur und Kunst oft thematisiert wurden.

Die Romantik sah auch Veränderungen im ländlichen Leben, da die Landwirtschaft modernisiert wurde und viele Menschen in die Städte zogen. Dies führte zu einer idealisierten Sicht auf das Landleben in der romantischen Kunst und Literatur, da viele Schriftsteller und Künstler die Rückkehr zur Natur und zu traditionellen Lebensweisen befürworteten.

Die Romantik trug zur Entwicklung des Klassenbewusstseins bei, indem sie soziale Unterschiede und Ungerechtigkeiten in den Mittelpunkt der Aufmerksamkeit rückte.

Viele romantische Schriftsteller und Künstler kritisierten die sozialen Missstände ihrer Zeit. Sie thematisierten die Armut, die Ausbeutung von Arbeitern und die soziale Ungerechtigkeit. In der Literatur wurden Figuren aus niedrigeren sozialen Schichten oft als Helden dargestellt, die gegen die gesellschaftlichen Normen und Unterdrückung rebellierten.

Ein zentrales Element der romantischen Bewegung war die Sehnsucht nach einer idealisierten Vergangenheit, die oft mit einem einfachen, ländlichen Leben und einer engen Verbindung zur Natur in Verbindung gebracht wurde. Dies war eine Reaktion auf die Industrialisierung und die Urbanisierung und spiegelte die Vorstellung wider, dass die Natur und das Landleben eine Quelle der Reinheit und Authentizität darstellten.

Die romantische Kunst und Literatur porträtierten häufig Szenen aus dem Leben der Armen und Arbeiter. Künstler wie Honoré Daumier und Charles Dickens schufen Werke, die das Leben der Unterschicht einfühlsam darstellten und die sozialen Ungerechtigkeiten anprangerten.

Der Aufstieg des Nationalismus in Europa während der Romantik hatte auch Auswirkungen auf das Klassenbewusstsein. Nationalistische Bewegungen betonten die kulturelle und soziale Einheit einer Nation und forderten die Anerkennung der Eigenheiten und Traditionen der verschiedenen sozialen Schichten innerhalb der Nation.

Die Romantik trug somit wesentlich zur Entwicklung des Klassenbewusstseins bei und beeinflusste die sozialen und politischen Bewegungen des 19. Jahrhunderts maßgeblich. Sie schuf ein Bewusstsein für die sozialen Unterschiede und Ungerechtigkeiten ihrer Zeit und trug dazu bei, die Grundlage für soziale Reformen und politische Veränderungen zu legen, die im Laufe des 19. Jahrhunderts stattfanden.

9.4 Die Romantik und die Reaktion auf die Französische Revolution

Die Epoche der Romantik war von tiefgreifenden gesellschaftlichen und politischen Umwälzungen geprägt, zu denen auch die Französische Revolution zählte. Diese Revolution, die 1789 begann und bis 1799 dauerte, hatte weitreichende Auswirkungen auf ganz Europa. Die romantischen Schriftsteller, Künstler und Denker reagierten auf diese Ereignisse auf vielfältige Weisen. In dieser Zusammenfassung werden wir uns eingehend mit der Beziehung zwischen der Romantik und der Reaktion auf die Französische Revolution befassen.

Die Französische Revolution war ein historisches Ereignis von großer Bedeutung. Sie brach aus, als die französische Bevölkerung gegen die tyrannische Herrschaft des Ancien Régime rebellierte und nach Freiheit, Gleichheit und Brüderlichkeit strebte. Die Revolution führte zur Sturz des Königshauses, zur Exekution von König Ludwig XVI. und Königin Marie Antoinette, zur Einführung des Terrors unter Robespierre und schließlich zur Machtergreifung von Napoleon Bonaparte. Die Ideen der Revolution, insbesondere die Prinzipien der Aufklärung, verbreiteten sich in ganz Europa und beeinflussten die politischen und sozialen Entwicklungen dieser Zeit.

Die Romantiker standen der Französischen Revolution ambivalent gegenüber. Einige von ihnen unterstützten die revolutionären Ideale der Freiheit und der Menschenrechte, während andere die Gewalt und das Chaos, die die Revolution begleiteten, ablehnten. Diese ambivalente Haltung spiegelte sich in der romantischen Literatur und Kunst wider.

Die Reaktionen der Romantiker auf die Revolution waren vielfältig. Einige, wie William Wordsworth und Samuel Taylor Coleridge in England, empfanden anfangs Begeisterung für die Revolution und sahen in ihr die Verwirklichung von Freiheit und sozialer Gerechtigkeit. Ihre spätere Enttäuschung über die Entwicklungen in Frankreich fand jedoch Eingang in ihre Werke.

Die Romantiker veränderten auch das Verständnis von Geschichte. Während die Aufklärung eine eher rationalistische Sicht auf die Geschichte vertrat, betonten die Romantiker die Bedeutung von Emotionen, Leidenschaften und individuellen Schicksalen in der Geschichtsschreibung. Sie sahen die Geschichte als eine Quelle der Inspiration und der Mythenbildung.

Die Französische Revolution hatte weitreichende Auswirkungen auf die kulturelle Identität der Nationen Europas. Die Romantiker betonten die kulturelle Vielfalt und die nationalen Eigenheiten ihrer Länder. In Deutschland trug Johann Gottfried Herder dazu bei, die deutsche Kultur und Sprache zu fördern. Dies führte zur Entstehung des Begriffs „Kulturnationalismus."

Einige Romantiker zogen sich angesichts der politischen Unruhen und der Unsicherheit in Europa in eine Welt der Fantasie und des Eskapismus zurück. Die romantische Literatur und Kunst waren geprägt von einer Sehnsucht nach einer idealisierten Vergangenheit oder nach einer besseren Welt jenseits der Realität.

Nachdem die Französische Revolution und die napoleonischen Eroberungen zu einem Ende gekommen waren, kam es zur sogenannten Restauration, bei der die alten Mächte in Europa wiederhergestellt wurden. Dies führte zu einer Reaktion auf die revolutionären Ideen und zur Unterdrückung liberaler und demokratischer Bewegungen. Die Romantiker reagierten darauf mit einer Betonung der individuellen Freiheit und dem Streben nach einer idealen Gesellschaft.

In der Kunst spiegelte sich die Spannung zwischen politischer Unruhe und kreativem Ausdruck wider. Die Romantiker suchten nach neuen Ausdrucksformen, um die Veränderungen und Unsicherheiten ihrer Zeit darzustellen. Dies führte zu einer Vielfalt von Stilen und Genres in der romantischen Kunst, von der gothic novel bis zur Naturlyrik.

Die Romantiker integrierten häufig mythische und spirituelle Elemente in ihre Werke. Dies kann als Reaktion auf die Rationalität der Aufklärung und die Entzauberung der Welt verstanden werden. Die Sehnsucht nach dem Mystischen und Übersinnlichen fand in der romantischen Literatur und Kunst ihren Ausdruck.

Die Beziehung zwischen der Romantik und der Französischen Revolution war komplex und widersprüchlich. Die Romantiker reagierten auf die Revolution mit einer Mischung aus Begeisterung, Ambivalenz und Kritik. Sie beeinflussten jedoch maßgeblich die Art und Weise, wie die Revolution und ihre Ideale in der europäischen Kultur wahrgenommen wurden. Die Romantik prägte das Verständnis von Geschichte, Nation, Kultur und Kunst in dieser turbulenten Zeit und trug dazu bei, die Grundlagen für die modernen europäischen Gesellschaften zu legen. Ihre Vielfalt und ihre Suche nach neuen Ausdrucksformen machen die Romantik zu einer der faszinierendsten Epochen der Kulturgeschichte.

9.5 Die Rolle der Kunst und Literatur in der politischen Debatte
Die Romantik war nicht nur eine Epoche der kulturellen Erneuerung und des kreativen Aufbruchs, sondern auch eine Zeit intensiver

politischer Umwälzungen und Diskussionen. Die politische Landschaft Europas veränderte sich grundlegend, und die Künstler und Schriftsteller der Romantik spielten eine bedeutende Rolle in diesen Veränderungsprozessen. In dieser Zusammenfassung werden wir uns eingehend mit der Rolle der Kunst und Literatur in der politischen Debatte während der Romantik befassen.

Die Romantik erstreckte sich über das späte 18. bis zum frühen 19. Jahrhundert und war von tiefgreifenden politischen Veränderungen geprägt. Die Französische Revolution von 1789 und die napoleonischen Kriege hatten Europa in Aufruhr versetzt. Die Ideale der Revolution, wie Freiheit, Gleichheit und Brüderlichkeit, beeinflussten die politische und soziale Diskussion weit über Frankreich hinaus. Es entstanden nationalistische Bewegungen, liberale Strömungen und Forderungen nach sozialer Gerechtigkeit.

Die Kunst wurde von vielen Romantikern als ein Medium angesehen, um politische Ideen und Forderungen auszudrücken. In der Literatur wurden politische Themen in Gedichten, Erzählungen und Dramen behandelt. Beispielsweise schuf Heinrich Heine politische Gedichte, die die sozialen Missstände seiner Zeit anprangerten und die politische Unterdrückung kritisierten.

Die Romantiker waren sich der Macht der Kunst bewusst, die öffentliche Meinung zu beeinflussen. In einer Zeit, in der die Massenmedien noch nicht so weit entwickelt waren wie heute, spielte die Literatur eine zentrale Rolle bei der Verbreitung von politischen Ideen und Informationen. Die Werke der Romantiker wurden oft in Zeitschriften und Zeitungen veröffentlicht und erreichten so ein breites Publikum.

In der bildenden Kunst wurden politische Allegorien und Symbole verwendet, um politische Botschaften zu vermitteln. Gemälde und Skulpturen wurden genutzt, um politische Ideale wie Freiheit und Nationalismus darzustellen. Ein Beispiel hierfür ist das Gemälde "Die Freiheit führt das Volk" von Eugène Delacroix, das die Julirevolution von 1830 in Frankreich verherrlicht.

Viele romantische Künstler und Schriftsteller reagierten unmittelbar auf aktuelle politische Ereignisse. Sie kommentierten politische Entwicklungen in ihren Werken und nahmen Stellung zu den sozialen Problemen ihrer Zeit. So setzte sich beispielsweise der deutsche Schriftsteller Georg Büchner in seinem Drama "Dantons Tod" mit der Französischen Revolution und den politischen Veränderungen in Frankreich auseinander.

Die romantische Literatur war oft von einer kritischen Haltung gegenüber den sozialen Ungerechtigkeiten ihrer Zeit geprägt. Schriftsteller wie Victor Hugo in Frankreich oder Charles Dickens in England zeichneten in ihren Werken ein düsteres Bild von den Lebensbedingungen der ärmeren Bevölkerungsschichten und forderten Reformen.

Die Romantiker spielten eine wichtige Rolle bei der Förderung des Nationalismus und der nationalen Identität. In vielen Ländern Europas, darunter Deutschland, Italien und Griechenland, entstanden nationalistische Bewegungen, die auf die Schaffung von Nationalstaaten abzielten. Die Literatur trug dazu bei, das nationale Selbstbewusstsein zu stärken und den Glauben an die eigene Kultur und Geschichte zu fördern.

In der romantischen Literatur wurden auch politische Theorien und Ideen diskutiert und hinterfragt. Schriftsteller wie Mary Shelley in ihrem Werk "Frankenstein" thematisierten die ethischen und sozialen Konsequenzen wissenschaftlicher Entwicklungen und warfen Fragen zur Verantwortung der Wissenschaftler auf.

Die romantische Dichtung hatte eine besondere Bedeutung für die politische Debatte. Dichter wie Lord Byron und Percy Bysshe Shelley verfassten politische Gedichte, die sich für Freiheit und Gerechtigkeit einsetzten. Byrons Gedicht "Childe Harold's Pilgrimage" wurde zu einem Manifest des politischen Engagements und machte ihn zu einem der bekanntesten Dichter seiner Zeit.

Die Bedeutung von Kunst und Literatur in der politischen Debatte hat sich im Laufe der Zeit verändert, aber sie sind immer noch wichtige Ausdrucksformen für politische Ideen und soziale Anliegen. In der heutigen Welt spielen Medien wie Film, Musik und soziale Medien eine große Rolle bei der Verbreitung politischer Botschaften, aber die Grundprinzipien bleiben ähnlich.

Künstler und Schriftsteller nutzen ihre Werke, um auf aktuelle politische Probleme aufmerksam zu machen und Stellung zu beziehen. Zum Beispiel setzen sich moderne Autoren in ihren Romanen mit Themen wie Migration, soziale Ungerechtigkeit und Umweltschutz auseinander. Künstler verwenden visuelle Medien, um politische Proteste und soziale Bewegungen zu unterstützen und zu dokumentieren.

Die Romantik hat die Verbindung zwischen Kunst, Literatur und Politik nachhaltig geprägt. Sie hat gezeigt, dass diese Bereiche nicht getrennt voneinander existieren, sondern sich gegenseitig beeinflussen und bereichern können. Die politische Debatte wird weiterhin von kreativen Köpfen aus Kunst und Literatur beeinflusst und inspiriert, die ihre Stimmen erheben, um die Welt zu verändern und auf soziale und politische Probleme aufmerksam zu machen.

9.6 Utopische Vorstellungen und soziale Experimente
Die Romantik war eine Epoche, die von tiefgreifenden gesellschaftlichen Veränderungen und politischen Umbrüchen geprägt war. In dieser Zeit entwickelten viele Denker und Schriftsteller utopische Vorstellungen und führten soziale Experimente durch. Diese Bestrebungen spiegeln das Streben nach einer besseren Gesellschaft und einer idealen Welt wider. Diese Zusammenfassung wird sich ausführlich mit den utopischen Vorstellungen und sozialen Experimenten während der Romantik befassen.

Die Romantik erstreckte sich von etwa 1780 bis 1850 und fiel in eine Zeit dramatischer gesellschaftlicher Veränderungen. Die Industrialisierung schritt voran, und die Menschen sahen sich mit den Auswirkungen der raschen Urbanisierung und des sozialen Wandels konfrontiert. Dies führte zu sozialen Spannungen und Ungerechtigkeiten, die von den Romantikern kritisch betrachtet wurden.

Viele romantische Schriftsteller und Denker hatten eine Sehnsucht nach einer idealen Gesellschaft, in der die sozialen Missstände und Ungerechtigkeiten überwunden wären. Dies führte zu utopischen Vorstellungen, die in literarischen Werken, politischen Schriften und philosophischen Abhandlungen zum Ausdruck kamen.

Der britische Unternehmer und Sozialreformer Robert Owen führte in seiner Textilfabrik in New Lanark, Schottland, soziale Experimente durch. Er verbesserte die Arbeitsbedingungen und Wohnverhältnisse seiner Arbeiter und führte Bildungsprogramme für Kinder ein. Owens Bemühungen galten als Vorläufer moderner sozialistischer Ideen und utopischer Gemeinschaften.

Der französische Sozialphilosoph Charles Fourier entwickelte das Konzept der "Phalanstères", utopischer Gemeinschaften, in denen die Menschen in Harmonie miteinander leben sollten. Diese Gemeinschaften sollten auf Prinzipien wie sozialer Gleichheit, Arbeitsteilung und gemeinschaftlichem Besitz basieren. Obwohl Fouriers Ideen in der Praxis selten umgesetzt wurden, beeinflussten sie die Diskussion über alternative Lebensformen und soziale Strukturen.

Der britische Intellektuelle und Sozialreformer Robert Owen gründete 1825 die Siedlung New Harmony in Indiana, USA. Dort sollten sozialistische Prinzipien wie gemeinschaftlicher Besitz und Bildung in die Praxis umgesetzt werden. Das Experiment scheiterte jedoch nach kurzer Zeit aufgrund von internen Konflikten und finanziellen Schwierigkeiten.

In den 1840er Jahren gründete eine Gruppe von Intellektuellen und Schriftstellern, darunter George Ripley und Nathaniel Hawthorne, die Gemeinschaft Brook Farm in Massachusetts. Ziel war es, eine utopische Gesellschaft zu schaffen, die auf sozialistischen Prinzipien beruhte. Trotz idealistischer Ziele und einer inspirierenden Atmosphäre konnte Brook Farm wirtschaftlich nicht überleben und wurde nach kurzer Zeit aufgelöst.

Eine Gruppe von deutschen Einwanderern gründete in Iowa die Amana Colonies, eine religiös inspirierte Gemeinschaft, die auf sozialistischen Prinzipien basierte. Die Bewohner teilten Besitz und Arbeit, um eine gerechtere Gesellschaft zu schaffen. Amana Colonies existierten länger als viele andere soziale Experimente und entwickelten sich schließlich zu einer erfolgreichen Wirtschaftsgemeinschaft.

Die utopischen Vorstellungen und sozialen Experimente der Romantik hatten eine tiefgreifende Bedeutung für die Entwicklung von sozialistischen und kommunistischen Ideen im 19. Jahrhundert. Obwohl viele dieser Experimente scheiterten, trugen sie zur Diskussion über soziale Gerechtigkeit und alternative Lebensformen bei. Sie inspirierten auch zukünftige Generationen von Sozialreformern und utopischen Denkern.

Darüber hinaus zeigten diese Experimente die Fähigkeit der Romantik, soziale und politische Ideale in die Praxis umzusetzen. Die romantische Vorstellung von einer besseren Welt, in der die Menschheit im Einklang mit der Natur und unter gerechten Bedingungen lebt, war eine starke Triebkraft für diese Experimente.

Die Ideen und Experimente der Romantik haben bis heute Einfluss auf die Diskussion über soziale Gerechtigkeit, Gemeinschaftsbildung und alternative Lebensformen. Sie dienen als Erinnerung daran, dass es möglich ist, gesellschaftliche Veränderungen durch kollektive Anstrengungen zu erreichen. Die romantische Vorstellung von einer idealen Gesellschaft und einer besseren Welt bleibt eine inspirierende Quelle für diejenigen, die nach sozialer Gerechtigkeit und einer nachhaltigen Zukunft streben.

9.7 Frauen in der Romantik: Die Suche nach Gleichberechtigung

Die Romantik war eine Epoche, die von tiefgreifenden gesellschaftlichen Veränderungen und politischen Umbrüchen geprägt war. Im Zuge dieser Veränderungen begannen auch Frauen, eine aktive Rolle in der Gesellschaft und in der Literatur einzunehmen. Diese Zusammenfassung wird sich ausführlich mit der Rolle der Frauen in der Romantik befassen, ihrer Suche nach Gleichberechtigung und ihrem Einfluss auf die Literatur und Kultur dieser Zeit.

Die Romantik erstreckte sich von etwa 1780 bis 1850 und fiel in eine Zeit, in der traditionelle Geschlechterrollen in der Gesellschaft fest verankert waren. Frauen hatten begrenzte Möglichkeiten zur Bildung und zur Teilnahme am öffentlichen Leben. Dennoch begannen einige Frauen, diese Beschränkungen zu hinterfragen und nach Gleichberechtigung zu streben.

In der Romantik begannen Frauen vermehrt, als Schriftstellerinnen in Erscheinung zu treten. Prominente Beispiele sind Mary Shelley, die Autorin von "Frankenstein", und die Brontë-Schwestern, die bekannte Romane wie "Jane Eyre" und "Sturmhöhe" verfassten. Diese Schriftstellerinnen durchbrachen die Grenzen, die Frauen in der Literatur gesetzt waren, und beeinflussten die romantische Literatur maßgeblich.

Frauen spielten eine wichtige Rolle in der Salonkultur der Romantik. In Salons versammelten sich Intellektuelle, Künstler und Schriftsteller, um über Literatur, Politik und Kunst zu diskutieren. Frauen wie Rahel Varnhagen und Madame de Staël waren Gastgeberinnen von Salons und schufen so Orte des intellektuellen Austauschs und der kulturellen Debatten.

Einige Frauen der Romantik engagierten sich auch politisch. Germaine de Staël war eine prominente politische Denkerin, die die politische Landschaft Frankreichs maßgeblich beeinflusste. Sie setzte sich für die Ideen der Aufklärung und die Demokratie ein und kämpfte gegen die Restauration des Ancien Régime.

Viele Frauen forderten in der Romantik verstärkt Zugang zu Bildung. Schriftstellerinnen wie Mary Wollstonecraft setzten sich für die Bildung von Frauen ein und argumentierten, dass Bildung der Schlüssel zur Emanzipation sei. Ihre Schriften legten den Grundstein für spätere feministische Bewegungen.

Die romantische Literatur wurde stark von den Schriftstellerinnen der Epoche geprägt. Mary Shelleys "Frankenstein" gilt als eines der bedeutendsten Werke der Science-Fiction-Literatur und thematisiert ethische und moralische Fragen im Zusammenhang mit Wissenschaft und Fortschritt. Die Romane der Brontë-Schwestern zeichnen starke weibliche Hauptfiguren und behandeln Themen wie Liebe, Leidenschaft und gesellschaftliche Normen.

Die Salonkultur der Romantik bot Frauen die Möglichkeit, ihre intellektuelle Brillanz zu zeigen und aktiv an Debatten teilzunehmen. In den Salons wurden Ideen ausgetauscht und neue Denkrichtungen gefördert. Frauen wie Madame de Staël beeinflussten die politische Diskussion und die Entwicklung von Ideen zur Freiheit und Demokratie.

Die Romantik als kulturelle Bewegung betonte die Bedeutung von Emotionen, Individualität und der Verbindung zur Natur. Diese Ideen wirkten sich auch auf die Wahrnehmung von Geschlechterrollen aus. Frauen der Romantik wurden oft als empfindsam, emotional und naturverbunden dargestellt, was zu einer Neubewertung weiblicher Eigenschaften führte.

Die Romantik hatte einen nachhaltigen Einfluss auf die Frauenbewegung des 19. Jahrhunderts. Die Forderung nach Bildung, politischer Teilhabe und Gleichberechtigung, die in der Romantik aufkam, setzte sich fort und führte schließlich zu wichtigen gesellschaftlichen Veränderungen. Frauen wie Elizabeth Cady Stanton und Susan B. Anthony, die im 19. Jahrhundert für das

Frauenwahlrecht kämpften, wurden von den Idealen der Romantik inspiriert.

Die Romantik war eine Epoche des Umbruchs und der Veränderung, auch in Bezug auf die Geschlechterrollen. Frauen begannen, aktiv am kulturellen und intellektuellen Leben teilzunehmen, schrieben bedeutende Werke der Literatur und setzten sich für ihre Rechte ein. Ihr Einfluss auf die romantische Literatur und die Ideen dieser Epoche war von großer Bedeutung und wirkte bis in die Frauenbewegung des 19. Jahrhunderts und darüber hinaus nach. Die Suche nach Gleichberechtigung und die Anerkennung weiblicher Intelligenz und Kreativität waren wichtige Aspekte der Romantik, die bis heute nachwirken.

9.8 Die Romantik und die Sklaverei

Die Romantik war eine literarische und kulturelle Bewegung, die sich in der Zeit von etwa 1780 bis 1850 in Europa und Nordamerika entwickelte. Sie war geprägt von einer tiefen Sehnsucht nach Individualität, Freiheit und Naturverbundenheit. Gleichzeitig war die Epoche von gesellschaftlichen Umbrüchen und politischen Veränderungen geprägt, darunter auch die Abschaffung der Sklaverei. Diese Zusammenfassung widmet sich der Beziehung zwischen der Romantik und der Sklaverei und beleuchtet, wie die Schriftsteller, Künstler und Denker dieser Zeit mit diesem wichtigen sozialen Thema umgingen.

Die Romantik war eine Epoche, die die Emotionen, die Natur und das Individuum in den Mittelpunkt stellte. Die Romantiker glaubten an die Kraft der Imagination und betonten die Bedeutung von persönlichem Ausdruck und Intuition. Sie sehnten sich nach einer idealisierten Vergangenheit, die von Freiheit, Authentizität und einer starken Verbindung zur Natur geprägt war.

Während die Romantik eine Sehnsucht nach Freiheit und Individualität verkörperte, stand sie auch im Kontrast zu einer Welt, in der die Sklaverei weit verbreitet war. Besonders in den Vereinigten Staaten und in den europäischen Kolonien existierte die

Sklaverei als institutionalisiertes System, das Menschen ihrer Freiheit und Würde beraubte.

"Uncle Tom's Hütte" von Harriet Beecher Stowe. Dieser Roman aus dem Jahr 1852 gilt als eines der einflussreichsten Werke zur Abschaffung der Sklaverei. Harriet Beecher Stowe's Werk erzählt die Geschichte eines Sklaven namens Tom und seine Leiden unter verschiedenen Herrschern. Das Buch hatte einen erheblichen Einfluss auf die öffentliche Meinung in den Vereinigten Staaten und trug dazu bei, die Bewegung zur Abschaffung der Sklaverei zu stärken.

In den Vereinigten Staaten und Großbritannien gab es während der Romantik eine starke Abolitionistenbewegung, die sich für die Abschaffung der Sklaverei einsetzte. Berühmte Schriftsteller wie William Lloyd Garrison und Frederick Douglass nutzten ihre Werke, um auf die Ungerechtigkeiten der Sklaverei hinzuweisen und für die Gleichberechtigung der Afroamerikaner zu kämpfen.

Die romantische Kunst spiegelte oft die sozialen und politischen Probleme ihrer Zeit wider. Künstler wie J.M.W. Turner und Francisco Goya griffen in ihren Werken Themen wie Krieg, Unterdrückung und Ungerechtigkeit auf. Obwohl die Sklaverei in der Malerei weniger häufig dargestellt wurde, gab es dennoch einige bedeutende Werke, die das Leiden der Sklaven thematisierten.

Die Romantik stellte die Sklaverei als moralisches Dilemma dar, das im Widerspruch zur Sehnsucht nach Freiheit und Selbstbestimmung stand. Die romantischen Schriftsteller und Künstler versuchten, die Grausamkeit der Sklaverei zu verurteilen und die Notwendigkeit ihrer Abschaffung hervorzuheben. Gleichzeitig verdeutlichten sie die Herausforderungen und Widersprüche, die mit diesem komplexen sozialen Problem einhergingen.

Europäische Kolonialmächte wie Großbritannien, Frankreich und Spanien waren während der Romantik maßgeblich an der Aufrechterhaltung der Sklaverei in ihren Kolonien beteiligt. Obwohl die Romantiker die Ideale der Freiheit und Individualität hochhielten, war ihr Widerstand gegen die Sklaverei oft ambivalent. Einige Romantiker kritisierten die Kolonialherrschaft und die Ausbeutung der Kolonien, während andere die Vorherrschaft ihrer eigenen Nationen über andere Völker rechtfertigten.

Trotz dieser Ambivalenz spielte die Romantik eine wichtige Rolle bei der Sensibilisierung der Öffentlichkeit für die Ungerechtigkeiten der Sklaverei. Die Betonung von Empathie, Mitgefühl und sozialer Verantwortung in den romantischen Idealen trug dazu bei, die Abolitionistenbewegung zu stärken und die öffentliche Meinung gegen die Sklaverei zu mobilisieren.

Die Romantik hatte einen nachhaltigen Einfluss auf die Gesellschaft und trug zur Abschaffung der Sklaverei bei. Die Ideale der Freiheit, Gleichheit und Brüderlichkeit, die in dieser Epoche aufkamen, inspirierten Generationen von Aktivisten und Reformerinnen. Die literarische und künstlerische Auseinandersetzung mit der Sklaverei während der Romantik hinterließ ein bleibendes Erbe und erinnert daran, wie die Kunst und die Literatur als Instrumente des sozialen Wandels dienen können.

Die Romantik war eine Epoche der Sehnsucht nach Freiheit und Selbstbestimmung, aber auch eine Zeit, in der die Sklaverei in vielen Teilen der Welt noch existierte. Die romantischen Schriftsteller und Künstler setzten sich mit diesem moralischen Dilemma auseinander, kritisierten die Ungerechtigkeiten der Sklaverei und trugen zur Sensibilisierung der Öffentlichkeit für dieses wichtige soziale Problem bei. Obwohl die Romantik in Bezug auf die Sklaverei ambivalent war, hinterließ sie dennoch ein bleibendes Erbe, das die Bewegung zur Abschaffung der Sklaverei unterstützte und die Ideale der Freiheit und Gerechtigkeit förderte.

9.9 Romantische Einflüsse auf die Architektur und Städteplanung

Die Romantik war eine bedeutende kulturelle Bewegung, die sich in der ersten Hälfte des 19. Jahrhunderts in Europa entwickelte. Sie prägte nicht nur die Literatur, Musik und bildende Kunst, sondern hatte auch erhebliche Auswirkungen auf die Architektur und Städteplanung. Diese Zusammenfassung untersucht die romantischen Einflüsse auf die Baukunst und die Gestaltung von Städten, zeigt auf, wie die Romantik die Architektur veränderte und welche Ideale und Prinzipien in dieser Zeit aufkamen.

Die Romantik in der Architektur war geprägt von einer Abkehr von den rationalen und klassizistischen Prinzipien der vorherigen Epoche. Stattdessen betonte sie emotionale Ausdrucksformen, die Sehnsucht nach Naturverbundenheit und die Anerkennung der Individualität.

Romantische Architekten bevorzugten natürliche Baumaterialien wie Stein und Holz, um eine harmonischere Verbindung zur Natur herzustellen. Die Neugotik war ein herausragendes Merkmal der romantischen Architektur. Sie griff auf mittelalterliche gotische Formen und Ornamente zurück und verlieh den Bauwerken eine mystische und märchenhafte Atmosphäre. Romantische Architektur strebte danach, sich harmonisch in die umgebende Landschaft einzufügen und die natürlichen Gegebenheiten zu respektieren. Dies führte zu malerischen Parks und Gärten rund um die Gebäude. Die Romantik legte großen Wert auf die Individualität der Architekten und förderte die Entfaltung ihrer kreativen Potenziale.

Ein herausragendes Beispiel für die romantische Architektur ist die Neugotik, die sich im 19. Jahrhundert in ganz Europa und Nordamerika verbreitete. Die Neugotik griff die Formen und Stile der mittelalterlichen gotischen Architektur auf und interpretierte sie neu. Kirchen, Schlösser und Universitätsgebäude wurden oft im neugotischen Stil erbaut. Das britische Parlament in London und die Kathedrale von Westminster sind beispielsweise berühmte neugotische Bauwerke.

Auch die Gestaltung von Städten und urbanen Räumen wurde von romantischen Idealen beeinflusst. Die romantische Städteplanung betonte eine engere Verbindung zwischen Stadt und Natur, die Schaffung von Parks und Grünflächen sowie die Betonung der historischen und kulturellen Identität einer Stadt.

Romantische Städteplaner legten großen Wert auf die Schaffung von Parks und Grünflächen, die als Rückzugsorte für die städtische Bevölkerung dienten. Diese Parks sollten eine Verbindung zur Natur ermöglichen und boten Raum für Erholung und Kontemplation. Die Romantik betonte die Bedeutung der Erhaltung historischer Gebäude und Stadtviertel. Der Wunsch, die kulturelle Kontinuität zu bewahren, führte zur Restaurierung und Pflege von historischen Bauwerken. In der romantischen Städteplanung wurde die einzigartige Identität einer Stadt betont. Dies führte dazu, dass Städteplaner versuchten, die kulturellen und historischen Eigenheiten einer Stadt in ihrer Gestaltung zu berücksichtigen. Romantische Städteplanung legte Wert auf malerische Plätze und Aussichtspunkte, die eine ästhetische Erfahrung für die Bewohner und Besucher schaffen sollten. Diese Orte boten oft beeindruckende Ausblicke auf die umliegende Landschaft.

Die Romantik in der Architektur und Städteplanung kann auch als Reaktion auf die Industrialisierung gesehen werden. Die rasante Urbanisierung und die Veränderungen im Stadtbild durch die Industrialisierung führten zu einem Bedürfnis nach einer Rückkehr zur Natur und zur Bewahrung kultureller Werte.

Die romantische Architektur und Städteplanung haben bis heute einen Einfluss auf die Gestaltung von Gebäuden und urbanen Räumen. Die Betonung natürlicher Materialien, die Integration von Grünflächen in die Stadtplanung und die Wertschätzung historischer Architektur sind weiterhin wichtige Prinzipien in der modernen Architektur und Städteplanung.

Die Romantik hatte einen erheblichen Einfluss auf die Architektur und Städteplanung des 19. Jahrhunderts. Die Betonung von

Naturverbundenheit, Individualität und der Erhaltung kultureller Werte prägte die romantische Architektur und Städteplanung. Die Neugotik als wichtiges Beispiel für romantische Architektur sowie die Schaffung von Parks und Grünanlagen in Städten sind nur einige der sichtbaren Auswirkungen dieser Epoche. Die romantische Gestaltung von Städten und Gebäuden ist auch heute noch in der modernen Architektur und Stadtplanung erkennbar und erinnert an die Bedeutung dieser kulturellen Bewegung für die Gestaltung unserer Umwelt.

9.10 Die politische Dimension der Romantik in der Moderne

Die Romantik war eine vielschichtige kulturelle Bewegung des 18. und 19. Jahrhunderts, die sich auf zahlreiche Bereiche der Kunst, Literatur, Philosophie und Politik auswirkte. In dieser Zusammenfassung werden wir uns auf die politische Dimension der Romantik in der Moderne konzentrieren und untersuchen, wie romantische Ideen und Prinzipien die politische Landschaft in dieser Ära geprägt haben.

Die Romantik entwickelte sich in einer Zeit des politischen Wandels und der Unsicherheit. Die Auswirkungen der Französischen Revolution, die Napoleonischen Kriege und die Industrialisierung Europas veränderten die politische Landkarte und die sozialen Strukturen grundlegend. In dieser Zeit der Turbulenzen suchten viele Menschen nach Orientierung und Identität, und die Romantik bot einen Rahmen, um auf diese Unsicherheiten zu reagieren.

Die politische Dimension der Romantik war geprägt von bestimmten Idealen und Prinzipien, die in der Kunst und Literatur der Epoche sowie in politischen Bewegungen und Ideologien sichtbar wurden.

Die Romantik betonte die Bedeutung der nationalen Identität und förderte das Bewusstsein für kulturelle und historische Eigenheiten eines Volkes. Dies führte zu einem Aufblühen von Nationalismus und Patriotismus. Die Romantik betonte die Freiheit des Einzelnen und die Bedeutung der Individualität. Dies spiegelte sich in politischen Forderungen nach persönlicher Freiheit und

Selbstbestimmung wider. Die romantische Sehnsucht nach der Natur war nicht nur ästhetischer Natur, sondern hatte auch politische Konnotationen. Sie drückte das Bedürfnis aus, sich von der Industrialisierung und der Urbanisierung zu distanzieren und eine Verbindung zur Natur und ländlichen Lebensweise herzustellen. Die romantische Politik betonte die Idee der Demokratie und die Nähe zum Volk. Dies führte zu politischen Bewegungen und Ideologien, die auf die Partizipation der Bevölkerung abzielten.

Die politische Dimension der Romantik manifestierte sich in verschiedenen politischen Bewegungen und Ideologien.

Philosophen wie Johann Gottlieb Fichte und Georg Wilhelm Friedrich Hegel, die dem deutschen Idealismus angehörten, beeinflussten die romantische Politik erheblich. Sie argumentierten für die Idee eines organischen Staates, in dem die Bürger aktive Mitglieder einer Gemeinschaft sind.

Die Romantik befeuerte den Nationalismus in Europa. In vielen Ländern wurden nationale Identitäten gestärkt, und der Wunsch nach Unabhängigkeit und nationaler Souveränität führte zu politischen Bewegungen und Konflikten.

Diese politische Bewegung in Deutschland strebte eine demokratische Verfassung und soziale Reformen an. Sie kritisierte die restaurativen Kräfte und forderte politische Teilhabe für das Volk.
In Polen griff die romantische Idee des Nationalismus um sich und führte 1830 zum Novemberaufstand gegen die russische Herrschaft. Die polnischen Romantiker sahen in ihrem Kampf für die Freiheit und nationale Unabhängigkeit eine romantische Pflicht.

Die politische Unruhe in Europa erreichte 1848 ihren Höhepunkt in einer Welle von Revolutionen. Die romantische Idee der Freiheit und nationalen Identität spielte eine wichtige Rolle in diesen Ereignissen.

Die politische Dimension der Romantik hat auch in der Moderne weiterhin Bedeutung. Die Ideale der Freiheit, Individualität und nationalen Identität sind nach wie vor relevante politische Themen. Darüber hinaus beeinflusst die romantische Vorstellung von Natur und Umwelt auch die zeitgenössische Umweltschutzbewegung.

Die politische Dimension der Romantik in der Moderne war geprägt von nationalen Identitäten, Freiheit, Individualität und dem Streben nach einer besseren Gesellschaft. Die romantischen Ideale und Prinzipien beeinflussten politische Bewegungen, Ideologien und Ereignisse im 19. Jahrhundert und haben bis heute Auswirkungen auf die politische Landschaft. Die Romantik lehrte uns, die menschliche Natur und die Suche nach Sinn und Identität als wichtige Elemente in der Politik zu berücksichtigen, und ihre Botschaften bleiben auch heute noch relevant.

Kapitel 10: Das Erbe der Romantik

10.1 Die Romantik im Kontext des 19. und 20. Jahrhunderts

Die Romantik war eine bedeutende kulturelle Bewegung des späten 18. und 19. Jahrhunderts, die viele Bereiche der Kunst, Literatur, Philosophie und Musik erfasste und die kulturelle Landschaft Europas nachhaltig prägte. In dieser Zusammenfassung werden wir die Romantik im Kontext des 19. und 20. Jahrhunderts betrachten und untersuchen, wie diese Bewegung die nachfolgenden Jahrhunderte beeinflusst hat.

Bevor wir die Romantik im 19. und 20. Jahrhundert betrachten, ist es wichtig, die Hauptmerkmale dieser Bewegung zu verstehen.

Die Romantik betonte die Bedeutung des Individuums und seiner emotionalen Erfahrungen. Künstler und Schriftsteller suchten nach persönlichem Ausdruck und Authentizität. Die Romantik fand in der Natur eine wichtige Inspirationsquelle und betonte die subjektive Wahrnehmung der Welt. Die Natur wurde als Spiegel der inneren Gefühle und Stimmungen betrachtet. Romantische Künstler und Autoren waren oft von mythologischen und historischen Themen fasziniert. Sie interpretierten diese auf neue und persönliche Weisen. Die Romantik drückte die Sehnsucht nach dem Unbekannten und Unerklärlichen aus. Sie betonte das Mysteriöse und Übernatürliche.

Im 19. Jahrhundert erlebte die Romantik eine Weiterentwicklung und Verfeinerung ihrer Ideen und Stile. In der Literatur fanden sich bedeutende romantische Schriftsteller wie Victor Hugo in Frankreich, Edgar Allan Poe in den USA und die Brüder Grimm in Deutschland. Diese Autoren schufen Werke, die die romantischen Themen und Ideale aufgriffen und weiterentwickelten.

In der Musik war Ludwig van Beethoven ein herausragender Vertreter der romantischen Musik. Seine Kompositionen, wie die neunte Symphonie, spiegelten die emotionalen Tiefen und den Individualismus der Romantik wider.

Die romantische Kunst des 19. Jahrhunderts zeigte eine Vorliebe für Landschaften, historische Szenen und die Darstellung von Emotionen. Künstler wie Caspar David Friedrich in Deutschland und J.M.W. Turner in England schufen beeindruckende Werke, die die romantische Ästhetik verkörperten.

Die Einflüsse der Romantik waren im 20. Jahrhundert weiterhin spürbar, wenn auch in neuen Formen und Kontexten. Hier sind einige Bereiche, in denen die romantische Ästhetik und Philosophie im 20. Jahrhundert zu finden sind.

Die Expressionisten, eine Kunstbewegung des frühen 20. Jahrhunderts, betonten die Ausdrucksstärke und Emotionalität in Kunst und Literatur. Künstler wie Edvard Munch und Wassily Kandinsky wurden von romantischen Idealen beeinflusst. Die Surrealisten, angeführt von Künstlern wie Salvador Dalí und René Magritte, erforschten das Unterbewusstsein und das Übernatürliche, Themen, die in der Romantik stark präsent waren. Autoren wie J.R.R. Tolkien und C.S. Lewis schufen fantastische Welten und Geschichten, die von der romantischen Vorstellungskraft und der Sehnsucht nach dem Unbekannten geprägt waren. Komponisten wie John Williams und Ennio Morricone schufen Filmmusik, die oft romantische Stimmungen und Emotionen in ihren Werken aufgriff. Die Science-Fiction-Literatur und -Filmwelt, angefangen bei Autoren wie H.G. Wells bis hin zu Regisseuren wie Stanley Kubrick, erforschte Themen wie die Beziehung zwischen Mensch und Technologie, eine Thematik, die in der Romantik ihren Ursprung hatte.

Die romantische Ästhetik bleibt auch heute in der Popkultur präsent. Von Liebesliedern in der Musik bis zu Fantasy-Romanen und romantischen Filmen finden sich romantische Elemente in vielen zeitgenössischen Medien.

Die Romantik war eine kulturelle Bewegung, die im 19. Jahrhundert ihren Höhepunkt erreichte, aber ihre Einflüsse sind bis in die heutige Zeit spürbar. Die Betonung von Individualismus, Emotionen,

Natur und der Sehnsucht nach dem Unbekannten hat die Kunst, Literatur, Musik und Philosophie nachhaltig geprägt. Die Romantik des 19. Jahrhunderts führte zu einer Weiterentwicklung und Verfeinerung dieser Ideen im 20. Jahrhundert, die bis heute in der Popkultur und zeitgenössischen Kunst zu finden sind.

10.2 Die Romantik in der Literatur des Realismus und Naturalismus

Die Romantik war eine kulturelle Bewegung des späten 18. und 19. Jahrhunderts, die die künstlerische Landschaft Europas nachhaltig geprägt hat. Sie betonte die Bedeutung von Individualismus, Emotionen und der Natur. In dieser Zusammenfassung werden wir die Rolle der Romantik in der Literatur des Realismus und Naturalismus im 19. Jahrhundert beleuchten und untersuchen, wie diese beiden literarischen Strömungen die romantischen Ideale aufgriffen und transformierten.

Bevor wir die Romantik im Kontext des Realismus und Naturalismus betrachten, ist es wichtig, die Hauptmerkmale dieser Bewegung zu verstehen.

Die Romantik betonte die Bedeutung des Individuums und seiner emotionalen Erfahrungen. Künstler und Schriftsteller suchten nach persönlichem Ausdruck und Authentizität. Die Romantik fand in der Natur eine wichtige Inspirationsquelle und betonte die subjektive Wahrnehmung der Welt. Die Natur wurde als Spiegel der inneren Gefühle und Stimmungen betrachtet. Romantische Künstler und Autoren waren oft von mythologischen und historischen Themen fasziniert. Sie interpretierten diese auf neue und persönliche Weisen. Die Romantik drückte die Sehnsucht nach dem Unbekannten und Unerklärlichen aus. Sie betonte das Mysteriöse und Übernatürliche.

Der Realismus, eine literarische Bewegung, die im 19. Jahrhundert aufkam, stand im Gegensatz zur Romantik. Der Realismus legte den Fokus auf die Darstellung des alltäglichen Lebens und der sozialen Realität. Dennoch kann man in der Literatur des Realismus immer noch Spuren der Romantik finden.

Ein herausragender Autor, der die romantischen Ideale in den Realismus integrierte, war Gustave Flaubert. Sein Roman "Madame Bovary" aus dem Jahr 1857 handelt von einer jungen Frau, die von romantischen Fantasien erfüllt ist und schließlich an ihrer Unzufriedenheit mit dem realen Leben zugrunde geht. Flaubert zeigt, wie romantische Träume in der harten Realität zerplatzen können.

In Russland spielte die Romantik ebenfalls eine Rolle im Realismus. Lew Tolstoi, einer der bekanntesten russischen Schriftsteller des 19. Jahrhunderts, kombinierte romantische Elemente mit realistischer Darstellung. In seinem Werk "Krieg und Frieden" (1869) wird die individuelle Entwicklung der Charaktere in einer historischen Kulisse beschrieben, was die romantische Betonung des Individuums widerspiegelt.

Der Naturalismus, eine weitere literarische Strömung des 19. Jahrhunderts, betonte die Darstellung von menschlichem Verhalten und Schicksal als Resultat von Naturkräften und sozialen Bedingungen. Dennoch finden sich auch hier Einflüsse der Romantik.

Ein herausragender Vertreter des Naturalismus mit romantischen Elementen war Émile Zola. In seinem Roman "Thérèse Raquin" (1867) beschreibt er die tragische Liebesgeschichte zweier Liebender, die von ihren Leidenschaften und der dunklen Seite der menschlichen Natur getrieben werden. Obwohl Zola die sozialen und psychologischen Aspekte betonte, spiegelt die Leidenschaft der Charaktere romantische Elemente wider.

Obwohl der Realismus und Naturalismus in Opposition zur Romantik standen, kann man sie auch als Weiterentwicklung und Reaktion auf romantische Ideale sehen. Die realistischen und naturalistischen Autoren versuchten, die Welt so darzustellen, wie sie wirklich war, ohne romantische Verklärung.

Die Konfrontation von Realismus und Romantik spiegelt sich in vielen Werken wider. In Tolstois "Anna Karenina" (1877) etwa sieht man sowohl romantische Leidenschaft als auch die realistische Darstellung der Konsequenzen von unkontrollierter Leidenschaft.

Auch in der modernen Literatur sind romantische Elemente präsent. Autoren wie Gabriel García Márquez, der in Lateinamerika als einer der wichtigsten Vertreter des magischen Realismus gilt, vermischen realistische Darstellung mit magischen und romantischen Elementen. In seinem Werk "Hundert Jahre Einsamkeit" (1967) finden sich sowohl die Darstellung des alltäglichen Lebens als auch magische Elemente, die an die romantische Vorliebe für das Mysteriöse erinnern.

In der englischsprachigen Literatur sind Autoren wie Salman Rushdie bekannt für ihren magischen Realismus, der die Grenze zwischen Realität und Fantasie verschwimmen lässt, ähnlich wie es in der Romantik der Fall war.

Die Romantik hatte einen tiefgreifenden Einfluss auf die Literatur des 19. Jahrhunderts, auch wenn sie in den Strömungen des Realismus und Naturalismus scheinbar überwunden wurde. Die romantischen Ideale von Individualismus, Emotionen, Natur und der Sehnsucht nach dem Unbekannten blieben präsent und beeinflussten die Art und Weise, wie Schriftsteller die Welt darstellten und interpretierten. Selbst in der modernen Literatur sind romantische Elemente in Form des magischen Realismus weiterhin präsent. Dies zeigt, dass die Romantik eine dauerhafte Wirkung auf die Literatur hatte und weiterhin eine wichtige Inspirationsquelle für Schriftsteller weltweit ist.

10.3 Romantische Einflüsse in der viktorianischen Epoche
Die viktorianische Epoche, die während der Regentschaft von Königin Victoria von 1837 bis 1901 in Großbritannien stattfand, war

eine Zeit des Wandels und der Transformation in vielen gesellschaftlichen, politischen und kulturellen Bereichen. In dieser Zusammenfassung werden wir die Einflüsse der Romantik auf die viktorianische Epoche in der Literatur, der Kunst und der Gesellschaft im Allgemeinen untersuchen.

Bevor wir uns den Einflüssen der Romantik auf die viktorianische Epoche zuwenden, ist es wichtig, die Hauptmerkmale der Romantik zu verstehen.

Die Romantik betonte die Bedeutung des Individuums und seiner emotionalen Erfahrungen. Künstler und Schriftsteller suchten nach persönlichem Ausdruck und Authentizität. Die Romantik fand in der Natur eine wichtige Inspirationsquelle und betonte die subjektive Wahrnehmung der Welt. Die Natur wurde als Spiegel der inneren Gefühle und Stimmungen betrachtet. Romantische Künstler und Autoren waren oft von mythologischen und historischen Themen fasziniert. Sie interpretierten diese auf neue und persönliche Weisen. Die Romantik drückte die Sehnsucht nach dem Unbekannten und Unerklärlichen aus. Sie betonte das Mysteriöse und Übernatürliche.

Die viktorianische Literatur war stark von der Romantik geprägt, obwohl sie sich in einigen Aspekten von dieser Bewegung abgrenzte. Ein wichtiger Autor, der romantische Elemente in seine Werke einfließen ließ, war Charles Dickens. In Romanen wie "Oliver Twist" (1837) und "David Copperfield" (1850) finden sich sowohl romantische Idealismen als auch realistische Darstellungen des viktorianischen Lebens. Dickens betonte oft das Leiden und die Ungerechtigkeit in der Gesellschaft, was ein romantisches Element war, das auf soziale Missstände aufmerksam machte.

Ein weiterer bedeutender viktorianischer Schriftsteller war Emily Brontë, die mit "Sturmhöhe" (1847) ein Werk schuf, das sowohl romantische als auch düstere Elemente aufweist. Die unkontrollierte Leidenschaft zwischen den Charakteren Heathcliff und Catherine erinnert an romantische Liebesideale, während die düstere und unheimliche Atmosphäre des Romans ebenfalls auf romantische Vorlieben für das Mysteriöse hinweist.

Die viktorianische Kunst wurde ebenfalls von romantischen Einflüssen geprägt. Die Präraffaeliten, eine Künstlergruppe, die sich in den 1840er Jahren gründete, betonten die Liebe zur Natur und zur Schönheit in ihren Werken. Sie lehnten die konventionellen Standards der Akademie ab und strebten nach einer intensiveren Darstellung von Emotionen und Natur.

Ein herausragendes Beispiel für die romantische Kunst der Präraffaeliten ist das Gemälde "Ophelia" von John Everett Millais. Dieses Bild aus dem Jahr 1852 zeigt die ertrunkene Ophelia aus Shakespeares "Hamlet" und betont die Verbindung zwischen Mensch und Natur sowie die Betonung von Emotionen.

Die viktorianische Gesellschaft war von strengen moralischen Normen und Konventionen geprägt, aber auch hier ließen sich romantische Einflüsse erkennen. Die Ideale der Romantik betonten die Individualität und die Freiheit, sich von gesellschaftlichen Zwängen zu lösen.

Die viktorianische Kleidermode war von romantischen Elementen wie langen, fließenden Kleidern und Blumenmustern beeinflusst. Frauenkleidung wurde oft von der Natur und der griechischen Mythologie inspiriert.

Die viktorianische Architektur zeigte ebenfalls romantische Elemente, besonders im neugotischen Stil. Kirchen und Schlösser wurden im Stil des Mittelalters neu erbaut oder renoviert, was auf eine romantische Vorliebe für das Historische hinweist.

Die viktorianische Epoche war auch von romantischen Vorstellungen von Liebe und Beziehungen geprägt, obwohl die gesellschaftlichen Normen oft restriktiv waren. Romantische Romane, Gedichte und Briefe spielten eine wichtige Rolle in der viktorianischen Liebeskultur.

Ein berühmtes Werk, das romantische Liebe in der viktorianischen Literatur verkörpert, ist Elizabeth Barretts "Sonnets from the Portuguese" (1850). Diese Gedichte beschreiben die romantische Beziehung zwischen Barrett und ihrem späteren Ehemann, dem Dichter Robert Browning, und drücken die Intensität und die Leidenschaft ihrer Liebe aus.

Die Liebe zur Natur und die Betonung der Naturverbundenheit waren wichtige romantische Ideale, die auch in der viktorianischen Epoche präsent waren. Autoren wie Thomas Hardy schrieben über die ländliche Landschaft Englands und die Auswirkungen der Industrialisierung auf die Natur. In Hardys Roman "Tess of the d'Urbervilles" (1891) spielt die Natur eine zentrale Rolle und wird als Symbol für die Unschuld und die Zerbrechlichkeit der Hauptfigur Tess verwendet.

Die viktorianische Epoche war geprägt von einer Vielzahl romantischer Einflüsse, die in der Literatur, der Kunst, der Gesellschaft, der Liebe und der Naturverbundenheit sichtbar waren. Obwohl die viktorianische Ära oft für ihre strenge Moral und Konventionen bekannt ist, spiegelt sie dennoch die vielfältigen Facetten der Romantik wider. Dies zeigt, wie anhaltend und tiefgreifend die romantische Bewegung in der Kultur und Gesellschaft des 19. Jahrhunderts war und wie sie die viktorianische Epoche geprägt hat.

10.4 Die Romantik in der Musik des 20. Jahrhunderts

Die Romantik, eine kulturelle Bewegung, die im 18. und 19. Jahrhundert in Europa aufkam, hatte einen nachhaltigen Einfluss auf die Musik des 20. Jahrhunderts. Trotz der Tatsache, dass die Romantik im 19. Jahrhundert ihren Höhepunkt erreichte, lebten ihre Ideen und Ausdrucksformen in der modernen Musik weiter. Diese Zusammenfassung wird die verschiedenen Aspekte der romantischen Einflüsse auf die Musik des 20. Jahrhunderts beleuchten.

Die Romantik in der Musik des 20. Jahrhunderts zeichnete sich durch die Fortsetzung romantischer Ideale aus, die in der klassischen romantischen Musik etabliert wurden. Dazu gehörten der Fokus auf Emotionen und Individualismus, die Betonung von Selbstausdruck und die Suche nach neuen Ausdrucksmöglichkeiten.

Der Expressionismus war eine wichtige Strömung in der Musik des 20. Jahrhunderts und führte die romantische Betonung von Emotionen auf eine neue Ebene. Komponisten wie Arnold Schönberg und Alban Berg suchten nach radikalen Möglichkeiten, um Emotionen und das Innere des Menschen auszudrücken. Schönbergs Zwölftontechnik, bei der alle zwölf Töne der chromatischen Skala gleichberechtigt behandelt wurden, war ein Beispiel für diese Suche nach neuen musikalischen Ausdrucksmöglichkeiten.

Der Impressionismus, der in der bildenden Kunst und der Literatur des 19. Jahrhunderts seinen Ursprung hatte, fand auch in der Musik des 20. Jahrhunderts seinen Platz. Komponisten wie Claude Debussy und Maurice Ravel suchten nach einer musikalischen Darstellung von Natur und Stimmungen. Ihre Musik zeichnete sich durch impressionistische Merkmale aus, darunter die Verwendung von Farben und Klangfarben sowie die Betonung von Atmosphäre und Stimmung.

Die Romantik in der Musik des 20. Jahrhunderts brachte auch neue Ausdrucksmittel hervor. Elektronische Musik und experimentelle Klänge wurden zu wichtigen Elementen der zeitgenössischen Musik. Komponisten wie Karlheinz Stockhausen und Pierre Schaeffer setzten elektronische Mittel ein, um Klänge zu erzeugen, die in der traditionellen Musik nicht möglich waren. Dies spiegelte den romantischen Wunsch nach individuellem Ausdruck und Innovation wider.

Gustav Mahler und Richard Strauss waren bedeutende romantische Komponisten des späten 19. und frühen 20.

Jahrhunderts, die die Musik des 20. Jahrhunderts stark beeinflussten. Mahlers ausgedehnte Sinfonien und seine Suche nach tiefem emotionalen Ausdruck hatten einen nachhaltigen Einfluss auf spätere Komponisten. Strauss, besonders bekannt für Tondichtungen wie "Also sprach Zarathustra," brachte eine programmatische und erzählerische Dimension in die Musik ein, die die Romantik weiterführte.

In den späten Jahrzehnten des 20. Jahrhunderts erlebte die Romantik in der Musik eine Art Wiederaufleben. Komponisten wie Samuel Barber und John Williams schrieben Musik, die in der Tradition der Romantik stand, aber auch moderne Elemente integrierte. Minimalistische Komponisten wie Philip Glass und Steve Reich betonten wiederum wiederholende Muster und einfache harmonische Strukturen, die an einige romantische Ideale erinnerten.

Ein Bereich, in dem die romantische Musik des 20. Jahrhunderts besonders präsent ist, ist die Filmmusik. Komponisten wie John Williams, Ennio Morricone und Hans Zimmer haben die romantische Tradition in die Welt der Filmmusik übertragen und dabei die emotionale Kraft der Musik genutzt, um die Geschichten auf der Leinwand zu unterstützen. Diese Komponisten haben oft orchestralen Bombast und melodische Themen eingesetzt, die an die Romantik erinnern.

Die romantische Musik des 20. Jahrhunderts stand oft im Kontrast zur Avantgarde, einer Bewegung, die neue und experimentelle Ausdrucksformen suchte. Dennoch hatten auch avantgardistische Komponisten wie Igor Strawinsky und Arnold Schönberg eine gewisse Affinität zur Romantik. Schönbergs Spätromantik und die spätere Zwölftonmusik reflektierten weiterhin romantische Ideale wie die Suche nach persönlichem Ausdruck und inneren Emotionen.

Die Romantik hatte einen tiefgreifenden Einfluss auf die Musik des 20. Jahrhunderts, und ihre Ideale von Emotion, Individualismus und

Innovation lebten in vielfältiger Weise weiter. Von der expressionistischen Suche nach neuen Ausdrucksmitteln bis zur minimalistischen Betonung von Wiederholung und Einfachheit spiegelte die Musik des 20. Jahrhunderts die Vielseitigkeit der romantischen Tradition wider. Dieser Einfluss der Romantik bleibt in der zeitgenössischen Musik präsent und zeigt die anhaltende Bedeutung und Relevanz dieser kulturellen Bewegung.

10.5 Die Romantik in der Malerei des Impressionismus und Expressionismus

Die Einflüsse der Romantik auf die Malerei des Impressionismus und Expressionismus im 19. und 20. Jahrhundert sind von großer Bedeutung und zeugen von der anhaltenden Wirkung dieser kulturellen Bewegung auf die bildenden Künste. Diese Zusammenfassung wird die Verbindungen zwischen der Romantik und den Kunstbewegungen des Impressionismus und Expressionismus beleuchten.

Der Impressionismus, der in der Mitte des 19. Jahrhunderts in Frankreich aufkam, teilte einige wichtige Merkmale mit der Romantik. Beide Bewegungen suchten nach neuen Wegen, um Emotionen und Stimmungen in Kunstwerken auszudrücken. Während die Romantik oft die Natur und das Übernatürliche betonte, lag der Schwerpunkt des Impressionismus auf der Darstellung von Atmosphäre und Licht. Künstler wie Claude Monet, Pierre-Auguste Renoir und Camille Pissarro verwendeten lockere Pinselstriche und lebendige Farben, um die flüchtigen Eindrücke von Landschaften und Szenen einzufangen. Diese Darstellungen von Licht und Atmosphäre hatten oft eine romantische Anmutung und betonten die Subjektivität des Betrachters.

Der Expressionismus, der sich im frühen 20. Jahrhundert in Deutschland entwickelte, knüpfte an die romantische Betonung der inneren Welt und der Emotionen an. Expressionistische Künstler wie Wassily Kandinsky, Egon Schiele und Ernst Ludwig Kirchner suchten nach Möglichkeiten, um die menschliche Seele und die menschliche Erfahrung in ihren Werken auszudrücken. Die

Verzerrung von Formen und die Betonung von Emotionen standen im Mittelpunkt ihrer Kunst. Dies ähnelte der romantischen Vorstellung vom individuellen Ausdruck und der inneren Welt des Künstlers.

Die romantische Tradition der Landschaftsmalerei war auch im Impressionismus und Expressionismus lebendig. Künstler wie Caspar David Friedrich in der Romantik, Claude Monet im Impressionismus und Emil Nolde im Expressionismus malten Landschaften, die nicht nur die äußere Welt, sondern auch innere Stimmungen und Gefühle reflektierten. Die romantische Vorstellung von der Natur als Spiegel der menschlichen Seele fand in diesen Werken einen Ausdruck.

Die Romantik betonte oft das Außergewöhnliche und das Übernatürliche, während der Impressionismus und Expressionismus auch den Alltag und die Alltagsszenen in den Mittelpunkt stellten. Diese Bewegungen betonten die Schönheit des Gewöhnlichen und versuchten, die Einfachheit des Lebens festzuhalten. In der Kunst des Impressionismus und Expressionismus finden sich oft Darstellungen von Cafés, Straßenszenen und häuslichen Momenten, die an die romantische Vorstellung von der Welt als einem Ort der Wunder und Entdeckungen erinnerten.

Die Romantik legte großen Wert auf das individuelle Erleben und den persönlichen Ausdruck. Diese Betonung des Individuums setzte sich im Impressionismus und Expressionismus fort. Impressionistische Künstler malten oft Szenen des täglichen Lebens und versuchten, die subjektive Erfahrung des Augenblicks einzufangen. Expressionistische Werke waren oft stark von den persönlichen Erfahrungen der Künstler geprägt und spiegelten ihre eigenen Emotionen und inneren Kämpfe wider. Dies steht im Einklang mit der romantischen Vorstellung vom Künstler als einem individuellen Schöpfer.

Die Romantik betonte auch die Suche nach Freiheit, sei es die Freiheit von gesellschaftlichen Normen oder die Freiheit, die in der Natur gefunden wurde. Diese Suche nach Freiheit spiegelte sich im Impressionismus und Expressionismus wider. Impressionistische Künstler suchten nach Freiheit in der Darstellung von Licht und Atmosphäre und brachen mit traditionellen Konventionen der Malerei. Expressionistische Künstler suchten nach Freiheit in der Darstellung ihrer inneren Welten und in der Suche nach neuen Formen der Selbstausdrucks.

Die Einflüsse der Romantik auf den Impressionismus und Expressionismus in der Malerei sind deutlich erkennbar. Sowohl der Impressionismus als auch der Expressionismus betonten die Emotionen, die innere Welt des Individuums und die Suche nach Freiheit, alles wichtige Themen der Romantik. Die Verbindung zwischen diesen Bewegungen zeigt, wie tiefgreifend die romantische Tradition die Kunst des 19. und 20. Jahrhunderts beeinflusst hat und wie vielfältig die romantischen Ideale in den bildenden Künsten weiterlebten. Dies unterstreicht die anhaltende Bedeutung und Relevanz der Romantik in der Kunstgeschichte.

10.6 Die Romantik in der Philosophie des Existentialismus

Die Verbindung zwischen der Romantik und dem Existentialismus in der Philosophie des 19. und 20. Jahrhunderts ist ein faszinierendes Kapitel der intellektuellen Geschichte. Diese Zusammenfassung wird die Einflüsse und Parallelen zwischen der romantischen Bewegung und dem Existentialismus aufdecken und wie die Romantik die philosophischen Grundlagen für die Ideen des Existentialismus legte.

Um die Verbindung zwischen der Romantik und dem Existentialismus zu verstehen, ist es hilfreich, die romantische Bewegung als Vorläufer des Existentialismus zu betrachten. Beide Bewegungen teilten einige gemeinsame philosophische Strömungen, die im 19. Jahrhundert aufkamen und die Wahrnehmung des Individuums und der menschlichen Existenz prägten.

Die Romantik betonte den Individualismus und die Selbstreflexion als Reaktion auf die Rationalität der Aufklärung. Romantische Dichter und Denker, wie Johann Wolfgang von Goethe und Friedrich Hölderlin in Deutschland, entwickelten eine tiefgründige Auseinandersetzung mit der menschlichen Psyche und dem individuellen Erleben. Diese Betonung des Selbst und der inneren Welt des Individuums hatte einen großen Einfluss auf die Existentialisten des 19. und 20. Jahrhunderts, die die Subjektivität und die individuelle Erfahrung als zentral für das Verständnis der Existenz betrachteten.

Ein weiterer wichtiger Aspekt der Romantik war die Suche nach Authentizität und Authentizität in der Kunst und im Leben. Romantische Künstler und Schriftsteller strebten danach, ihre innersten Gefühle und Gedanken in ihren Werken auszudrücken, und suchten nach einer unmittelbaren Verbindung zur Natur und zur menschlichen Natur. Diese Suche nach Authentizität spiegelte sich später in den Existentialisten wider, die die Idee der Authentizität und der individuellen Verantwortung für das eigene Leben betonten.

Die Romantik betonte auch die Idee der Freiheit, insbesondere die Freiheit von gesellschaftlichen Konventionen und Normen. Romantische Schriftsteller wie Lord Byron und Percy Bysshe Shelley setzten sich für politische Freiheit und soziale Gerechtigkeit ein. Diese Vorstellung von Freiheit als zentralem Wert des Individuums und der Gesellschaft beeinflusste später Existentialisten wie Jean-Paul Sartre, der die Idee der radikalen Freiheit entwickelte und betonte, dass der Mensch dazu verdammt ist, frei zu sein.

Ein weiteres wichtiges Thema der Romantik war die Suche nach dem Absoluten, sei es in der Religion, der Natur oder der Kunst. Romantische Dichter und Denker suchten nach einer höheren Wahrheit oder Realität, die jenseits der rationalen Welt lag. Diese Suche nach dem Absoluten spiegelte sich im Existentialismus wider, insbesondere in den philosophischen Überlegungen von Søren Kierkegaard, der die Idee des "Absoluten Einzelnen" entwickelte und die individuelle Beziehung zur Transzendenz betonte.

Der Existentialismus kann als eine Weiterentwicklung der romantischen Ideale angesehen werden. Existentialisten wie Søren Kierkegaard, Friedrich Nietzsche, Jean-Paul Sartre und Albert Camus setzten die Betonung auf das Individuum, die Suche nach Authentizität, die Freiheit und die Suche nach dem Absoluten fort. Sie erweiterten jedoch diese Ideen und entwickelten eine tiefere philosophische Reflexion über die menschliche Existenz und die Bedeutung des individuellen Lebens.

Ein weiterer wichtiger Aspekt der Verbindung zwischen der Romantik und dem Existentialismus ist die Rolle der Philosophie in der Literatur. Romantische Schriftsteller wie Johann Wolfgang von Goethe und E.T.A. Hoffmann integrierten philosophische Ideen in ihre literarischen Werke, die später von Existentialisten aufgegriffen wurden. Dieser interdisziplinäre Ansatz, bei dem Literatur und Philosophie miteinander verflochten sind, prägte sowohl die Romantik als auch den Existentialismus.

Der Existentialismus blühte im 20. Jahrhundert auf, einer Zeit, die von tiefgreifenden sozialen, politischen und kulturellen Veränderungen geprägt war. Die beiden Weltkriege, die atomare Bedrohung und die rasche Industrialisierung führten zu einer existentiellen Krise, die von Existentialisten wie Jean-Paul Sartre und Albert Camus aufgegriffen wurde. Diese Philosophen konfrontierten die Sinnlosigkeit und die Absurdität des menschlichen Lebens und suchten nach individuellen Antworten auf die existenziellen Fragen.

Die Romantik hatte einen nachhaltigen Einfluss auf Existentialisten wie Søren Kierkegaard und Friedrich Nietzsche. Kierkegaard entwickelte eine philosophische Methode der Selbstreflexion und der individuellen Wahl, die stark von romantischen Ideen beeinflusst war. Nietzsche, der die romantische Vorstellung des Genies und des Übermenschen kritisierte, übernahm dennoch einige romantische Vorstellungen von Freiheit und Selbstbestimmung.

Jean-Paul Sartre, einer der prominentesten Existentialisten, kann als ein Vertreter der existenzialistischen Romantik betrachtet werden. In seinem Werk "Das Sein und das Nichts" betonte er die Freiheit des Individuums und die Notwendigkeit, selbst Bedeutung in einer scheinbar absurd erscheinenden Welt zu schaffen. Sartre's Fokus auf die menschliche Freiheit und die Verantwortung für die eigenen Entscheidungen spiegelte romantische Ideen der Selbstbestimmung und Freiheit wider.

Albert Camus, ein anderer wichtiger Existentialist, untersuchte die Absurdität des menschlichen Lebens und die Unmöglichkeit, absolute Bedeutung oder Gewissheit zu finden. Diese Auseinandersetzung mit der Absurdität erinnert an die romantische Suche nach dem Absoluten und der höheren Wahrheit. Camus' Werk "Der Mythos des Sisyphos" kann als eine moderne Auseinandersetzung mit romantischen Idealen angesehen werden.

Die Verbindung zwischen der Romantik und dem Existentialismus in der Philosophie des 19. und 20. Jahrhunderts ist tiefgreifend und komplex. Die romantische Bewegung legte die philosophischen Grundlagen für viele Ideen des Existentialismus, darunter die Betonung des Individuums, die Suche nach Authentizität, die Freiheit und die Auseinandersetzung mit der Absurdität des Lebens. Diese philosophischen Strömungen haben die moderne Denkwelt nachhaltig geprägt und die Fragen nach der menschlichen Existenz und dem individuellen Leben weiterhin inspiriert.

10.7 Die Romantik und ihre Verbindung zur Popkultur
Die Verbindung zwischen der Romantik und der Popkultur ist ein faszinierendes Phänomen, das die zeitlose Relevanz romantischer Ideale und Ästhetik in der modernen Welt demonstriert. Diese Zusammenfassung wird die verschiedenen Aspekte dieser Verbindung beleuchten und zeigen, wie die Romantik bis heute in der Popkultur präsent ist.

Die Romantik war eine kulturelle Bewegung des 18. und 19. Jahrhunderts, die sich gegen die Rationalität und Industrialisierung der Aufklärung richtete. Sie betonte die emotionale Intensität, die Individualität und die Naturverbundenheit. Romantische Künstler und Denker wie William Wordsworth, Lord Byron und Ludwig van Beethoven setzten sich für die Betonung des Individuums, die Suche nach Authentizität und die Sehnsucht nach einer idealisierten Vergangenheit ein.

Die Romantik brachte eine Vielzahl von Themen und Motiven hervor, die bis heute in der Popkultur zu finden sind. Dazu gehören die Liebe zur Natur, die Betonung der individuellen Gefühle und Erfahrungen, die Sehnsucht nach Freiheit und die Faszination für das Übernatürliche. Diese romantischen Motive haben ihren Weg in die moderne Popkultur gefunden und sind weiterhin relevant.

Die romantische Musik, insbesondere Werke von Komponisten wie Beethoven, Chopin und Liszt, spielte eine entscheidende Rolle bei der Entwicklung der romantischen Ästhetik. Die Verwendung von Emotionen, die Betonung der Individualität und die Suche nach Ausdrucksmöglichkeiten jenseits der Sprache prägten die romantische Musik. Diese Elemente sind auch in der heutigen Popmusik erkennbar, insbesondere in den Bereichen Rock, Pop und elektronische Musik, wo Emotion und Selbstausdruck von zentraler Bedeutung sind.

Die Werke romantischer Schriftsteller wie Mary Shelley ("Frankenstein"), Edgar Allan Poe ("Die Maske des Roten Todes") und Emily Brontë ("Sturmhöhe") haben die moderne Horrorliteratur und -film stark beeinflusst. Die düstere Romantik dieser Autoren, gepaart mit der Betonung des Übernatürlichen und der psychologischen Tiefe der Charaktere, prägt auch heute noch das Horror-Genre in Literatur und Film.

Die romantische Bewegung betonte die Liebe zur Natur und die Sehnsucht nach unberührten Landschaften. Diese Ideale sind auch in der modernen Umweltschutzbewegung und im Bewusstsein für

Umweltfragen präsent. Die Romantik inspirierte die Vorstellung von wilden und malerischen Naturräumen, die geschützt und bewahrt werden sollten, was bis heute in der Umweltschutzdebatte eine Rolle spielt.

Die romantische Liebe, wie sie in der Romantik idealisiert wurde, beeinflusst immer noch unsere Vorstellung von Beziehungen und Romantik. Die Vorstellung von Seelenverwandtschaft, Leidenschaft und der Suche nach dem einen "wahren" Partner prägt weiterhin Romane, Filme und Musik, die sich mit Liebe und Beziehungen beschäftigen.

Die romantische Bewegung schuf eine Vorliebe für komplexe und tragische Heldinnen und Helden, die gegen gesellschaftliche Normen und Konventionen aufbegehrten. Diese Charaktere haben ihren Weg in die moderne Popkultur gefunden, sei es in Superheldengeschichten, dystopischen Romanen oder in der Darstellung von Antihelden in Filmen und Serien.

Die romantische Malerei, insbesondere die Landschaftsmalerei von Künstlern wie Caspar David Friedrich und J.M.W. Turner, beeinflusste nicht nur die bildende Kunst des 19. Jahrhunderts, sondern auch moderne visuelle Medien wie Werbung, Fotografie und Videospiele. Die romantische Vorstellung von erhabenen und majestätischen Landschaften fand ihren Weg in die visuelle Ästhetik der Popkultur.

Die Popmusik der letzten Jahrzehnte hat zahlreiche romantische Elemente aufgegriffen. Von Liebesballaden über Pop-Rock-Hymnen bis hin zu elektronischen Tracks, die Emotionen und Sehnsüchte ausdrücken, sind romantische Themen und Motive allgegenwärtig. Künstler wie Adele, Taylor Swift und Ed Sheeran sind bekannt für ihre romantischen Songtexte und Melodien.

Romantische Filme und Serien sind ein wesentlicher Bestandteil der Popkultur. Von klassischen Liebesfilmen wie "Titanic" bis zu Fantasy-Serien wie "Game of Thrones", in denen romantische

Beziehungen eine wichtige Rolle spielen, sind romantische Narrative und Motive weit verbreitet. Auch die Betonung von Selbstentdeckung und Individualität in modernen Coming-of-Age-Filmen spiegelt romantische Ideale wider.

Die Romantik hat die moderne Popkultur auf vielfältige Weise geprägt und ihre Ideale und Ästhetik sind weiterhin relevant. Die Betonung von Emotionen, Individualität, Naturverbundenheit und die Suche nach Authentizität sind Merkmale, die die Romantik und die Popkultur miteinander teilen. Diese Verbindung zwischen Vergangenheit und Gegenwart zeigt die anhaltende Faszination und Bedeutung der romantischen Bewegung für die heutige Welt.

10.8 Die Romantik als Inspirationsquelle für Film und Theater

Die Romantik hat eine tiefe und anhaltende Präsenz in den Bereichen Film und Theater. In dieser Zusammenfassung werden wir die vielfältigen Wege erkunden, auf denen die Romantik als Inspirationsquelle für diese beiden kreativen Medien dient.

Die Romantik hatte einen erheblichen Einfluss auf das Theater des 19. Jahrhunderts. Insbesondere in Deutschland war die romantische Bewegung eng mit der Entwicklung des Theaters verbunden. Dramatiker wie Friedrich Schiller und Johann Wolfgang von Goethe verfassten Stücke, die die romantischen Ideale von Freiheit, Individualität und Emotionen widerspiegelten.

Eine wichtige Vorläuferbewegung der Romantik im deutschen Theater war der Sturm und Drang. Dies war eine literarische Bewegung, die in den 1760er Jahren aufkam und eine Betonung der Gefühle, des Individuums und der Rebellion gegen gesellschaftliche Normen mit sich brachte. Johann Wolfgang von Goethes Drama "Die Leiden des jungen Werthers" gilt als eines der frühesten und einflussreichsten Werke dieser Bewegung.

Die romantische Oper war ein herausragendes Genre in der romantischen Ära. Komponisten wie Richard Wagner und Giuseppe Verdi schufen epische Werke, die komplexe emotionale

Geschichten erzählten und eine starke Betonung der Musik als Ausdrucksmittel hatten. Wagner's "Der Ring des Nibelungen" und Verdi's "La Traviata" sind Beispiele für romantische Opern, die bis heute aufgeführt werden.

Der Einfluss der Romantik auf das Filmemachen ist ebenfalls von großer Bedeutung. Viele der großen Filmemacher des 20. Jahrhunderts, darunter Regisseure wie Ingmar Bergman und Federico Fellini, ließen sich von romantischen Idealen inspirieren. Romantische Themen wie die Suche nach Identität, die Auseinandersetzung mit dem Übernatürlichen und die Betonung von Emotionen sind in vielen bedeutenden Filmen zu finden.

Eine interessante Verbindung besteht zwischen dem Film Noir der 1940er und 1950er Jahre und der Romantik. Obwohl der Film Noir oft als Gegenstück zur romantischen Ästhetik angesehen wird, teilen die beiden Genres einige Gemeinsamkeiten. Beide betonen die dunklen und unheimlichen Seiten des Lebens, die in den Schatten lauern. Filme wie "Double Indemnity" und "Out of the Past" verwenden romantische Motive wie Liebe und Leidenschaft, um komplexe und oft düstere Geschichten zu erzählen.

Auch in der zeitgenössischen Filmwelt sind romantische Einflüsse spürbar. Die Betonung von Gefühlen und persönlichem Wachstum in Filmen wie "Eternal Sunshine of the Spotless Mind" und "Her" zeigt die anhaltende Relevanz romantischer Ideale. Darüber hinaus haben Fantasy-Filme wie die "Harry Potter"-Reihe und die "Twilight"-Saga Elemente der Romantik in ihre Geschichten integriert.

Die romantische Ästhetik hat auch im modernen Theater einen festen Platz. Dramatiker und Regisseure greifen weiterhin romantische Motive und Themen auf, um zeitgemäße Geschichten zu erzählen. Beispiele hierfür sind Stücke wie "Spring Awakening" und "Once", die sich mit Liebe, Leidenschaft und individuellem Wachstum auseinandersetzen.

Das Musical-Theater ist ein Bereich, in dem die Romantik besonders präsent ist. Viele erfolgreiche Musicals, darunter "Les Misérables", "The Phantom of the Opera" und "Wicked", verweben romantische Handlungsstränge in ihre Geschichten. Diese Musicals bieten nicht nur musikalische Höhepunkte, sondern auch emotionale Reisen, die das Publikum ansprechen.

Die Romantik hat Film und Theater auf vielfältige Weise beeinflusst und inspiriert. Ihre Betonung von Emotionen, Individualität und der Suche nach Authentizität hat sich in vielen bedeutenden Werken niedergeschlagen. Sowohl im Theater als auch im Film ist die romantische Ästhetik ein lebendiger Teil der zeitgenössischen kreativen Landschaft und zeigt die anhaltende Relevanz dieser Bewegung für die heutige Kunstwelt.

10.9 Romantische Elemente in der modernen Gesellschaft

Die Romantik war eine der bedeutendsten kulturellen Bewegungen des 19. Jahrhunderts und hatte einen tiefgreifenden Einfluss auf Kunst, Literatur, Musik und Philosophie. Doch wie wirkt sich die Romantik heute in der modernen Gesellschaft aus? In dieser umfassenden Zusammenfassung werden wir die verschiedenen romantischen Elemente und Ideale untersuchen, die noch immer in unserer zeitgenössischen Kultur präsent sind.

Bevor wir uns mit der Relevanz der Romantik in der heutigen Zeit beschäftigen, ist es wichtig, einen Überblick über die Grundprinzipien dieser Bewegung zu geben. Die Romantik war eine Reaktion auf die Rationalität und Vernunft der Aufklärung. Sie betonte die Emotionalität, die Individualität und die Sehnsucht nach einer Verbindung zur Natur und zum Übernatürlichen. Diese Ideen durchzogen die Kunst, die Literatur und die Musik des 19. Jahrhunderts.

Eine der auffälligsten romantischen Ideale, die bis heute in unserer Gesellschaft präsent ist, ist die Vorstellung von romantischer Liebe. Die Romantik legte großen Wert auf die Intensität von Gefühlen und die persönliche Bindung zwischen zwei Menschen. Diese

Vorstellung von Liebe prägt immer noch unsere Vorstellungen von Beziehungen und Partnerschaften.

Die Romantik hatte auch eine starke Affinität zur Natur. Diese Liebe zur Natur und die Sehnsucht nach unberührten Landschaften sind weiterhin in der modernen Umweltbewegung präsent. Der Schutz der Natur und die Nachhaltigkeit sind wichtige Anliegen, die von romantischen Idealen inspiriert sein könnten.

Die romantischen Ideale der Individualität und der Ausdruck von Emotionen finden sich auch in der Popkultur. Musik, Filme und Literatur sind immer noch von romantischen Motiven durchzogen. Popmusik enthält oft Liebeslieder und Liedtexte, die auf persönliche Erfahrungen und Emotionen hinweisen. Romantische Filme wie "Titanic" oder "Notting Hill" ziehen immer noch ein breites Publikum an.

Die romantische Literatur des 19. Jahrhunderts hat viele zeitgenössische Schriftsteller und Schriftstellerinnen inspiriert. Die Werke von Autoren wie Emily Brontë, Jane Austen und Charlotte Brontë greifen romantische Themen auf und setzen sie in einen modernen Kontext. Die Idee der individuellen Selbstverwirklichung und die Suche nach persönlicher Identität sind nach wie vor wichtige literarische Motive.

Die romantische Musik des 19. Jahrhunderts hat zahlreiche moderne Komponisten und Musiker beeinflusst. Künstler wie Leonard Cohen, Bob Dylan und Joni Mitchell haben in ihren Liedern romantische Elemente aufgegriffen. Die Vorstellung von Musik als Ausdruck von tiefen Emotionen und inneren Erfahrungen ist ein Erbe der romantischen Musik.

Die romantische Malerei, die die Schönheit der Natur und die Kraft des Individuums betonte, hat auch moderne Künstler inspiriert. Die Werke von Malern wie Caspar David Friedrich und William Turner haben zeitgenössische Künstler beeinflusst, die in ihren Arbeiten ähnliche Themen und Stimmungen einfangen.

Die romantische Philosophie betonte die Subjektivität und die Suche nach einem tieferen Verständnis des Selbst. Diese Ideen sind in der modernen Philosophie und Psychologie weiterhin relevant. Die Auseinandersetzung mit Fragen der Identität und des Bewusstseins ist ein zentrales Thema in der zeitgenössischen philosophischen Diskussion.

Die Romantik hatte auch einen starken Einfluss auf die moderne Spiritualität. Die Suche nach einer persönlichen Verbindung zum Göttlichen und die Betonung der Spiritualität als individuelle Erfahrung sind romantische Ideale, die heute in Form von Meditation, Yoga und anderen spirituellen Praktiken weiterleben.

Die romantische Bewegung hatte auch politische Dimensionen. Die Idee der Freiheit und der Kampf gegen gesellschaftliche Unterdrückung sind weiterhin relevante Themen in der modernen Politik. Der Wunsch nach sozialer Gerechtigkeit und individuellen Freiheiten ist eine direkte Fortführung romantischer Ideale.

Die romantische Vorstellung von pittoresken Landschaften und historischen Städten hat die moderne Architektur und Städteplanung beeinflusst. Die Erhaltung historischer Gebäude und die Schaffung von grünen Oasen in städtischen Umgebungen sind Ausdruck romantischer Vorstellungen von Schönheit und Individualität.

Die Romantik hatte auch eine ökologische Dimension. Die Liebe zur Natur und die Sorge um ihre Erhaltung sind heute wichtige Anliegen der Umweltbewegung. Die romantische Vorstellung von unberührten Landschaften und die Sehnsucht nach einer Verbindung zur Natur sind weiterhin präsent.

Zusammenfassend lässt sich sagen, dass die Romantik auch in der modernen Gesellschaft präsent ist. Ihre Ideen von Liebe, Natur, Individualität, Spiritualität und Freiheit haben die Kunst, die Literatur, die Musik, die Philosophie, die Politik, die Architektur, die Umweltbewegung und die Spiritualität beeinflusst. Die romantischen Ideale sind nach wie vor relevant und inspirieren Menschen auf der ganzen Welt. Die Romantik ist mehr als eine historische Bewegung; sie ist ein anhaltendes Erbe, das unsere heutige Welt immer noch prägt.

10.10 Die Romantik als historisches Phänomen und kulturelles Erbe

Die Romantik war eine der einflussreichsten kulturellen Bewegungen der Geschichte und hat tiefgreifende Spuren in Kunst, Literatur, Musik, Philosophie und vielen anderen Bereichen hinterlassen. In dieser umfassenden Zusammenfassung werden wir die Romantik als historisches Phänomen und ihr kulturelles Erbe näher betrachten.

Die Romantik entstand in der späten Hälfte des 18. Jahrhunderts als Reaktion auf die rationalistische und aufklärerische Denkweise der vorangegangenen Jahrhunderte. Sie betonte die Emotionen, die Individualität und die Sehnsucht nach einer Verbindung zur Natur und zum Übernatürlichen. Die Romantik zeichnete sich durch eine Vielzahl von Merkmalen aus, darunter die Vorstellung von romantischer Liebe, die Verehrung der Natur, die Betonung des Individuums und die Faszination für das Mittelalter.

In der Literatur manifestierte sich die Romantik in Form von Gedichten, Romanen und Erzählungen. Berühmte Schriftsteller wie Johann Wolfgang von Goethe, Friedrich Schiller, William Wordsworth, Mary Shelley und Edgar Allan Poe waren maßgeblich an der Entwicklung der romantischen Literatur beteiligt. Ihre Werke reflektierten die romantischen Ideale und prägten die Literatur des 19. Jahrhunderts.

Die romantische Musik des 19. Jahrhunderts war geprägt von Komponisten wie Ludwig van Beethoven, Franz Schubert, Frédéric Chopin und Richard Wagner. Diese Künstler schufen Musik, die starke emotionale Ausdrücke und individuelle Interpretationen förderte. Die romantische Musik legte großen Wert auf die

Verbindung von Klang und Gefühl und beeinflusste die gesamte Entwicklung der klassischen Musik.

Die romantische Malerei, vertreten durch Künstler wie Caspar David Friedrich, J.M.W. Turner und Eugène Delacroix, zeigte eine starke Vorliebe für die Darstellung der Natur in ihrer ganzen Pracht und Wildheit. Die romantischen Gemälde präsentierten oft weite Landschaften, düstere Wälder und majestätische Gebirge. Sie betonten die Erhabenheit der Natur und die winzige Existenz des Individuums im Angesicht dieser überwältigenden Naturkräfte.

Die romantische Philosophie, vertreten durch Denker wie Johann Gottfried Herder, Friedrich Schelling und Georg Wilhelm Friedrich Hegel, betonte die Subjektivität, die Individualität und die Suche nach einem tieferen Verständnis des Selbst. Diese Philosophen hinterfragten die Rationalität der Aufklärung und betonten die Bedeutung von Gefühlen und Intuition.

Die Romantik hatte auch erheblichen Einfluss auf die Gesellschaft. Ihre Ideen von individueller Freiheit und kultureller Vielfalt trugen zur Entwicklung moderner demokratischer Werte bei. Die Romantik förderte die Idee der nationalen Identität und trug zur Entstehung des Nationalismus bei.

In der Architektur und Städteplanung hatte die Romantik Einfluss auf die Erhaltung historischer Gebäude und die Schaffung von grünen Oasen in städtischen Umgebungen. Die romantische Vorstellung von malerischen Landschaften und historischen Städten prägte die Gestaltung von Parks und Gärten.

Die Romantik hatte auch eine ökologische Dimension. Die Liebe zur Natur und die Sorge um ihre Erhaltung sind heute wichtige Anliegen der Umweltbewegung. Die romantische Vorstellung von unberührten Landschaften und die Sehnsucht nach einer Verbindung zur Natur sind weiterhin präsent.

Die romantischen Ideale und Prinzipien haben die moderne Gesellschaft nachhaltig geprägt. Ihre Auswirkungen sind in der Kunst, der Literatur, der Musik, der Philosophie, der Politik, der Architektur und der Umweltbewegung spürbar. Die Romantik ist mehr als eine historische Bewegung; sie ist ein kulturelles Erbe, das unsere heutige Welt immer noch beeinflusst.

Abschließend lässt sich sagen, dass die Romantik als historisches Phänomen und kulturelles Erbe eine immense Bedeutung für die Entwicklung der westlichen Kultur und Gesellschaft hat. Ihre Ideen von Liebe, Natur, Individualität, Spiritualität und Freiheit sind nach wie vor relevant und inspirieren Menschen auf der ganzen Welt. Die Romantik lehrte uns, die Welt nicht nur rational zu betrachten, sondern auch mit unseren Herzen und unserer Vorstellungskraft zu erforschen. Sie ermutigte uns, nach der Schönheit im Alltäglichen zu suchen und die tiefen Emotionen, die uns antreiben, zu schätzen. In vielerlei Hinsicht können wir in der Romantik eine Quelle der Inspiration und des Verständnisses für die menschliche Erfahrung finden. Ihre Prinzipien haben dazu beigetragen, die Welt auf eine tiefere und intensivere Weise wahrzunehmen und haben unser kulturelles Erbe auf beeindruckende Weise bereichert.

ENDE